Jungfrauenspiegel

III

D1718250

Fᴏɴᴛᴇs Cʜʀɪsᴛɪᴀɴɪ

Zweisprachige Neuausgabe christlicher Quellentexte
aus Altertum und Mittelalter

Im Auftrag der Görres-Gesellschaft
herausgegeben von
Norbert Brox, Siegmar Döpp, Wilhelm Geerlings,
Gisbert Greshake, Rainer Ilgner, Rudolf Schieffer

Band 30/3

SPECULUM VIRGINUM

JUNGFRAUENSPIEGEL

III

LATEINISCH
DEUTSCH

HERDER

FREIBURG · BASEL · WIEN
BARCELONA · ROM · NEW YORK

SPECULUM VIRGINUM

JUNGFRAUENSPIEGEL

DRITTER TEILBAND

ÜBERSETZT UND EINGELEITET
VON
JUTTA SEYFARTH

HERDER

FREIBURG · BASEL · WIEN
BARCELONA · ROM · NEW YORK

Abdruck des von der Bearbeiterin edierten lateinischen Textes
aus CCM 5 mit freundlicher Genehmigung des Verlages Brepols,
Turnhout.

Fontes-Redaktion:
Maren Saiko, Horst Schneider

Die Deutsche Bibliothek – CIP-Einheitsaufnahme
Speculum virginum = Jungfrauenspiegel / übers. und
eingeleitet von Jutta Seyfarth. – Freiburg im Breisgau ;
Basel ; Wien ; Barcelona ; Rom ; New York : Herder
(Fontes Christiani ; Bd. 30/3)
Teilbd. 3. – (2001)
 ISBN 3-451-23816-0 kartoniert
 ISBN 3-451-23916-7 gebunden

Abbildungsvorlagen: Jutta Seyfarth

Umschlagbild: Marmorplatte eines Lesepults,
Ravenna, S. Apollinare Nuovo, 6. Jh.

Satz: Arbeitsstelle Fontes Christiani, Bochum
Herstellung: fgb · freiburger graphische betriebe 2001
www.fgb.de
ISBN 3-451-23816-0 kartoniert
ISBN 3-451-23916-7 gebunden

INHALTSVERZEICHNIS

ERSTER TEILBAND

Einleitung

Text und Übersetzung

ZWEITER TEILBAND

DRITTER TEILBAND

VIERTER TEILBAND

Anhang

TEXT UND ÜBERSETZUNG

Incipit VII.   190

T.: Quid in hac figura praemissa praetuleris, satis quidem
adverto, quod duos videlicet ordines tertio dignitate vel
merito praecellenti postposueris; quorum postremum sum-
mo ordini loco et fructu quoddammodo reddis incompara-   5
bilem, dum illi centesimum, isti tricesimum fructum asscri-
bis.

P.: Vere filia, maior semper est Christi sponsae libertatis
honor in labore quam coniugatorum gaudium in carnis
voluptate. Christi virgo regi suo servit in libertate, lex 10
matrimonialis vicaria semper premitur servitute. Quantae
enim sint necessitates curis matrimonialibus obnoxiae, illis
solis cognitum est, quorum propriae mundi rota subiacet
experientiae, cuius, id est mundi inconstantiae qui mente
fixa inhaeserit, quis locus est, ubi non fluctuet, sed stare 15
potuerit? Ergo apostolus videns has necessitates: „Bonum
est", inquit, „homini mulierem non tangere." Quare?
„Propter instantem", inquit, „necessitatem." Nec has necessitates sermo tacuit evangelicus: „Vae", inquiens,
„praegnantibus et nutrientibus in illis diebus." Sicut enim 20
mulier praegnans, si terrore subitaneo forte pulsetur, expe-
ditae fugae libertatem ventre praegravato non invenit, sic
anima divini sermonis verbo concepto, si conceptae fidei
opus coniungere cessaverit, ultimi iudicii periculum non
evadit. Nec enim solius fidei conceptus proderit, si fidem   25
opus non ostenderit.

---

[127] Siehe zur Frucht der drei Stände Bild 8, unten nach 716.

Es beginnt das siebte Buch.

T.: Was du in diesem Bild hier oben vorgestellt hast[127], verstehe ich in der Tat gut, weil du natürlich die zwei Stände dem dritten nachordnest, der an Würde und Verdienst herausragt; den letzten von diesen, der in Stellung und Erfolg irgendwie unvergleichbar ist, setzt du an den höchsten Platz, indem du jenem die hundertfache, diesem die dreißigfache Frucht zuschreibst.

P.: Wirklich, Tochter, die Herrlichkeit der Freiheit der Braut Christi ist in der Anstrengung immer größer, als es das Vergnügen der Verheirateten in der Lust des Fleisches ist. Eine Jungfrau Christi dient ihrem König in Freiheit, das Gesetz der Ehe ist stattdessen immer durch wechselseitige Knechtschaft gekennzeichnet. Denn wie groß die Notlage ist, in die man durch eheliche Sorgen verstrickt wird, ist jenen allein bekannt, die in ihrem Leben eigene Erfahrung mit der Welt gemacht haben; wer daran, das heißt an die Unbeständigkeit der Welt, sein Herz hängt, welcher Ort bleibt ihm dann noch, wo er nicht hin und her schwankte, sondern fest stehen könnte? Darum sagt der Apostel, der diese Notlage sieht: „Es ist gut für den Menschen, keine Frau zu berühren" (1 Kor 7, 1). Warum? „Wegen der bevorstehenden Not" (1 Kor 7, 26), sagt er. Und auch der Text des Evangeliums hat zu dieser Notlage nicht geschwiegen: „Wehe", sagt er, „über die Schwangeren und Stillenden in jenen Tagen" (Mt 24, 19). So wie nämlich eine schwangere Frau, wenn sie etwa von plötzlicher Schreckensnachricht getroffen wird, wegen ihres schweren Leibes keine Möglichkeit zu ungehinderter Flucht findet, so entgeht auch die Seele, die das Wort der göttlichen Botschaft empfangen hat, nicht der Not des jüngsten Gerichts, wenn sie es versäumt hat, mit dem empfangenen Glauben ein Werk zu verknüpfen. Denn die Empfängnis des Glaubens allein wird keinen Nutzen bringen, wenn nicht das Werk den Glauben deutlich macht.

T.: Si talis homo coeperit adversis urgeri, in dubio est, ubi locus fugae possit haberi.

P.: Visne sub alia similitudine sensum eundem explicari?

T.: Etiam. Littera enim evangelica manente immobili 191 diversae allegoriae sermo divinus poterit assignari.   5

P.: Attende igitur. Sicut mulier conceptu carnali volupta-te gravatur, sic anima continentiae frena laxando concu-piscentia terrenae voluptatis oneratur. Cum enim ad infe-riora voluptate quadam trahitur iuxta illud poeticum: „Trahit sua quemque voluptas", sicut alvo femina sic mentis 10 pondere dilatatur et tandem parit, quod conceperat, cum adipiscitur, quod hiatu malae concupiscentiae desiderabat. Quantis igitur osculis miserandus homo complectitur, fo-vet et nutrit auri vel argenti seu rei cuiuslibet periturae prolem, cui melius erat, malum hoc non concepisse, quod 15 partum probatur ad interitum valuisse. „Ecce", inquit, „concepit dolorem et peperit iniquitatem", et cetera.

T.: Nec rectum ullomodo potest intueri, a quo pernicies conceptus istius non valet adverti. Vere lacus, vere doloris conceptus perfunctoriae rei caecus appetitus, ubi partus 20 iniquo mortis introitu suscipitur et „de radice colubri re-gulus egreditur", quia mortis peccatum mortis poena sub-sequitur.

---

[128] Vergil, *ecl.* 2,65 (5 Mynors).

T.: Wenn nun ein solcher Mensch anfängt, von Unglück bedrängt zu werden, ist es zweifelhaft, ob es für ihn noch eine Möglichkeit zur Flucht geben kann.

P.: Willst du nicht diesen Sinn in einem anderen Vergleich erklärt haben?

T.: Ja sicher. Denn wenn auch der Buchstabe des Evangeliums unverrückbar bleibt, wird man doch dem göttlichen Wort verschiedene Auslegung zuordnen können.

P.: Paß also auf. So wie eine Frau nach der fleischlichen Lust von der empfangenen Leibesfrucht beschwert wird, so wird die Seele, wenn sie die Zügel der Enthaltsamkeit schleifen läßt, von der Begierde nach weltlicher Lust belastet. Da sie nämlich durch ihre lüsterne Neigung gewissermaßen in die Tiefe gezogen wird entsprechend dem Dichterwort: „Es zieht einen jeden seine eigene Lust"[128], wird sie wie eine Frau durch ihren schweren Leib ebenso durch das Gewicht ihres Herzens auseinandergezerrt und gebiert schließlich, was sie empfangen hatte, weil sie erreichte, wonach sie sich in der Gier schlimmen Begehrens sehnte. Mit wieviel Küssen wird also der bemitleidenswerte Mensch umfangen, wärmt und nährt mit Gold und Silber oder welchem vergänglichen Gut auch immer seine Nachkommenschaft, wo es für ihn doch besser gewesen wäre, dieses Übel nicht empfangen zu haben; denn es zeigt sich, daß dieses Übel den Untergang bewirken kann, wenn es erst einmal geboren ist. „Siehe", sagt er, „er hat Schmerzen empfangen und hat Unrecht geboren" (Ps 7,15) und so weiter.

T.: Auf keine Weise vermag der das Rechte zu erblicken, der nicht in der Lage ist, die Verderbnis dieser Empfängnis zu erkennen. Wahrlich, die Empfängnis des Grabs (vgl. Jes 38,18; Ez 31,16), wahrlich, die von Schmerz ist das blinde Verlangen nach vergänglichen Dingen, wo schon die Geburt in den gefährlichen Eintritt zum Tod mündet und „wo aus dem Stamm der Natter die giftige Schlange hervorgeht" (Jes 14,29), weil auf die Sünde des Todes die Strafe des Todes folgt.

P.: Audi prophetam: „Dissecuerunt pregnantes Galaad."
Legimus etiam in litteris maiorum, quod obsessa Ierusalem
civitate tormentum balistae praegnantis feminae puerum
pariturae de utero longius excussit longiusque proiecit.
Itaque conceptus spiritalis quaeratur, ut carnalis contem- 5
natur. Vis per conceptum iustitiae Christum parere?
Matrem domini attende. Unde concepit?

T.: Angelo nuntiante de spiritu sancto.

P.: Si igitur de spiritu sancto conceperis, non tibi placebis
non aurum, non argentum, nec ea, quae mundi sunt, quae- 10
res, sed praeventa gratia vitae, quod habes in utero mentis,
foetus est libertatis, non gravedinis, lucis non ponderis,
unde quod nascitur, opus est salutis et pietatis. Sic igitur
impraegnatam nullus terror iudicialis exagitat | in Christo | 192
securam, et: „Si fractus illabatur orbis, impavidam (sic!) 15
ferient ruinae." Itaque qui ducit uxorem, una caro effectus,
unum non valet esse cum spiritu. Porro anima sancta, cum
in similitudinem cotidie per verbum dei concipiat, generet
et parturiat, semper incorrupta est.

T.: Ut litteram interim solam repetam, gravis necessitas 20
ista est, quae incumbit praegnantibus, quas cum terror
urgere coeperit, conceptus fugam impedit.

P.: Immola laudes in alta, virgo Christi Theodora, quae
necessitatibus his praevaluisti, quia totam fabricam spirita-

---

[129] HORAZ, *carm.* 3,3,7f (70 SHACKLETON BAILEY). Auch HIERONYMUS,
epist. 130,7 (CSEL 56,183), gebraucht dieses Zitat, allerdings ohne Bezug
auf das Geschlecht seiner Adressatin.

P.: Höre den Propheten: „Sie haben die schwangeren Frauen von Gilead aufgeschlitzt" (Am 1, 13). Auch in den Schriften der Alten lesen wir, daß bei der Belagerung der Stadt Jerusalem das Geschoß einer Schleudermaschine den Knaben einer schwangeren Frau, die gerade unter der Geburt lag, ziemlich weit vom Uterus wegschleuderte und noch weit in die Ferne stieß. Deshalb soll die Empfängnis im Geist gesucht werden, um die im Fleisch zu verachten. Willst du aber Christus nach einer Empfängnis in Gerechtigkeit gebären? Dann achte auf die Mutter des Herrn. Woher hat sie empfangen?

T.: Vom heiligen Geist, als der Engel ihr die Botschaft brachte.

P.: Wenn du also vom heiligen Geist empfangen hast, dann wirst du nicht dir selbst gefallen, du wirst nicht Gold suchen, nicht Silber, nicht die Dinge, die zur Welt gehören, sondern da die Gnade des Lebens dich befruchtet hat, ist das, was du im Leib des Geistes trägst, die Frucht der Freiheit, nicht der trächtigen Schwere, des Lichts, nicht des Gewichts, und darum ist das, was geboren wird, das Werk des Heils und der Frömmigkeit. So scheucht also kein Schrecken des Gerichts die Schwangere auf, die in Christus sicher ist, und „wenn der Erdkreis zerbrochen zusammenstürzt, werden die Trümmer eine Unerschrockene treffen"[129]. Darum wird, wer eine Frau heimführt, ein Fleisch mit ihr sein, aber er vermag nicht eins zu sein mit dem Geist. Deshalb ist die heilige Seele, wenn sie im Gleichnis Tag für Tag das Wort Gottes empfängt, austrägt und gebiert, immer ohne Verderbnis.

T.: Um einstweilen nur die wörtliche Aussage zu wiederholen, dies ist eine schwere Not, die auf den Schwangeren lastet, weil die empfangene Frucht sie an der Flucht hindert, wenn plötzlich ein Schrecken sie bedrängt.

P.: Danke Gott in der Höhe mit Lob, Jungfrau Christi Theodora, die du dieser Notlage zuvorgekommen bist, weil du den ganzen Bau einer geistlichen Hochzeit auf

lium nuptiarum in Christo fundasti. Cui soli placendi cupido totum excludit, quod poscit haec necessitudo. Quia
igitur in omni gradu et sexu tenet pudicitia principatum,
Paulus „Omnes volens sicut se ipsum esse" virginibus dat
consilium, ut „sic permaneant", existimans „hoc bonum 5
esse propter instantem necessitatem", quia tota illa caelestis
animarum imago quadam fuligine caeca obducitur, ubi placendi cupido in vita coniugali versatur, ubi carnalis amor
utriusque carnaliter servit utrique. Sunt igitur multae necessitates, quibus vita matrimonialis obligatur et ad illud 10
unum intellegendum, quaerendum, amandum, de quo uni-
cus patris Marthae loquitur: „Unum esse necessarium", et
David: „Unam petii a domino", multis modis impeditur.
Uxor placendi viro studiosa aureae suppellectilis, gem-
marum, vestium pretiosarum diversorumque ornatuum 15
appetitu aestuat, ne magis alia viro suo placeat, semper
anxia suspicione laborat; hinc rei familiaris inextricabili
nodo constringitur, quomodo familia ordinate disponatur,
quomodo soboles avitae digna lineae nutriatur, cura maxima ne impraegnata faciat abortivum vel, dum prolem mun- 20
do parit, ipsa dolori cedens tollatur a mundo, quod si
pepererit claudum, caecum vel strabum vel aliquo corpo-
rali vitio macula|tum, voluptas conceptae prolis dolore | 193
compensatur; hinc moribus asperis alterutrius domus tota
turbatur, conviviis alienis sufficiens in multos annos sub- 25
stantia dissipatur; matrem filii lacerant conviciis, divisio-

Christus gegründet hast. Der Wunsch, allein ihm zu gefallen, schließt alles aus, was dieser Zwang fordert. Weil aber
in jedem Stand und Geschlecht die Keuschheit den ersten
Platz hält, gibt Paulus, „weil er wollte, daß alle so seien wie
er selbst" (1 Kor 7, 7 f), den Keuschen den Rat: „Daß sie so
blieben", weil er glaubte, „dies sei gut wegen der drohenden Not" (vgl. 1 Kor 7, 26), weil ja jenes ganze himmlische
Abbild der Seelen gewissermaßen wie mit dunkler Schmin-
ke zugedeckt wird, wenn im ehelichen Leben die Gefall-
sucht Platz greift, wenn die fleischliche Liebe des einen dem
anderen im Fleische dient. Denn es gibt viele Zwänge, denen
ein Leben in der Ehe unterworfen ist, das auf vielerlei Weise
daran gehindert wird, jenes eine zu bedenken, zu suchen
und zu lieben, von dem der Einzige seines Vaters zu Marta
gesagt hat: „Ein Einziges tut not" (Lk 10, 42), und David:
„Ein Einziges erbitte ich vom Herrn" (Ps 27, 4: Vg. Ps 26, 4).
In dem Bestreben, ihrem Mann zu gefallen, brennt die Frau
vor Verlangen nach goldenem Hausgerät, nach Edelsteinen,
kostbaren Kleidern und verschiedenem Schmuck, damit
nicht eine andere ihrem Mann mehr gefalle, und immer
müht sie sich in ängstlichem Argwohn; weiter wird sie
eingeschnürt von einem unentwirrbaren Knäuel familiärer
Angelegenheiten, wie das Hauswesen ordentlich zu ver-
walten sei, wie sie die Nachkommenschaft würdig der alten
Abstammung großziehe. Dabei ist ihre größte Sorge, daß
sie nicht eine Fehlgeburt bekomme oder daß sie, wenn sie
der Welt einen Sohn geboren hat, selbst vom Leiden über-
wältigt von der Welt genommen wird. Wenn sie aber ein
lahmes, blindes, schielendes oder mit irgendeinem anderen
körperlichen Makel behaftetes Kind zur Welt gebracht hat,
dann wird die Lust bei der Empfängnis des Kindes von dem
Schmerz wieder aufgewogen; weiter wird das ganze Haus
durch wechselseitig ungehobeltes Benehmen erschüttert,
Hab und Gut wird auf viele Jahre hinaus verschleudert, um
Gastmählern mit fremden Leuten zu genügen; die Söhne
zerren an der Mutter durch ihre Streitereien, sie verlangen

nem inmaturae quaerunt hereditatis, qui etiam si boni et
utiles fuerint parentibus, aut trucidantur aut captivi ducun-
tur vel certe condicionali lege tolluntur; interdum praeda et
incendio coniugatis hostili vastatione cuncta auferentur
tantaeque curae, dolores et infortunia sequuntur huic 5
saeculo conformatos, ut propriae tandem <adscribere> noverint intemperantiae, quod mundanae prius assignarunt
inconstantiae.

T.: Constat plane, quod praedicta infortunia coniugalem
vitam minus afficerent, si carnalis experientia confoedera- 10
tos in carne non fecisset.

P.: Sed hic locus est altius eadem per exempla repetere,
ut noveris in bonis et in malis iura vitae matrimonialis in
omnibus esse fortunata perdifficile. Oportet igitur per-
paucis ostendi, quantas necessitates Christo desponsata 15
dono libertatis evasisti.

T.: Quicquid sive per verba seu per exempla posueris,
praemio totum assignabitur ad praemia exhortantis.

P.: Protoplasti virgines in paradiso fuerunt, eiecti carnis
corruptionem experti sunt, et primum ventris fructum ex 20
fratricidio dolore et gemitu dedicarunt. Noe cum filiis in
arca separatur ab uxoribus, ostendens ex consideratione
divini iudicii carnale commercium certis debere temporibus intermitti. Nudatus idem irridetur a filio, in cuius
prole maledictionis fructus praevaluit. Ex uxorum suarum 25

---

[130] Noach wird bei einer Dreiteilung der Stände in der Kirche *(virgines,
continentes, coniugati)* unter die *continentes* gezählt, da er im Gehorsam
gegen Gott in der Arche mit seiner Frau keusch lebte: *post diluvium
trecentis quinquaginta annis genuisse non legitur, sed continens mansisse
perhibetur;* vgl. Hugo von Rouen, *contra haereticos* 3,6 (PL 192,1292).
In Bild 8 des *Spec. virg.* (unten nach 716) über die Frucht der drei Stände
wird Noach unter die *coniugati* eingeordnet und namentlich genannt.
[131] Zu der ganzen Stelle vgl. Hieronymus, *adv. Iovin.* 1,29 (PL 23,262f).

die vorzeitige Teilung des Erbes, und auch wenn sie gut und
nützlich für ihre Eltern gewesen sind, werden sie entweder
niedergemetzelt, als Gefangene weggeführt oder doch wenigstens unter vertraglicher Vereinbarung weggebracht;
bisweilen wird durch Plünderung und Brandschatzung bei
kriegerischer Verwüstung den Verheirateten alles genommen, und so große Sorgen, Schmerzen und Unglück folgen
denen, die sich in dieser Welt eingerichtet haben, daß sie
schließlich lernen, eigener Maßlosigkeit zuzuschreiben,
was sie früher der Unbeständigkeit der Welt anlasteten.

T.: Es steht eindeutig fest, daß das oben beschriebene
Unglück das Leben in der Ehe weniger heimsuchen würde,
wenn die fleischliche Erfahrung die Eheleute nicht zu Ver-
bündeten im Fleisch gemacht hätte.

P.: Aber hier ist der Ort, eben dieses eingehender durch
Beispiele zu belegen, damit du an den Guten und Bösen
erkennst, daß bei allen die Bedingungen ehelichen Lebens
nur sehr schwer zu glücklichem Ausgang führen. Es soll
also mit wenigen Worten gezeigt werden, welchen Nöten
du als Braut Christi durch das Geschenk der Freiheit entgangen bist.

T.: Was immer du vorgestellt hast, sei es in Worten, sei
es durch Beispiele, das wird ganz dem Verdienst dessen
zugeschrieben werden, der zu den Belohnungen aufruft.

P.: Die Voreltern lebten im Paradies als Keusche (vgl.
Gen 2, 25), als sie von dort vertrieben wurden, erfuhren sie
die Verderbnis im Fleisch (vgl. Gen 4, 1 f), und unter Schmerzen und Seufzen mußten sie wegen des Brudermords die
Erstgeburt ihres Leibes dahingeben (vgl. Gen 4, 3–16). Noach mit seinen Söhnen wurde in der Arche von den Frauen
getrennt und machte dadurch deutlich, daß nach dem Rat-
schluß göttlichen Urteils der eheliche Verkehr zu bestimmten Zeiten unterbrochen werden muß.[130] Als er nackt in
seiner Blöße lag, wurde er von seinem Sohn verhöhnt (vgl.
Gen 9, 21 f), bei dessen Nachkommenschaft dann der Lohn
für diese Schmähung wirksam wurde.[131] Durch die Schön-

pulchritudine patriarchae Abraham et Ysaac periclitantur
et causa vitae tuendae uxorum nomen sororum vocabula
sortiuntur. Porro Rebecca conceptu tumultuante gravatur
et excep|to de sterilitate prius dolore: „Si sic", inquiens, | 194
„mihi futurum erat, quid necesse fuerit se concepisse" causa- 5
tur. Discidium inter Loth et uxorem eius statua salis erat, in
quam mutata cunctis mundi ad Sodomam, quam periculo-
sum sit, oculos reflexisse exemplo erat. Postea sensit idem,
quid mali noxius concubitus <afferat>, a filiabus inebriatus.
Iob rebus fere desperatis descendit in sterquilinium et, quae 10
relicta fuerat ad consolationis argumentum, armatur ad ma-
ledictum. Cuius verbis temerariis si virilis animus plagis
fractus oboedisset, frustra ecclesiae in Christo postea, cuius
ipse typus est, construendae tam fortis patientiae fundamenta iecisset. Numquid titulus consanguinitatis sorores 15
Rachel et Liam absolvit invidia, quarum alteram post lon-
gam sterilitatis calamitatem partus occidit, alterius filiam
vagabundam gentilis corrupit? Porro Iacob amissione Ioseph plus accepit doloris quam omni vita sua consecutus sit
in coniugio laetitiae vel iocunditatis. Species et ornatus 20
Thamar simulatae meretricis Iudam fefellit et duos ex nuru
sua filios, quod proximum erat incestui, suscepit. Edicto

heit ihrer Frauen gerieten Abraham und Isaak in Gefahr und vertauschten, um ihr Leben zu retten, den Namen der Ehefrau mit dem Namen einer Schwester (vgl. Gen 12,11–20; 26,7–10). Weiter wurde Rebekka vom Streit der Kinder in ihrem Leib belastet und beklagte sich, obwohl sie von der früheren Trauer über ihre Unfruchtbarkeit befreit war, indem sie sagte: „Wenn es mir so gehen sollte, was war es nötig, daß ich schwanger wurde" (Gen 25,22 Vg.). Der Streit zwischen Lot und seinem Weib wird durch die Salzsäule deutlich gemacht (vgl. Gen 19,26), in die sie verwandelt wurde und damit aller Welt ein Beispiel gab, wie gefährlich es sei, die Augen nach Sodom zurückzuwenden. Später merkte derselbe, welches Unheil ein schuldhafter Beischlaf nach sich zieht, als er von seinen Töchtern trunken gemacht wurde (vgl. Gen 19,30–38). Als Ijob an seiner Lage fast verzweifelte, stieg er in die Mistgrube, und die, die ihm eigentlich als Hilfe zum Trost verblieben war, machte sich daran, ihn zu verspotten (vgl. Ijob 2,8f). Wenn seine standhafte Seele, die von Heimsuchungen schwer getroffen war, ihren zaghaften Worten gehorcht hätte, dann hätte er vergeblich die Fundamente einer so standhaften Geduld gelegt für die Kirche, die später in Christus aufgerichtet werden sollte und dessen Vorausbild er selbst ist. Hat etwa der Titel der Blutsverwandtschaft die Schwestern Rahel und Lea von Mißgunst frei gemacht, von denen die eine nach langer Not der Unfruchtbarkeit bei der Geburt den Tod fand, die Tochter der anderen beim Umherschweifen von einem Heiden geschändet wurde (vgl. Gen 30,1; 35,16–19; 34,1f)? Weiter erduldete Jakob durch den Verlust Josefs (vgl. Gen 37,34f) mehr an Schmerz, als er in seinem ganzen Leben in seiner Ehe an Freude und Vergnügen gefunden hatte (vgl. Gen 37,32–36). Schönheit und Schmuck der Tamar, die sich als Hure ausgab, haben Juda getäuscht, und er bekam zwei Söhne von seiner Schwiegertochter, ein Geschehen, das ganz in die Nähe der Blutschande rückt (vgl. Gen 38,13–18.27). Durch einen Erlaß

pharaonis, „qui non cognovit Ioseph", ut masculi nati filiorum Israel necarentur, quanta voluptas coniugibus in
conceptu tantus necesse fuit dolor in prolis interitu.

T.: Tales merito divinus sermo compellat infecunditati
matres postponens: „Beatae", inquit, „steriles, quae non 5
pepererunt" nec gemino dolore defecerunt.

P.: Maria, cum Aaron pro Aethiopissa Moysen arguit,
coniugii qualitatem fastidit et lepram incurrit. Aaron filios
suos Nadab et Abiud mallet non generasse quam in con-
spectu suo divina ultione | pro igne alieno, quem obtu- 10 | 1⁰
lerant, occubuisse. Quid de filiabus principum Madian,
quantos filiorum Israel forma sua captivaverint et ultrici
frameae caelesti viginti tria milia multandos subiecerint,
attinet dicere, cum nobis propositum sit de coniugatorum
infortunio, quae ad praesens occurrunt, pauca perstrin- 15
gere?

T.: Quamvis scripturarum series inexpugnabili veritate
procedat, videtur tamen impossibile vel magis incredibile
tot milia vel idolatriae vel fornicationi simul involvi potuis-
se, ut simul et similis eos poena concluderet, quos reatus 20
non impar conclusisset.

P.: Quid enim? Non poterant vel solo consensu plures
tantis excessibus commaculari, quos obscenis operibus non
constiterat implicari? Nonne uno peccante populus pollui-

des Pharao, „der Josef nicht gekannt hatte" (Ex 1, 8), daß
nämlich die männlichen Nachkommen der Söhne Israels
getötet werden sollten, war notwendigerweise der Schmerz
über den Tod ihrer Nachkommenschaft bei den Eheleuten
so groß, wie vorher das Vergnügen bei der Empfängnis
gewesen war.

T.: Mit Recht nennt die heilige Schrift solche Beispiele
und weist den Müttern ihren Rang noch nach den Unfruchtbaren zu. „Selig sind die Unfruchtbaren", sagt sie,
„die nicht geboren haben" (Lk 23, 29) und nicht in doppeltem Schmerz zugrunde gehen.

P.: Als Aaron Mose wegen der Äthiopierin beschuldigte,
da dünkte sich Mirjam erhaben über das eheliche Verhältnis
und wurde krank an Aussatz (vgl. Num 12, 1–10). Aaron
hätte lieber seine Söhne Nadab und Abihu nicht gezeugt,
als daß sie vor seinem Angesicht der göttlichen Rache
anheimfielen, weil sie ein ungehöriges Feueropfer dargebracht hatten (vgl. Lev 10, 1 f). Was hilft es, über die Töchter
der Midianiterfürsten zu sprechen, wie viele von den Söhnen Israels sie durch ihre Schönheit einfingen und 23.000
Mann der rächenden Geißel des Himmels zur Bestrafung
auslieferten (vgl. Num 25, 6–9), da uns doch aufgetragen ist,
einiges Wenige über das Unglück der Verheirateten zusam-
menzustellen, das bis in unsere Gegenwart begegnet?

T.: Obwohl die heilige Schrift der Reihe nach in unan-
fechtbarer Wahrheit vorangeht, scheint es mir doch unmöglich, ja geradezu unglaubhaft, daß so viele Tausend in
Aberglaube und Hurerei zugleich verwickelt werden
konnten, so daß die Strafe zugleich und vergleichbar die
zusammenschließt, die die Ungleichheit ihrer Schuld nicht
zusammengeschlossen hätte.

P.: Was denn? Konnten nicht viele sogar allein durch
Zustimmung zu diesen großen Ausschreitungen befleckt
werden, von denen sich herausgestellt hatte, daß sie selbst
nicht in unzüchtige Dinge verwickelt waren? Wird nicht
durch einen einzigen Sünder ein ganzes Volk beschmutzt,

tur modicumque fermentum totam massam corrumpit?
Non solum qui faciunt, sed etiam qui iniquitati consentiunt
nec redarguunt, facientibus dissimiles in culpa non sunt.

T.: Exemplo firma, quod ponis.

P.: Mille suppetunt exempla dictis nostris roborandis 5
quidem inflexiva, sed de omnibus sufficiat unum, quia
ruina multorum facta est per unum. Aham de anathemate
Iericho conscientiam polluente, nonne multi de filiis Israel
in expugnatione urbis Ahi corruerunt, sicut propriae ruinae
ignorantes materiam, ita mirantes dei non iniustam vindic- 10
tam? Responde, quaeso, quid meruerit innocentia cadenti-
um ex unius intemperantia, quo solo peccante in innocentes
desaevit ultio divina?

T.: Procede amodo, quia et vestis byssina, si maculam
nigram habuerit, aspectum intuentium offendit et avertit, 15
et tota pulchritudo pallii ex una macula deformatur, quia
nigredo et albedo suis qualitatibus differuntur.

P.: Nihil verius. Veniam ad fortissimum Nazaraeum
nostrum Samsonem, qui blandientis amicae dolo convictus
raditur, traditur, | excaecatur, illuditur, resumptisque tem- 20 | 1
poris intervallo viribus cum milibus hostium prostratis
prosternitur. Heli audita morte filiorum, quia pepercerat
legem excedentibus, sacerdotio vitaque privatur cum filiis morientibus. Excepta sancti misterii ratione melius

und verdirbt nicht schon eine geringe Menge Sauerteig den ganzen Teig? Nicht nur die, die Unrecht tun, sondern auch die, die dem Unrecht zustimmen und nicht widersprechen, sind in der Schuld den Tätern nicht unähnlich.

T.: Bestätige durch ein Beispiel, was du sagst.

P.: Tausende von Beispielen, wenn auch abgewandelt, stehen zur Bekräftigung unserer Aussage zur Verfügung, aber von allen soll ein einziges genügen, weil der Sturz vieler durch einen einzigen geschehen ist. Als Achan wegen der Weihgeschenke in Jericho sein Gewissen beschmutzte, sind da nicht viele von den Söhnen Israels bei der Eroberung der Stadt Ai zugrunde gegangen (vgl. Jos 7,1–5), wobei sie ebensowenig den Grund für ihren eigenen Sturz kannten, wie sie sich wunderten über die gerechte Strafe Gottes? Antworte, ich frage dich, was die Unschuldigen verschuldet hatten, die wegen des Ungehorsams eines Einzigen stürzten, daß die göttliche Rache so gegen die Unschuldigen wütete, wo doch nur ein einziger gesündigt hatte?

T.: Fahr nur weiter fort, denn auch ein Kleid von weißem Linnen, wenn es nur einen schwarzen Fleck hat, beleidigt das Auge des Betrachters, so daß er sich abwendet, und die ganze Schönheit eines Umhangs wird durch einen einzigen Fleck zerstört, weil Schwarz und Weiß sich ihrem Wesen nach unterscheiden.

P.: Nichts ist wahrer. Ich will zu unserem außerordentlich tapferen Nasiräer kommen, zu Simson (vgl. Ri 16,4–30), der durch die List der Gefährtin, die ihm schmeichelte, besiegt, geschoren, ausgeliefert, geblendet und verspottet wurde und schließlich, als er nach einem gewissen Zeitraum seine Kräfte wiedererlangt hatte, zusammen mit Tausenden niedergestreckter Feinde selbst niedergestreckt wurde. Als Eli vom Tod seiner Söhne hörte, verlor er zugleich mit den sterbenden Söhnen Priesteramt und Leben, weil er die geschont hatte, die das Gesetz übertraten (vgl. 1 Sam 4,17f). Abgesehen von dem Verweis auf das heilige Geheimnis

esset David Bethsabeae lavantem se non vidisse quam pro
amore eius homicidii adulteriique crimen incurrisse. Salomon septingentas uxores reginas videlicet trecentasque
concubinas et multas adulescentulas, quarum numerum
non determinat sermo divinus, habuisse describitur, 5
quarum delinitus blandiciis factus est ydolatra, coluit ydo-
la, fabricavit uxorum instinctu ydolia, fixusque mente aver-
sus in ydolatria, comedit ydolotitha et qui mundum omnem sapientia effusa quasi flumen excesserat, provectior
aetate carnalibus spiritalia foeda mutatione regnique con- 10
cisione compresserat. Quid impium Achab commemorem,
cuius filii septuaginta, immo tota progenies propter impiam
Iezabel, quae cor eius a domino avertit et Naboth lapidibus
oppressit, deleri meruit, prophetas necavit, quae furiosa
viro etiam mortuo oculos uncta stibio vel cerussa ad de- 15
ludendum principem armatur, sed despecta praecipitatur et
a canibus in momento devoratur? Ezechias licet non in-
credulus verbis propheticis, quod filii eius eunuchi Babilo-
nicae aulae forent servituri, mallet tamen, ut credimus, tales
non generasse quam incircumcisorum dominio, quos regno 20
genuerat, concessisse. Sedechias morte filiorum in Reblata
quoddammodo praemoritur sicque caecatur. Et revera, si
futura mala praescisset, istos in conspectu suo necatos ma-

wäre es für David besser gewesen, wenn er Batseba nicht
im Bade gesehen hätte, anstatt aus Liebe zu ihr in das
Verbrechen von Mord und Ehebruch zu stürzen (vgl. 2 Sam
11,2–17). Es wird überliefert, daß Salomo 700 Frauen,
natürlich aus königlichem Geblüt, 300 Konkubinen und
noch viele junge Mädchen gehabt habe, für deren Zahl die
heilige Schrift keine Grenze setzt; durch deren Schmeiche-
leien betört, wurde er selbst zum Götzendiener, verehrte
Götzenbilder, ließ auf Betreiben der Frauen Götzenbilder
anfertigen, war dem Götzendienst in seinem Herzen so
ergeben, daß er sich (*sc.* von Gott) abwandte, und Götzen-
opfer verzehrte, und er, der wie ein Fluß die ganze Welt mit
dem Strom seiner Weisheit überschwemmte, hatte im vor-
gerückten Alter in schändlichem Wandel und unter Zerstörung seines Königreichs die geistlichen Dinge unterdrückt
und untergeordnet unter die fleischlichen (vgl. 1 Kön
11,1–8). Was soll ich an den gottlosen Ahab erinnern,
dessen 70 Söhne, in der Tat seine gesamte Nachkommenschaft, sterben mußten wegen der gottlosen Isebel, die sein
Herz von Gott abwandte und Nabot steinigen ließ? Die
Propheten hat sie getötet und sogar noch gegen den toten
Mann gewütet, sich die Augen mit schwarzer und weißer
Salbe geschminkt und sich bereit gemacht, den Fürsten zu
verhöhnen; aber sie wurde verschmäht und aus dem Fenster
gestürzt und im gleichen Augenblick von den Hunden verschlungen (vgl. 1 Kön 21,13.26; 2 Kön 9,30–36; 10,1–11).
Wir glauben, daß auch Hiskija, der nicht ungläubig war
gegenüber den Worten des Propheten, daß seine Söhne
einst als Eunuchen in der Halle von Babylon Dienst tun
würden (vgl. 2 Kön 20,18), doch lieber diese gar nicht
gezeugt hätte als die für eine Königsherrschaft Geborenen
der Herrschaft der Unbeschnittenen zu überlassen. Zidkija
starb durch den Tod seiner Söhne in Ribla gewissermaßen
schon vorher einen Tod und wurde so geblendet (vgl. 2 Kön
25,6 f). Und wahrlich, wenn er das zukünftige Unheil vorher gewußt hätte, daß sie vor seinem Angesicht getötet

gis abortivos elegisset. Susanna cum mariti oculis placere
desiderat, loca deliciosa, balneas, unguenta delibuto corpori parat, et licet patrocinante castitatis conscientia iudicium
mortis evaserit, tristitiae tamen vel pavoris mortem iusto
dei iudicio non evasit. Quid de instanti necessitate ista 5
coniugato|rum plura coniecerim, de fidelibus enim sermo | 197
mihi est, cum eo usque miseria matrimonialis processerit,
ut aliquando uxor virum aut veneno vel proditione, maritus
vero uxorem necaverit, partum suum uterque famis angustia compellente comederint?   10

T.: Dura condicio cibari propria sobole, pro cuius vita
parentes oportuit occumbere. Sed haec si tamen ipsa natura
bestiales in hoc esu motus excessit, raro contigisse non
ambigo, quae non dico factum aut visum, verum etiam
humanum offendunt auditum.   15

P.: Itane sermo divinus ista reticuit, qui per Moysen legis
transgressoribus ista ventura praedixit? Equidem multis
comminationibus, quibus delinquentes deterruit, praemissis subiecit: „Comedes", inquit, „fructum ventris tui et
carnes filiorum tuorum et filiarum tuarum, quas dederit 20
tibi dominus deus. Homo in te delicatus invidebit fratri
suo et uxori, quae cubat in sinu suo, ne det eis de carnibus filiorum suorum, quas comedet, eo quod nihil aliud
habeat in vastitate hostili et multa penuria rerum omnium.

würden, dann hätte er wohl eher gewünscht, daß sie als
Fehlgeburten zur Welt gekommen wären. Weil Susanna
den Augen ihres Gatten zu gefallen wünschte, kümmerte
sie sich um liebliche Plätze, Bäder und Salben zur Pflege
ihres Körpers, und auch wenn sie unter dem Schutz und im
Bewußtsein ihrer Keuschheit dem richterlichen Todesurteil entgangen ist, entging sie nach dem gerechten Urteil
Gottes doch nicht dem Tod von Traurigkeit und Schrecken
(vgl. Dan 13, 1–63). Was soll ich noch mehr solche Dinge
über die drohende Not der Verheirateten zusammentragen
— denn eigentlich ist meine Aufgabe, über die Gläubigen
zu reden —, wenn das Unglück in der Ehe sogar bis zu dem
Punkt vorgeschritten ist, daß einmal eine Ehefrau ihren
Mann durch Gift und Verrat umbrachte, ein andermal ein
Ehemann aber seine Frau erschlug, und wieder ein anderes
Mal beide, von der Not des Hungers bedrängt, die eigene
Nachkommenschaft verzehrten?

T.: Ein bitteres Los, sich von der eigenen Nachkommenschaft zu ernähren, für deren Leben die Eltern eigentlich
ihr Leben geben sollten. Aber selbst wenn die Natur tierische Regungen bei dieser Mahlzeit sichtbar werden läßt,
habe ich keinen Zweifel, daß dies selten geschehen ist;
dennoch beleidigt schon dies das menschliche Ohr, wobei
ich nicht abstreite, daß es geschehen ist und gesehen wurde.

P.: Hat etwa die heilige Schrift über diese Dinge geschwiegen, die durch Mose den Übertretern des Gesetzes
die zukünftigen Ereignisse voraussagte? Nachdem sie viele
Drohungen vorausgeschickt hatte, mit denen sie die Sünder
schreckte, ließ sie diese folgen und sagte: „Du wirst die
Frucht deines Leibes essen und das Fleisch deiner Söhne
und deiner Töchter, die dir der Herr, dein Gott, gegeben hat.
Ein Mann, der bei dir in Üppigkeit lebte, wird neidisch sein
auf seinen Bruder und auf die Frau, die in seinen Armen
liegt, so daß er ihnen nichts gibt vom Fleisch seiner Söhne,
das er darum verzehrt, weil er nichts anderes hat in feindlicher Verwüstung und in großem Mangel an allen Dingen.

Tenera mulier et delicata, quae super terram ingredi non
valebat nec pedis vestigium figere propter molliciem et
teneritudinem nimiam, invidebit viro suo super filii et filiae
carnibus et super liberis, qui eadem hora nati sunt. Com-
edent enim eos clam propter rerum omnium penuriam." 5
Quod quidem malum licet in captivitate perfidae civitatis
multotiens inter eos invaluerit, maxime tamen eo tempore,
quo eadem civitas sub Tito laboravit. Ipsa enim Ierusalem
quinquies ab hostibus capta refertur; primo quidem a Sesac,
rege Aegypti, de quo scriptum est: „Quod tulerit vasa 10
domini et scuta aurea, quae fecerat Salomon, pro quibus
Roboam scuta fecit aerea"; secundo Nabuchodonosor, qui
Sedechiam et ceteros septuaginta annorum captivitati addi-
xit et templum igni succendit; tertio per Antiochum, qui
urbe despoliata | multa Iudaeorum milia prostravit et a 15 | 19
cultu divino removere temptavit; quarto sub nobilissimo
Romanorum duce Pompeio, qui tributarios Romano imperio Iudaeos rebelles effecit et multa populi plaga recessit;
quinto a Tito et Vespasiano, qui manum ultimam et loco et
templo cerimoniisque legalibus imposuerunt, quia usque 20
ad internicionem fere populum omnem ferro, fame, flamma
deleverunt. Quo putas dolore, timore, miseria sponsos et
sponsas praecipueque coniugatorum foedera in his malis

---

[132] Das Verzehren von Menschenfleisch in einer Notsituation taucht häufiger in antiken Quellen auf. Dieser profane Kannibalismus — der Name
stammt aus der Entdeckerzeit Amerikas und ist abgeleitet von der spani-
schen Bezeichnung für die kriegerischen Indianerstämme *(canibales)* —
ist zu unterscheiden von Formen, die auf mythischen oder magischen
Vorstellungen beruhen und Teil von Kult- oder Kriegsgebräuchen sind.
Demgegenüber ist Kannibalismus aus kulinarischen Gründen eine perver-
tierte Form. Im antiken Mythos verspeist z. B. der höchste Gott KRONOS
sogar seine eigenen Kinder, POLYPHEM in der *Odyssee* die Gefährten des
ODYSSEUS; vgl. GRAF, *Kannibalismus;* HAEKEL, *Kannibalismus.*
[133] Die verschiedenen Eroberungen Jerusalems (SCHISCHAK 930 v. Chr.,
NEBUKADNEZZAR 587 v. Chr., ANTIOCHUS III. 169 v. Chr., POMPEIUS 63
v. Chr., TITUS/VESPASIAN 70 n. Chr.) waren in der Wahrnehmung des
jüdischen Volkes Zeichen eines Strafgerichts Gottes für den Ungehorsam

Und eine Frau, zart und verwöhnt, die wegen allzu großer
Weichheit und Zartheit nicht in der Lage war, über die Erde
zu gehen und eine Fußspur zu setzen, die wird ihrem Mann
das Fleisch neiden von Sohn und Tochter und von den
kleinen Kindern in eben der Stunde, in der sie geboren sind.
Denn heimlich werden sie sie verzehren aus Mangel an
allem" (Dtn 28, 53–57). Zugegeben, daß dieses Übel während der Gefangenschaft des ungetreuen Volkes ziemlich
häufig unter ihnen um sich griff, so doch am meisten zu der
Zeit, als dasselbe Volk unter Titus in Not war.[132] Es wird
berichtet, daß Jerusalem selbst fünfmal von Feinden eingenommen wurde[133], und zwar zuerst von dem Ägypterkönig
Schischak, von dem geschrieben steht: „Daß er die Gefäße
des Herrn nahm und die goldenen Schilde, die Salomo hatte
machen lassen, und an ihrer Stelle ließ Rehabeam kupferne
Schilde anfertigen" (1 Kön 14, 26 f). Das zweite Mal von
Nebukadnezzar, der Zidkija (vgl. 2 Kön 25, 1–9) und die
anderen in eine siebzigjährige Gefangenschaft führte und
an den Tempel Feuer legte. Zum dritten Mal durch Antiochus, der nach Plünderung der Stadt viele Tausend Juden
niederwerfen ließ und vom Gottesdienst abzubringen suchte. Zum vierten Mal unter dem berühmten römischen Heer-
führer Pompeius, der die aufrührerischen Juden der römischen Herrschaft tributpflichtig machte und als eine große
Plage für das Volk abgetreten ist. Die fünften Eroberer
waren Titus und Vespasian, die letzte Hand an den Ort, den
Tempel und die rechtmäßigen gottesdienstlichen Bräuche
legten, weil sie das Volk fast bis zur vollkommenen Vernich-
tung mit Schwert, Hunger und Feuer zugrunde richteten.
Unter welchem Schmerz, Furcht und Elend glaubst du, daß
Bräutigam und Braut, daß insbesondere Eheleute in dieser

---

des Volkes, im historischen Ablauf sind es Stationen in der Auseinandersetzung um die Macht im Vorderen Orient, die nacheinander von Ägyp-
tern, Chaldäern, Griechen und Römern beansprucht wurde; vgl. FLAVIUS
JOSEPHUS, *BJ* 6, 10 (2/2, 74–76 MICHEL/BAUERNFEIND).

contabuisse vel dissiluisse, ubi filii trucidabantur in conspectu parentum, mariti iugo captivitatis in manicis ferreis
abducebantur, uxores ut vile scortum ab hostibus illude-
bantur? Verum haec de credulis vel ante legem vel sub lege
tragoedia! Ceterum si daretur copia scrutandi vel latinas vel 5
barbaras historias, tam nefanda, tam inaudita, tam incredi-
bilia de vita coniugali proferrentur, ut virginalis vitae professio non solum amari, retineri, verum etiam terminos
legitimos egressa debeat lacrimis et gemitibus semper expi-
ari. Semel enim amissa non poterit revocari.   10

　　T.: Pone, quaeso, et de gentilium conubiis in hunc aliqua
modum, ut provocemur ad cautelam hinc inde sumpta per
exempla.

　　P.: Non audisti de profano Herodiae procursu, quae
complexu adulterino delectata eo usque nefandis aestibus 15
exagitatur, ut thorum legitimum incestui postponeret et
sanctum dei Iohannem paranimphum, ne posset impedire,
quod libuit, dolo necaret? Amor illicitus odii radicem in
corde meretricis et adulterae plantavit ac per hoc fructu
mortis pullulante materiam aeternae perditionis suae per- 20
imendo iustum invenit.

　　T.: Melius actum esset de ista, si thalami legem non
intrasset, quam adulterum marito praeposuisset sicque
reatu confusa adulterii se cum filia et Herode, moecho

Not sich aufzehrten oder ihnen vor Schmerz das Herz
zersprang, wo die Söhne im Angesicht der Eltern niedergemetzelt, die Ehemänner unter dem Joch der Gefangenschaft in eisernen Handschellen abgeführt und die Ehefrau-
en wie eine billige Hure von den Feinden verhöhnt
wurden? Doch das ist in der Tat für die, die sowohl vor dem
Gesetz wie unter dem Gesetz bereit waren zu glauben, eine
Tragödie! Wenn übrigens noch die Möglichkeit zur Erforschung der Geschichte von Lateinern und Barbaren gegeben wäre, dann ließen sich so unsagbare, so unerhörte, so
unglaubliche Dinge über das Leben in der Ehe vorbringen,
daß man an dem Gelübde für ein jungfräuliches Leben
nicht nur Gefallen finden und es festhalten müßte, sondern
daß es immer mit Tränen und Seufzen entsühnt werden
müßte, falls es einmal die gesetzten Grenzen überschreitet.
Denn wenn die Jungfräulichkeit einmal verloren ist, kann
sie nicht wieder zurückgerufen werden.

T.: Stelle doch, ich bitte dich, auch über die Ehe bei den
Heiden einiges in dieser Weise vor, damit wir durch Beispiele, die von dort genommen sind, auch hier zur Vorsicht
aufgerufen werden.

P.: Hast du nicht von der gottlosen Lebensführung der
Herodias gehört, die sich in ehebrecherischer Umarmung
ergötzte und sich bis zu so unsagbar hitzigem Verlangen
steigerte, daß sie die Blutschande einer rechtmäßigen Ehe
vorzog und Johannes, den Heiligen Gottes, den Brautfüh-
rer, durch List töten ließ, damit er sie nicht an dem hindern
könnte, was ihr beliebte (Mk 6, 17–27). Lüsterne Liebe hat
die Wurzel von Haß im Herzen der Hure und Buhlerin
gepflanzt, und während dadurch die Frucht des Todes her-
anwuchs, hat sie den Grund für ihre eigene ewige Verdammnis gelegt, indem sie den Gerechten töten ließ.

T.: Für diese wäre es besser gewesen, sie wäre erst gar
keine Ehe eingegangen, als daß sie den Geliebten dem Ehemann vorzog und sich so, getroffen von der Anschuldigung
des Ehebruchs, zusammen mit ihrer Tochter und Herodes,

detestabili mortem iusto inferendo in mortem se praecipi-
tasset.

P.: Forma vel thesauri Cleopatrae Antonium illuserunt, 199
qui repudiata Augusti sorore sententiam mortis, Augusto
pro sororis calumnia ferro bachante, non evasit, illa vero 5
voluptate novarum nuptiarum in absynthium mutata prae-
sumptos amplexus in sepulchro admotis aspidibus termina-
vit. Foeda prorsus et horrenda nuptiarum condicio, quae
alterum compulit in ferrum, alterum vivum in tumulum!
Quid de tyranno illo dixerim, qui hoste suo occiso filiam 10
eius nuptialibus thaedis sibi coniunxit et pluribus cum ipsa
laetatus annis et gratia prolis tandem dolo feminae periit et
in foveam quoddammodo incidit, quam fecit? Nam cum
bello vicisset eum, iussit occidi, caput abscidi et eius calva-
riam in modum cifi auro gemmisque pretiosissimis fabri- 15
cari, unde per multos annos poculum solebat sumere quasi
recenti adhuc gaudens triumpho victoriae. Quadam itaque die multo mero ex eodem vasculo sumpto temulentior
et solutior uxori cifum praebuit et iocis insertis „bibe",
inquit, „de patris tui calvaria, bellica nobis condicione 20
concessa. Neque enim iniuriosum hoc amodo erit soboli
et uxori, quod bellica lex licitum concessit marito et vic-
tori". Illa confusionem obiectae calumniae callide dissi-
mulans multasque curas in pectore versans in ultionem
patris efferaliter exarsit accitisque duobus familiarissimis, 25

---

[134] Vgl. OROSIUS, *hist.* 6,19,4 (CSEL 5,414; 2,122 LIPPOLD).

[135] Der Autor erzählt nach dem Bericht des langobardischen Historikers
PAULUS DIACONUS die Geschichte von ALBOIN und ROSAMUNDE. ALBOIN
hatte nach einem Sieg über den König der Gepiden dessen Tochter ROSA-
MUNDE geheiratet und in Oberitalien das Reich der Langobarden errichtet,
das bis in die Zeit KARLS DES GROSSEN Bestand hatte (568–774). Bei der
Siegesfeier in Pavia kam es zu der beschriebenen Begebenheit, in dessen
Folge ALBOIN 572 durch die Rache seiner Frau den Tod fand; vgl. PAULUS
DIACONUS, *Lang.* 2,28f (87–89 BETHMANN/WAITZ), und AGNELLUS VON
RAVENNA, *Liber pontificalis* 96 (FC 21/2,362–373).

dem abscheulichen Buhler, in den Tod stürzte, indem sie
Tod über den Gerechten brachte.

P.: Schönheit und Reichtum der Kleopatra haben Anto-
nius verführt, der aufgrund der Zurückweisung von Augustus' Schwester dem Urteilsspruch für seinen Tod nicht
entgehen konnte[134], weil Augustus wegen der seiner Schwester zugefügten Schmach mit dem Schwert Rache suchte;
jene aber ließ giftige Schlangen herbeiholen und setzte auf
ihrem Grabhügel den Umarmungen ein Ende, die sie vorher genossen hatte, und so verwandelte sich die Lust der
neuen Hochzeit in Bitternis. Das ist wirklich eine schänd-
liche und fürchterliche Art von Hochzeit, die den einen ins
Schwert, den anderen lebend auf seinen Grabhügel treibt!
Was soll ich von jenem Herrscher berichten[135], der sich nach
Ermordung seines Feindes mit dessen Tochter unter
Hochzeitsfackeln verbunden hat, und obwohl er viele Jahre
fröhlich mit ihr zubrachte und sogar mit Nachkommen
gesegnet war, doch schließlich durch die List der Frau un-
terging und irgendwie in die Grube fiel, die er selbst gegra-
ben hatte? Denn nachdem er seinen Gegner im Krieg besiegt hatte, ließ er ihn töten, den Kopf abschlagen und
seinen Schädel in eine Art Henkelbecher, verziert mit Gold
und kostbarsten Steinen, umarbeiten, den er dann viele
Jahre lang als Trinkgefäß zu benutzen pflegte, wie um sich
immer von neuem am frischen Triumph seines Sieges zu
freuen. Eines Tages, als er viel ungemischten Wein aus eben
diesem Pokal getrunken hatte, bot er allzu berauscht und
enthemmt seiner Frau unter Scherzen den Becher und sagte: ,Trink aus dem Schädel deines Vaters, den das Gesetz
des Krieges uns hat zukommen lassen. Denn von nun an
soll es auch für Ehefrau und Nachkommen nicht mehr
unrecht sein, was das Gesetz des Krieges dem Ehemann und
Sieger zu Recht gewährt hat.' Jene verbarg klug ihre Verwirrung über die zugefügte Schmach, entbrannte aber wild in
Rachegedanken für ihren Vater und wälzte viele Pläne in
ihrer Brust; schließlich zog sie zwei nahe Vertraute hinzu

alteri coniugales amplexus, alteri pecuniae copiam infi-
nitam, si modo voto suo satisfaciant, furiosa pollicetur.
Illectus uterque promissis femineis regem lecto meridie
recubantem inducti clam per uxorem aggrediuntur. Quo
tumultu exitiali et inopino tyrannus excitus gladium arri- 5
puit, hosti facile quidem obluctaturus, si ferrum posset
evaginare, quod loris validissimis uxor callida vaginae per
capulum coniunxerat, ut rex frustra vellet, quod temp|ta- | 200
bat. Itaque multorum regnorum victor strenuissimus dolo
cadit femineo et qui sanguine patris puellam quodammodo 10
dotaverat, proprio cruore reatum persolvebat.

T.: Nihil iustius ferro perire, qui ferro studebat perdere
et finem matrimonii facere fuso sanguine, qui nuptias do-
tavit in sanguine. Sed quid actum est post tantum scelus de
furiosa?   15

P.: Cum sociis tanti sceleris assumpta multa pecunia
sedem mutavit, alteri horum conubiali foedere se coniunxit,
quem non post multum tempus ut priorem dolo necavit.

T.: Bestiam in hac furia video, non feminam, quae nec
famae nec saluti pepercit, dum modo vindicta quiesceret 20
furor, qui latuit.

P.: Dixi tibi nuptiarum voluptatem magna plerumque
miseria vel amborum vel alterutrius terminari et iuxta mo-

und versprach, rasend vor Wut, dem einen eheliche Umarmungen, dem anderen einen unermeßlichen Haufen Geld,
wenn sie nur ihrem Plan Genüge täten. Verlockt durch die
Versprechungen der Frau fielen beide, von der Frau heim-
lich eingelassen, über den König her, als dieser sich zur
Mittagszeit auf seinem Bett zur Ruhe ausgestreckt hatte.
Durch das unheilvolle und plötzliche Getümmel wurde der
Tyrann geweckt und griff nach seinem Schwert, um dann
allerdings leicht dem Feind Widerstand zu leisten, wenn er
die Waffe hätte aus der Scheide ziehen können; aber die
Frau hatte diese in vorausschauender Klugheit mit festen
Stricken am Griff der Scheide festgebunden, so daß der
König vergeblich wollte, was er versuchte. So kam also der
Bezwinger vieler Königreiche, ein außerordentlich starker
Mann, durch die List einer Frau zu Fall, und mit seinem
eigenen Blut hat er die Schuld gesühnt, weil er das Mädchen
gewissermaßen mit dem Blut des Vaters als Hochzeitsgabe
ausgesteuert hatte.

T.: Nichts ist gerechter, als daß der durch das Schwert
zugrunde geht, der mit dem Schwert zugrunde richten
wollte, und daß durch Blutvergießen dessen Ehe ein Ende
gesetzt wird, der die Hochzeit in Blut begründet hat. Aber
was geschah nach diesem großen Verbrechen mit der rasenden Frau?

P.: Sie raffte viel Geld zusammen und wechselte zusammen mit den Genossen ihres ungeheuerlichen Verbrechens
den Aufenthaltsort; mit dem einen von ihnen verband sie
sich in ehelicher Gemeinschaft, tötete ihn aber nicht viel
später wie den früheren durch List.

T.: Ein wildes Tier sehe ich in dieser Rasenden, nicht eine
Frau, die weder auf ihren Ruf noch auf ihre Rettung Rücksicht nahm, bis nur der Rachedurst zur Ruhe kam, der in
ihr verborgen lag.

P.: Ich habe dir gegenüber davon gesprochen, daß die
Lust bei der Hochzeit meistens durch großes Elend entweder von beiden oder von einem von beiden ihr Ende findet

dum deliciarum doloris angustias subsequi. Attalus, victor
Italiae multoque pollens triumpho gloriae Valentiniani im-
peratoris germanam non precibus, ut solet fieri, sed minis
extorsit a fratre diemque nuptiarum constituit, ipsa modis
omnibus consentiente. Virginis nomen Ildicto erat, et in sui 5
amorem Attalam per nuntios inflexerat. Igitur die nuptiarum profusa convivia tyrannus exercens, dum tantum vini
bibisset quantum numquam antea insemel bibere solitus
erat, cum supinus quiesceret, eruptione sanguinis, qui ei de
naribus effluere solebat, suffocatus extinctus est. O incerta 10
humani status condicio! Lasciva femina et triumphis viri
creberrimis excitata nobilitati avitae gloriam et divitias adicere satagebat, ignorans nuptiarum infortunium, quod ac-
cidebat. Romae matronae trecentae septuaginta ab ancilla
proditae sunt coxisse veneficia, videlicet ut veneno neca- 15
rent, quorum vitam odissent, sed omnes in iudicium tractae
venenum bibere coactae sunt, quod confecerant, sicque vita
amissa discedunt. Mira|bile quiddam relaturus sum. Duo | 201
inter se paria vilissimorum plebe hominum comparata,
unum, qui viginti sepelisset uxores, alteram, quae vicesi- 20
mum secundum haberet maritum, extremo sibi matrimonio
copulatos. Summa omnium expectatio virorum pariter et
mulierum, quis quem efferret. Vicit maritus et totius urbis
populo confluente coronatus est. Sed quid in multa de his

---

[136] Es handelt sich hier nicht um den weströmischen Kaiser ATTALUS,
sondern um den Hunnenkönig ATTILA, der siegreich und mächtig in vielen
Feldzügen über ein großes Reich herrschte. Ihm trug sich HILDIKO, die
Schwester des Kaisers VALENTINIAN III. (424–455), als Braut an. ATTILA
starb bei seinem Hochzeitsmahl 453 infolge eines Blutsturzes; vgl. PAULUS
DIACONUS, Rom. 14 (205 DROYSEN), sowie CREMONESI, Attila.
[137] Vgl. OROSIUS, hist. 3,10 (CSEL 5,155; 1,162f LIPPOLD).
[138] Vgl. HIERONYMUS, epist. 123,9 (CSEL 56,82f).

und daß dem Maß der Freuden entsprechend die Bedrängnis durch Schmerzen folgt. Attalus[136], der Sieger über Itali-
en und mächtig aufgrund großer, ruhmreicher Triumphe,
erpreßte die Schwester des Kaisers Valentinian von ihrem
Bruder nicht durch Bitten, wie es üblich ist, sondern durch
Drohungen und setzte den Tag für die Hochzeit fest, wobei
die Braut in jeder Weise zustimmte. Der Name der Jungfrau
war Hildiko, und durch Boten hatte sie die Liebe des
Attalus auf sich gelenkt. Am Tage der Hochzeit ließ nun
der Herrscher üppige Gastmähler veranstalten, wobei er so
viel Wein trank, wie er vorher auf einmal zu trinken niemals
gewöhnt gewesen war, und als er sich zum Ausruhen nach
hinten lehnte, erstickte er an einem plötzlichen Blutsturz,
wie er ihm für gewöhnlich aus der Nase lief, und verschied.
O wie ungewiß sind die Bedingungen für die Lage des
Menschen! Die Frau, lüstern und durch die zahlreichen
Siege des Mannes gierig gemacht, mühte sich, um ihrer
alten, vornehmen Abkunft noch weiteren Ruhm und
Reichtümer hinzuzufügen, ohne das Unheil der Hochzeit
zu kennen, das sich dann ereignete. In Rom wurden 370
verheiratete Frauen von einer Magd verraten[137], daß sie
giftige Zaubertränke gekocht hätten, natürlich um mit dem
Gift die zu töten, deren Leben sie haßten; aber alle wurden
vor Gericht gezogen und gezwungen, das Gift zu trinken,
das sie bereitet hatten, und verloren so ihr Leben und
verschieden. Etwas Erstaunliches will ich noch berichten:
daß nämlich zwei sich in einer letzten Ehe verbunden
haben[138], der eine, der zwanzig Frauen begraben hatte, die
andere, die ihren zweiundzwanzigsten Ehemann hatte,
zwei, die einander gleich waren und von einer Menge übler
Menschen verglichen wurden. Außerordentlich groß war
die Spannung aller, von Männern ebenso wie von Frauen,
wer denn nun wen zu Grabe tragen würde. Gesiegt hat der
Mann, und unter großer Beteiligung der gesamten Stadtbe-
völkerung wurde er mit einem Kranz geschmückt. Aber
was sollen wir uns verlieren, indem ich über diese Dinge

disserendo diffluimus? Quod voluptas coniugalis frequenter amaro et luctuoso fine terminetur, magis tibi visus et auditus experientia quam noster sermo loquatur. Ergone, inquies, lex nuptialis ubique terrarum solvenda est et legitimae copulae iura de mundo tollenda, si ex incerto condi- 5 cionis humanae commercium conubiale sive casu parentum seu prolis vel disiunctae et violatae propriae familiaritatis infortunio poterat alicubi periclitari, cum nihil certum et stabile in humanis rebus queat inveniri? Non inquam, cum ipse dominus nuptias benedixerit, et hoc solum ostendi, 10 qualiter in hoc gradu, ubi tricesimus fructus est, si legitime conservetur, sub hac volubili rota mundana coniugalis interdum vita conteratur et praescriptis necessitatibus summittatur. Huc accedit, quod licet diversa qualitate ferantur interdum mores uxoris et mariti, quod semel coniunctum 15 est, nisi fornicationis causa vel utriusque consensu, nulla ratione valet intercidi vel dirimi.

T.: Si talis est condicio matrimonialis vinculi, revera „Bonum est homini sic esse propter instantem necessitatem", et ut utar verbis apostolicis: „Non expedit nubere." 20

P.: „Non omnes", ait dominus, „capiunt verbum hoc, sed quibus datum est." Melior est plane libertas expedita quam servitus in coniugio velis nolis necessaria. Superest igitur, ut „qui habent uxores, | tanquam non habentes sint", et quae viro | 202 semel viduata est, vidua in Christo permaneat, quae vero 25

weitschweifig berichte? Daß die Lust in der Ehe häufig durch ein bitteres und trauriges Ende abgeschlossen wird, das lehrt dich mehr die Erfahrung im Sehen und Hören, als unsere Rede es dir mitteilen kann. Sollte nun etwa, wirst du sagen, die gesetzliche Bindung der Ehe überall auf Erden aufgelöst und die Rechte einer Vereinigung nach dem Gesetz in der Welt aufgehoben werden, wenn aufgrund der Unsicherheit der menschlichen Existenz das Ehebündnis überall in Gefahr geraten kann, sei es durch den Tod von Eltern oder Kindern, sei es durch unglückseliges Auseinanderreißen oder Zerstören der eigenen Familienbande, da man ja in den menschlichen Verhältnissen nichts finden kann, was sicher und fest ist? Ich sage nein, da der Herr selbst die Ehe gesegnet hat, und ich habe dies nur gezeigt, um deutlich zu machen, wie in diesem Stand, wo dreißigfacher Lohn verheißen ist, wenn er nach dem Gesetz bewahrt wird, unter dem rollenden Rad der Welt bisweilen auch das Eheleben aufgerieben und den oben beschriebenen Nöten unterworfen wird. Hinzu kommt, daß, falls sich die Sitten von Frau und Mann bisweilen als unterschiedlich erweisen, auf keinen Fall getrennt oder auseinandergerissen werden kann, was einmal verbunden war, außer wegen Hurerei und noch dazu bei Zustimmung beider.

T.: Wenn von solcher Art die Bedingungen für die eheliche Fessel sind, dann ist es in der Tat „für den Menschen gut, so zu sein wegen der drohenden Not" (1 Kor 7, 26), und um die Worte des Apostels zu gebrauchen: „Es ist nicht gut zu heiraten" (Mt 19, 10).

P.: „Nicht alle", sagt der Herr, „begreifen dieses Wort, sondern die, denen es gegeben ist" (Mt 19, 11). Denn weitaus besser ist die ungehinderte Freiheit als die Knechtschaft in der Ehe, die sich, ob du willst oder nicht, notwendigerweise ergibt. Es bleibt nun noch zur Erörterung übrig, daß die, „die Frauen haben, so sein sollten, als hätten sie keine" (1 Kor 7, 29), und diejenige, die einmal ihren Mann verloren hat, in Christus Witwe bleiben soll, die aber in Wahrheit

virgo, thesaurum virginitatis custodiat, incomparabile margaritum servituti non vendat. Sicut enim corporis pudicitia,
sic virgo gradus inferiores coniugatorum viduarumque an-
tecellit per merita, nec aliqua beatitudine gloriae privabitur
aeternalis, cui super omnes sanctos promittitur gratia sin- 5
gularis.

T.: Satis admodum, mi pater, de fructu tricesimo legitime
coniunctorum et recte viventium licet alternantibus mundi
periculis subiacentium disseruisti, restat nunc sexagesimum in continentibus et viduis applicari.   10

P.: De viduis quidem et quae vere viduae sunt, quarum
etiam merces fructus sexagesimus sit, facilis absolutio est et
ab apostolo satis commendata. Ait enim ad Timotheum:
„Honora viduas, quae vere viduae sunt. Quae enim vere
vidua est, sperat in dominum et instat obsecrationibus et   15
orationibus die et nocte, in operibus bonis testimonium
habens, filios suos fideliter educans, hospitio recipiens,
sanctorum pedes lavans, tribulationem patientibus submi-
nistrans, omne bonum subsecuta." Vidua igitur, quae peracto legitimo conubio iam viduata marito ad Christum per-   20
venire laborat, quasi post nuptiale naufragium ad litus in
secunda tabula suspirat, ut fructus vel serae continentiae
damna reconpenset virginitatis amissae. De quibus multas
esse sub lege, multas aeque sub gratia divinus sermo non
tacuit, nec etiam ante legem huius ordinis feminas defuisse 25
quis dubitaverit, cum plures virorum deo placentium aper-
tissime scriptura teste constiterit?

---

[139] Das Bild von der zweiten Planke findet sich bei HIERONYMUS, *epist.*
117,3 (CSEL 55,425) und 130,9 (CSEL 56,189); vgl. RAHNER, *Symbole
der Kirche* 432–472.

Jungfrau ist, soll den Schatz ihrer Jungfräulichkeit hüten und die unvergleichliche Perle nicht für Knechtschaft verkaufen. Denn so wie durch die Keuschheit des Körpers, so ragt die Jungfrau auch im Verdienst über die niedereren Stände der Verheirateten und Witwen heraus, und sie, der einzigartige Gnade vor allen Heiligen versprochen ist, wird nicht irgendeines Glücks der ewigen Herrlichkeit beraubt werden.

T.: Genug hast du bis hierher erklärt, mein Vater, über die dreißigfache Frucht derer, die nach dem Gesetz verheiratet sind und rechtmäßig zusammenleben, auch wenn sie wechselnden Gefahren der Welt unterliegen; jetzt steht an, über die sechzigfache Frucht bei den Enthaltsamen und den Witwen eine Erklärung anzufügen.

P.: Über die Witwen und die, die in Wahrheit Witwen sind, und deren Lohn auch sechzigfache Frucht beträgt, ist die Lösung nun allerdings leicht und von dem Apostel genug empfohlen. Er sagt nämlich zu Timotheus: „Ehre die Witwen, die wirklich Witwen sind. Denn die ist wirklich eine Witwe, die auf den Herrn hofft und sich Tag und Nacht dem Gebet und dem Flehen widmet und in ihren guten Werken ein Zeugnis ablegt, die ihre Söhne in Treue erzieht, Gastfreundschaft übt, den Heiligen die Füße wäscht, den Leidenden ihre Trübsal erleichtert und in allem dem Guten folgt" (1 Tim 5, 3.5.10). Die ist also Witwe, die, nach rechtmäßig geführter Ehe jetzt Witwe von ihrem Mann geworden, sich müht, zu Christus zu gelangen, gleichsam als seufzte sie nach dem Schiffbruch der Ehe auf einer zweiten Planke nach Rettung[139] am Ufer, damit die Frucht der Enthaltsamkeit, wenn auch spät, den Schaden der verlorenen Jungfräulichkeit wieder ausgleiche. Die heilige Schrift schweigt nicht darüber, daß es von diesen viele unter dem Gesetz, aber ebenso viele zur Zeit der Gnade gegeben hat, und wer könnte zweifeln, daß es auch vor dem Gesetz nicht an Frauen dieses Standes gefehlt hat, da es nach dem Zeugnis der Schrift ja offensichtlich auch viele Männer gegeben hat, die Gott gefielen?

T.: Nulli dubium, quin et maritatae vel maritis viduatae
ante legem studuerint religioni divinae, si constat viros vel
naturali lege seu divina inspiratione creatori suo placuisse.
Alioquin esset inter eos coniugalis amoris discidium, diversae culturae studium.   5

P.: Sic videtur. Sed omissis viduis quas ignoramus, ad eas, 203
quae scripturis divinis celebratae sunt, veniamus. Sarepte-
nam illam vere viduam esse non ambigis, quae testimonio
commendatur etiam evangelico, ubi duritia perfidae
synagogae corripitur et istius gratia caelitus sumpta lauda- 10
tur. Quae licet gentilis stirpis ramusculus fuerit, apud eam
tamen propheta iussu dei utcumque victitavit, filium eius a
morte suscitavit et in utilitatem domus communem res
modicas benedictione multiplicavit.

T.: Etiamsi vidua ista fide cultuque dei caruit, ad utrum- 15
que ex commanentia viri dei perduci potuit, quae mortem
ex rei familiaris inopia iam cervicibus imminentem evadere
meruit. Sed insere, quaeso, quid misterii contineat, quod
tantus propheta vel a corvis pastus sit, donec torrens defecerit, vel ad istam, non ad viduas Israel missus sit.   20

P.: Adeo more tuo. Naturale feminis curiositatis vitium
est, ut non facile queant per iter inceptum progredi, si
constiterit eas a dextris vel sinistris aliqua re delectari.

T.: Niemand bezweifelt, daß auch in der Zeit vor dem Gesetz verheiratete oder von ihren Männern verwitwete Frauen sich um göttliche Verehrung bemühten, wenn fest steht, daß die Männer entweder aus natürlicher Veranlagung oder nach göttlicher Eingebung ihrem Schöpfer gefallen haben. Andernfalls hätte das Bemühen um unterschiedliche Verehrung zu einem Bruch in der ehelichen Liebe geführt.

P.: So scheint es. Aber nun wollen wir unter Übergehung der Witwen, die wir nicht kennen, zu denen kommen, die in der heiligen Schrift gepriesen werden. Du erhebst keine Bedenken, daß jene Frau aus Sarepta eine wahre Witwe war, die sogar durch das Zeugnis des Evangeliums empfohlen wird, dort, wo die Härte der ungläubigen Synagoge scharf getadelt wird, während deren Dankgebet vom Himmel aufgenommen und gepriesen wird. Auch wenn sie nur ein kleiner Zweig am Stamm der Heiden gewesen ist, hat sich doch auf irgendeine Weise der Prophet auf Gottes Befehl bei ihr ernährt, er hat ihren Sohn vom Tod erweckt und vermehrte durch seinen Segen die bescheidenen Güter, die für den gemeinsamen Unterhalt des Hauswesens notwendig waren (1 Kön 17, 9–24; Lk 4, 26).

T.: Auch wenn diese Witwe den Glauben an Gott und seine Verehrung noch nicht kannte, war es doch möglich, daß sie durch die Gegenwart des Gottesmannes zu beidem geführt wurde; sie hat es verdient, dem Tod zu entgehen, der ihr aus Mangel an Mitteln für ihre Familie schon im Nacken saß. Aber hier füge an, ich bitte dich, was an geheimnisvollem Verweis darin beschlossen liegt, daß ein so großer Prophet sogar von Raben ernährt wurde (vgl. 1 Kön 17, 4), als er in der Hitze Durst litt, und warum er gerade zu dieser, nicht zu den Witwen von Israel geschickt wurde.

P.: Das ist ganz nach deiner Art. Dieses Laster der Neugierde ist Frauen von Natur aus eigen, daß sie nicht leicht einen einmal eingeschlagenen Weg weiter vorwärts gehen können, wenn es sich ergibt, daß irgendeine Sache rechts oder links vom Wege sie verlockt.

T.: Dic ergo.

P.: Typus Christi Helias est. Qui mundo virtutibus in-
fecundo, utpote vitiorum squalore perusto verbique divini
penuria penitus exhausto mundum in similitudine carnis
peccati mundum redempturus intravit et iuxta torrentem 5
nostrae mortalitatis consedit. „De torrente enim in via
bibit." A corvis cibum accepit, quia gentilitate peccatorum
fuligine denigrata, sed conversa fideique vel conversionis
cibum offerente pasci voluit. Christi enim mensa gratissima
conversio peccatorum est, quod in Maria peccatrice, quod 10
in publicanis et peccatoribus ad mensam eius venientibus
in promptu cognoscere est. Semper enim Christus his corvis pascitur, qui paenitentia peccatorum semper gratulatur.
Porro typum ecclesiae dixerim hanc alienigenam, ad quam
ut in forma Christus intravit, modicum, quod invenit, spi- 15
ritali benedictione adeo multiplicavit, | ut famem verbi dei, | 204
quae totum presserat orbem, non modo sentiret, verum
etiam et famelicos ex collata benedictione, ne deficerent,
sustentaret.

T.: Non tantum miror, quod Christus, qui omnia potuit, 20
res modicas consecravit et auxit, quas apud gentilitatem
invenit, sed illud dignum ammiratione videtur, quod apud
eam benedictionibus augendum aliquid invenerit.

P.: Nonne „ad imaginem et similitudinem dei" conditus
est homo? 25

T.: Sprich also.

P.: Präfiguration Christi ist Elija.[140] Als die Welt unfruchtbar für Tugenden geworden war, nämlich ausgebrannt vom Schmutz der Laster und durch den Mangel am göttlichen Wort völlig erschöpft, da hat er die Welt betreten, um sie im Gleichnis von der Sünde des Fleisches rein loszukaufen, und hat sich am Bach unserer Sterblichkeit niedergelassen. „Denn von dem Bach trinkt er am Weg" (Ps 110,7: Vg. Ps 109,7). Von den Raben hat er seine Speise empfangen, weil er sich vom Heidentum ernähren wollte, das vom Ruß der Sünde schwarz war, ihm dann aber bekehrt die Speise des Glaubens und der Bekehrung darbot und ihn damit nähren wollte. Denn die angenehmste Speise für Christus ist die Bekehrung der Sünder, was an der Sünderin Maria (vgl. Lk 7,37–39), was an den Zöllnern und Sündern (vgl. Lk 5,29–32), die zu seinem Tisch kamen, sofort zu erkennen ist. Denn immer nährt sich Christus von diesen Raben, der sich immer über die Reue der Sünder freut. Weiter möchte ich diese fremde Frau als Verweis auf die Kirche bezeichnen, bei der Christus gleichsam im Abbild eingetreten ist und durch seinen geistlichen Segen das Wenige, was er vorfand, so sehr vermehrte, daß er nicht nur den Hunger nach dem Wort Gottes bemerkte, der den ganzen Erdkreis niedergedrückt hatte, sondern auch den Hungrigen mit der Spendung seines Segens half, daß sie keinen Mangel mehr litten.

T.: Ich staune nicht besonders, daß Christus, der alles vermag, diese geringen Dinge gesegnet und vermehrt hat, die er bei den Heiden vorfand, aber jenes scheint mir des Staunens wert, daß er bei diesen überhaupt etwas vorfand, was durch Segen vermehrt werden konnte.

P.: Ist denn der Mensch nicht „nach dem Bild und in der Ähnlichkeit Gottes" (Gen 1,26) geschaffen?

---

[140] Zur historischen Entwicklung der Person des Elija als Typos Christi vgl. LUZ, *Evangelium* 513–517.

T.: Quis dubitaverit?

P.: Sed licet impulsu colubri a statu immortalitatis deciderit, numquid imaginem dei per hoc amittere potuit?

T.: Obscuravit quidem, non amisit.

P.: Bene sentis. Hoc igitur, quod habuit homo, scilicet 5
illustrabilem et perceptibilem veritatis intelligentiam rationemque divinae sapientiae capacem, non totum mandati
praevaricator amisit, quod primordiali conditione spiritaliter accepit. Attende denique, quod a latronibus semivivus
ille relictus sit nec penitus defecerit, qui a via veritatis et 10
iustitiae certa patria relicta caecus aberravit. Quicquid tamen habuit, permodicum erat et pugillo concludi vel in
vasculo fragili servari poterat nec spem ullam vitae in longum protrahendae promisit. Si enim mentem humanam
pecualis condicio possedisset, percipiendae veritati idoneus 15
nullo modo fuisset. Veniens igitur deus homo factus ad
hominem suscitavit in homine per inspirantem gratiam,
quod homini dederat per naturam, ut rationalis intellectus
in cardine liberi arbitrii positus ad vitam, quam Christus
obtulit suscipiendam, rationabiliter volveretur, et gratia 20
mediante renovaretur imago, quam obduxerat vetustate
mortalis intemperantiae distractio. Sed de his satis factum
tibi sit. Visne litteram eandem alio sensu explicari?

T.: Totum erit gratum, quicquid in hac via dederis in
alimentum.   25

T.: Wer könnte daran zweifeln?

P.: Aber auch wenn der Mensch durch die Verführung der Schlange aus dem Stand der Unsterblichkeit gefallen ist, konnte er deswegen etwa seine Gottesebenbildlichkeit verlieren?

T.: Er hat sie zwar verdunkelt, verloren hat er sie nicht.

P.: Das verstehst du richtig. Dieses also, was der Mensch hatte, nämlich die erhellende und verständige Einsicht in die Wahrheit und die Vernunft, fähig, die göttliche Weisheit zu begreifen, hat der Gesetzesübertreter nicht gänzlich verloren, weil er sie bei seiner ersten Schöpfung im Geist empfangen hat. Bedenke schließlich, daß jener, der vom Weg der Wahrheit und Gerechtigkeit blind abgeirrt war, nachdem er seine sichere Heimat verlassen hatte, von den Räubern halbtot liegen gelassen wurde und doch nicht vollkommen zugrunde ging (vgl. Lk 10,30). Doch was diese hatte, war nun wirklich außerordentlich bescheiden und konnte mit einer einzigen Hand erfaßt und in einem zerbrechlichen Krüglein bewahrt werden und verhieß keinerlei Hoffnung, das Leben noch weiter zu fristen. Wenn nämlich eine tierische Natur den menschlichen Geist besessen hätte, dann wäre er in keiner Weise mehr in der Lage, die Wahrheit zu erfassen. Es kam also Gott, Mensch geworden, zum Menschen und erweckte im Menschen von neuem durch den Hauch der Gnade, was er dem Menschen von Natur aus gegeben hatte, damit die vernünftige Einsicht, im Angelpunkt des freien Willens gesetzt, sich in vernünftiger Weise dem Leben zuwende, das Christus uns zur Übernahme angeboten hat, und damit durch Vermittlung der Gnade das Bild erneuert werde, das das Zerwürfnis mit der langen Dauer menschlichen Ungehorsams überzogen hatte. Jetzt sei dir aber Genüge getan mit der Erläuterung dieser Dinge. Willst du nicht dieselbe Geschichte noch in einem anderen Sinn erklärt bekommen?

T.: Alles wird mir willkommen sein, was du mir unterwegs zur Stärkung bietest.

P.: Helias ad viduam, Christus venit ad ecclesiam, cuius 205
farina et oleum benedicitur et non deficit, id est gratia
corporis Christi et crismatis unctio, quae toto mundo cotidie impenditur et numquam minuitur. Credendum est et
alias multas iuxta verbum domini temporibus supradictae 5
Sareptenae fuisse viduas in Israel, quas non dubium est
pertinuisse ad sexagesimum fructum, quia castitatis aemu-
latione sprevere post primas nuptias secunda foedera nuptiarum. De quibus dominus ad pharisaeos, ypocritas avaris-
simos: „Vae vobis", inquit, „qui comeditis domos viduarum, 10
longas in angulis orationes facientes." Nisi enim viduae
sanctae tunc temporis divinae religioni studerent, illis, quos
religiosos putabant, substantiam suam non erogarent. Adice et illam ditissimam in deo pauperculam, quae duo mi-
nuta misit et deo totum semel obtulit, quod habuit. Attende 15
Iudith, decus Iudaicae stirpis, quid viduali continentia meruerit, quae communem hostem probitate constantiae sexum excedens proprio pugione confodit. Anna annos septuaginta vidualis continentiae studia sic protraxit, ut ex
castitate voluntaria Christi infantiam laudibus dicare me- 20
ruerit et quem totus mundus ignorabat, prophetissa pro-
phetando cognosceret.

T.: Quantum meritum huius sanctae viduae fuerit, evan-
gelista quidem non tacuit, sed quaeso te quomodo vel
quando corpori potuit necessaria providere, si contigit eam 25
de templo numquam discessisse?

P.: Elija kam zur Witwe, Christus kam zur Kirche, deren Mehl und Öl gesegnet wird und nicht ausgeht, das heißt das Gnadengeschenk des Leibes Christi und die Salbung mit dem Öl, das Tag für Tag der ganzen Welt gespendet und niemals vermindert wird. Man kann annehmen, daß zur Zeit der oben genannten Witwe von Sarepta noch viele andere Witwen in Israel nach dem Wort Gottes gelebt haben, zu denen ohne Zweifel die sechzigfache Frucht gehörte, weil sie es im eifrigen Bemühen um Keuschheit verschmähten, nach ihrer ersten Heirat ein zweites Ehebündnis einzugehen. Von diesen sagt der Herr zu den Pharisäern, den gierigen Heuchlern: „Weh euch, die ihr die Häuser der Witwen aufzehrt und dabei lange Gebete in den Ecken verrichtet" (Mk 12, 40). Denn wenn sich die heiligen Witwen der damaligen Zeit nicht um die göttliche Verehrung bemüht hätten, dann hätten sie nicht jenen, die sie für fromm hielten, ihr Vermögen zur Verfügung gestellt. Füge hier auch noch jene arme Frau hinzu, die in Gott unendlich reich war, die zwei kleine Münzen gab und Gott alles, was sie besaß, auf einmal opferte (vgl. Mk 12, 42–44). Richte deine Aufmerksamkeit auf Judit (vgl. Jdt 12 – 13, 11), die Zierde aus dem Stamm Juda, was sie durch ihre Enthaltsamkeit als Witwe verdiente, die den gemeinsamen Feind mit seinem eigenen Dolch durchbohrte und dabei durch ihre beherzte Unerschrockenheit über die Grenzen ihres Geschlechts hinausging. Hanna (vgl. Lk 2, 36–38) dehnte als Witwe ihr Bemühen um Keuschheit über 70 Jahre lang so aus, daß sie aufgrund ihrer freiwilligen Enthaltsamkeit gewürdigt wurde, Christus schon als Kind mit Lobgesang zu preisen und in ihrer Sehergabe als Prophetin den erkannte, den die ganze Welt nicht erkannt hat.

T.: Wie groß das Verdienst dieser frommen Witwe gewesen ist, darüber schweigt nicht einmal der Evangelist, aber ich frage dich, wie und wann sie denn für die Bedürfnisse ihres Körpers hat sorgen können, wenn es zutrifft, daß sie den Tempel niemals verlassen hat (vgl. Lk 2, 37)?

P.: Consuetudo scripturae est frequentiam sanctorum
operum generali laude nonnumquam extollere et licet in-
tervallis, quod frequenter agitur, dirimatur, universaliter ex
assiduitate comprehendere. Ad hunc sensum verba Pauli
reflecte: „Semper", inquit, „gaudete, sine intermissione 5
orate", et David: „Benedicam dominum in omni tempore,
semper laus eius in ore meo." Ut semper in hac vita | gau- | 206
deas, semper aperto ore laudes decantes, humanae naturae
mensuram excedit, ideoque generale dictum necessario se
ad speciem inflectit. Plurimae etiam viduae dominum no- 10
strum praedicantem secutae sunt et quae necessaria erant,
de substantia sua domino ministraverunt. Quibus licet
interdictum esset praedicandi officium, praedicantibus tamen affuerunt solatio rerum suarum. De his viduis Paulus
propter cautelam Christianae disciplinae custodiendae: 15
„Vidua", inquit, „eligatur non minus sexaginta annorum",
et: „Has honora, quae vere viduae sunt. Si qua autem vidua
filios vel nepotes habet, discat primum domum regere,
quae autem vere vidua est et desolata, sperat in deo et instat
obsecrationibus et orationibus die ac nocte." Sicut autem 20
non omnes, qui legitimo conubio copulati sunt, fructum
tricesimum nec omnes in ecclesia virginitate sua gloriantes
centesimum, sic non omnes viduae, licet secunda nuptiarum foedera nescierint, sexagesimum fructum accipi-
unt. Quomodo enim gratiam fructus tricesimi consequa- 25
tur, qui coniugalia iura occulto violat adulterio vel qui
amat thalami consortem solo carnis affectu, non rationis

P.: Es ist die Gewohnheit der heiligen Schrift, eine große Zahl frommer Werke bisweilen in einer einzigen Zusammenfassung hervorzuheben und das, was häufig geschieht, auch wenn es durch Zwischenräume unterbrochen wird, doch wegen seiner Beständigkeit in einer Einheit zusammenzufassen. In diesem Sinn mußt du auch die Worte des Paulus verstehen: „Immer", sagt er, „freut euch, und betet ohne Unterlaß" (1 Thess 5, 16 f), und David: „Ich will den Herrn preisen zu jeder Zeit, immer sei sein Lob in meinem Mund" (Ps 34, 2: Vg. Ps 33, 2). Daß du immer in diesem Leben jubeln, immer mit offenem Mund Loblieder singen sollst, übersteigt das Maß menschlicher Natur, und deshalb bezieht sich notwendigerweise das allgemein Gesagte auf den besonderen Fall. Es sind auch sehr viele Witwen unserem Herrn gefolgt, als er predigte, und versorgten den Herrn aus ihrem eigenen Vermögen mit den notwendigen Dingen des Lebensunterhalts. Auch wenn diesen das Amt des Predigens untersagt war, standen sie doch den Predigern mit ihrem Vermögen zum Trost zur Seite. Über diese Witwen sagt Paulus zum Schutz christlicher Zucht, die bewahrt werden muß: „Es soll keine Witwe ausgewählt werden unter sechzig Jahren" (1 Tim 5, 9), und: „Ehre diese, die in Wahrheit Witwen sind. Wenn aber irgendeine Witwe Söhne und Enkel hat, dann soll sie zuerst lernen, ihrem Haus vorzustehen, die aber in Wahrheit Witwe ist und verlassen, die hofft auf Gott und widmet sich dem Flehen und dem Gebet bei Tag und Nacht" (1 Tim 5, 3–5). Aber so wie nicht alle, die in gesetzmäßiger Ehe verbunden sind, die dreißigfache Frucht empfangen und nicht alle, die sich in der Kirche ihrer eigenen Keuschheit rühmen, die hundertfache, so empfangen auch nicht alle Witwen die sechzigfache Frucht, selbst wenn sie keinen zweiten Ehebund kennengelernt haben. Wie sollte denn einer die Gnade dreißigfacher Frucht erlangen, der die Gesetze der Ehe in heimlichem Ehebruch verletzt oder der die Gefährtin seiner Schlafkammer allein in der Leidenschaft des Fleisches liebt, nicht nach vernünfti-

iudicio, qui quasi irrationabile iumentum pronus est in
ventrem et libidinem et totum, quod libet, licitum aestimat,
nihil aliud nisi de voluptate beatitudinem cum Epicuro
coniectans, cum apostolus aperte moneat: „Ut deponamus
secundum priorem conversationem veterem hominem, qui 5
corrumpitur iuxta desideria erroris", et alibi: „Viri, diligite
uxores vestras sicut et Christus ecclesiam, ut sciat unusquisque vas suum possidere in sanctificatione et honore,
non in passione desiderii sicut et gentes, quae ignorant
deum"? Quomodo viduae pervenire possunt ad fructum 10
sexagesimum, quae post sepulturam mariti „in deliciis positae viventes mortuae sunt", quarum quaedam, ut ait idem
apostolus: „Retro post satanan abierunt" fictoque habitu
Christo mentientes „primam fidem in damnationem sui
irri|tam fecerunt" et „deteriores etiam infidelibus" per ex- 15 | 2
cessum voluptatis inventae sunt?

T.: Videntur mihi viduae tales fructu carere totius gratiae,
quas sola damnatio sequitur ex conversatione detestabilis
vitae. Sed quia tales infidelibus etiam fateris deteriores,
numquid et aemulatio castitatis etiam apud feminas infide- 20
les?

P.: Quis finis esset operis incepti, si ea, quae de his novimus, possent hic inseri? Quantas, filia, novimus viduas etiam
in ethnicismo matrimonialibus vinculis morte maritorum
absolutas et secunda nuptiarum foedera respuentes, a paren- 25
tibus exheredatas, maiorum beneficiis spoliatas, bonis om-

gem Urteil, der sich, dem unvernünftigen Vieh vergleichbar, Bauch und Begierde zuneigt, und alles, was ihm gefällt,
für erlaubt hält, wobei er mit Epikur nichts anderes kennt
als die Seligkeit aus der Lust, obwohl der Apostel deutlich
dazu ermahnt, „daß wir den alten Menschen mit seinem
früheren Lebenswandel ablegen, der verdorben ist durch
die Begierden des Irrtums" (Eph 4,22), und an anderer
Stelle: „Ihr Männer, liebt eure Frauen, so wie auch Christus
seine Kirche geliebt hat, damit ein jeder lerne, sein eigenes
Gefäß in heiliger Achtung und Ehrfurcht zu besitzen, nicht
in der Leidenschaft des Begehrens, so wie es auch die Heiden tun, die Gott nicht kennen" (Eph 5,25; 1 Thess 4,4f)?
Wie können Witwen zu sechzigfacher Frucht gelangen, die
nach der Beerdigung ihres Ehemannes „sich auf Ausschwei-
fungen einlassen und so schon bei Lebzeiten tot sind"
(1 Tim 5,6), von denen einige, wie derselbe Apostel sagt,
„schon dem Satan gefolgt sind und sich abgewandt haben"
(1 Tim 5,15) und in vorgetäuschtem Auftreten scheinbar
Christus anhängen und „dabei ihren ersten Glauben schon
unwirksam gemacht haben zu ihrer eigenen Verdammnis"
und „sogar geringer als die Ungläubigen" (1 Tim 5,12.8)
befunden werden wegen ihrer lüsternen Ausschweifung?

T.: Solche Witwen, denen wegen ihres abscheulichen
Lebenswandels allein die Verdammung folgt, scheinen mir
jeder Frucht der Gnade vollkommen zu entbehren. Aber
weil du diese noch niedriger einstufst als die Ungläubigen,
sag doch, ob es etwa auch bei den Frauen der Ungläubigen
ein Streben nach Keuschheit gibt?

P.: Wie könnte es überhaupt ein Ende für unser be-
gonnenes Werk geben, wenn wir das, was wir über diese
Dinge erfahren haben, hier aufzählen sollten? Von wie
vielen Witwen, Tochter, haben wir sogar im Heidentum
erfahren, die nach dem Tod ihres Mannes von den Fesseln
der Ehe befreit waren und danach ein zweites Ehebündnis zurückwiesen; sie wurden von den Eltern enterbt, des
Bestandes ihrer Vorfahren beraubt, ohne alle Güter hilflos

nibus destitutas, patria tandem quasi futurae nobilitatis germinis suffocatrices expulsas. Si temporum praeterito- rum gesta percurras, plures repperis viduas conservandae de cetero castitatis zelo ferventes, licet non secundum scientiam, sibi propriis manibus ferro vel igne vitam extor- 5 sisse, ne prioris amoris gratia minui videretur secundi mariti copulatione perosa. Fertur Dido viduata marito Sicheo multa auri et argenti copia Affricam navigasse ibi- que Cartaginem condidisse. Cumque ab Hiarba, rege Li- biae peteretur in coniugium, paulisper distulit nuptias, 10 donec conderet civitatem. Nec multo post structa in me- moriam mariti quondam Sichei pira maluit ardere quam nubere. Nec enim fabulosa commenta audienda sunt, quod pro alia causa, rogo iniecta vitam finierit. Casta quidem mulier Cartaginem condidit et castitatis laude per mortem 15 dicavit, et rursus eadem urbs castitatis laude finita est. Nam Hastrubalis uxor capta et incensa a Romanis urbe cum se cerneret a hostibus esse capiendam, apprehensis ex utroque latere parvulis suis in subiectum domus suae devolavit incendium. Coniunx Nicerati impatiens | iniuriae viri mor- 20 | 20 tem sibi ipsa conscivit, ne triginta tyrannorum, quos Lisan- der victis Athenis imposuerat, ludificationes sustineret.

---

[141] DIDO, die Stadtgründerin von Karthago, war mit SYCHÄUS verheiratet, der von ihrem Bruder PYGMALION ermordet wurde. Sie hielt ihm die Treue und wies den Antrag des IARBAS, des Fürsten der Gätuler, zurück. HIERO-NYMUS, *adv. Iovin.* 1 (PL 23,286); VERGIL, *Aen.* 4,36 (177 MYNORS).

[142] Hier wird angespielt auf DIDOS unglückliche Liebe zu AENEAS, die damit endet, daß sie sich selbst den Tod gibt. Dies weist der *Speculum*-Au-tor zurück, um sie als Exemplum für Keuschheit zitieren zu können; vgl. VERGIL, *Aen.* 4,584–705 (194–198 MYNORS).

[143] HASDRUBAL war karthagischer Feldherr während des dritten puni-schen Krieges. Bei der Zerstörung Karthagos 146 v.Chr. geriet er in römische Gefangenschaft, seine Frau suchte mit ihren Kindern den Tod in

im Stich gelassen und schließlich aus der Heimat vertrieben, gleichsam als hätten sie eine künftige adlige Nachkommenschaft erwürgt. Wenn du die Geschehnisse vergangener Zeiten durchgehst, findest du zahlreiche Witwen, die vor allem anderen in Eifer darauf brannten, ihre Keuschheit zu bewahren, wenn auch nicht aus tieferer Einsicht; sie setzten ihrem Leben mit eigenen Händen durch Feuer und Schwert ein Ende, damit nicht das Geschenk der früheren Liebe vermindert erscheine durch die verhaßte Verbindung mit einem zweiten Mann. Es wird berichtet, daß Dido, als sie von ihrem Ehemann Sychäus verwitwet war[141], sich mit einer großen Menge Gold und Silber nach Afrika eingeschifft und dort Karthago gegründet habe. Als ihr von Iarbas, dem König von Libyen, ein Heiratsantrag gemacht wurde, zögerte sie die Hochzeit ein wenig hinaus, bis sie die Stadt gegründet hätte. Nicht viel später ließ sie einen Scheiterhaufen zur Erinnerung an ihren ehemaligen Gatten Sychäus errichten, weil sie lieber verbrennen wollte als heiraten. Man sollte aber nicht auf diese phantastische Geschichte hören, daß sie, veranlaßt aus einem anderen Grund, ich frage welchem, ihrem Leben ein Ende setzte.[142] Eine keusche Frau hat in der Tat Karthago gegründet und durch ihren Tod zum Ruhm der Keuschheit geweiht, und im Ruhm der Keuschheit fand eben diese Stadt auch wieder ihr Ende. Denn nachdem die Stadt von den Römern eingenommen und in Brand gesteckt war und die Ehefrau Hasdrubals[143] erkannte, daß sie in die Hände der Feinde fallen würde, nahm sie ihre beiden Kinder, jedes an eine Seite, und stürzte sich in das Feuer, das an ihrem Haus gelegt war. Die Frau des Niceratos war nicht willens, das ihrem Mann zugefügte Unrecht zu erdulden, und gab sich selbst den Tod, um nicht die Willkür der dreißig Tyrannen erdulden zu müssen, die Lysander über die besiegten Athener eingesetzt

---

den Flammen; vgl. POLYBIUS, *hist.* 38,7.20 (4,475–477.498 f BÜTTNER-WOBST); HIERONYMUS, *adv. Iovin.* 1,43 (PL 23,286).

Arthemisia, uxor Mausoli insignis pudicitiae fuisse perhibetur. Quae cum esset regina Cariae et nobilium poetarum atque historicorum laudibus praedicetur, in hoc vel maxime effertur, quod defunctum maritum sic semper amavit ut vivum et mirae magnitudinis ac pulcherrimae extruxit se- 5 pulchrum in tantum, ut usque hodie omnia sepulchra pretiosa ex nomine eius mausolea nuncupentur. Illiricorum regina, Teuta nomine ut longo tempore viris fortissimis imperaret et Romanos saepe vinceret, miraculum utique meruit castitatis. Indi et omnes paene barbari [qui] uxores 10 plurimas habent, apud eos lex est, ut uxor carissima cum defuncto marito cremetur. Contendunt uxores inter se de amore viri, ut ea quae plus diligitur, ne post mortem prioris alterum maritum agnoscat, cum mortuo et ipsa occumbat. Ornatur in ipsis exequiis habitu et decore pristino sicque 15 aut crematur aut consepelitur cum marito.

T.: Nulli dubium secundas nuptias feminam detestari, quae primo thoro maritali fidem conservat etiam morte coniunctis odibili.

---

[144] Im Verlauf des Peloponnesischen Kriegs hatten die siegreichen Spartaner unter LYSANDER eine neue Verfassung, „die Dreißig", in Athen eingesetzt. Von diesen wurde NICERATOS 404 getötet, seine Frau folgte ihm freiwillig in den Tod; vgl. PLUTARCH, *Lys.* 18 (113 f ZIEGLER); HIERONYMUS, *adv. Iovin.* 1, 44 (PL 23, 286).

[145] Nach dem Tod ihres Mannes MAUSSOLOS 353 führte ARTHEMISIA die Herrschaft über Karien und Rhodos. Sie ließ nach dem Tod ihres Mannes Künstler aus ganz Hellas herbeirufen, um für ihn das schönste Grabmal zu errichten, vgl. PLINIUS DER ÄLTERE, *nat.* 36, 30 (5, 316 f IAN/MAYHOFF); HIERONYMUS, *adv. Iovin.* 1, 44 (PL 23, 286).

[146] Nach dem Tod des Illyrierkönigs AGRON im Jahr 230 regierte seine Frau TEUTA mit großer Energie und brachte durch fortgesetzte Raubzüge an den Küsten von Elis und Messenien die dortigen Bewohner in große Bedrängnis, so daß diese schließlich die Römer zu Hilfe riefen; vgl. POLYBIUS, *hist.* 2, 8, 4–13 (1, 131 f BÜTTNER-WOBST); HIERONYMUS, *adv. Iovin.* 1, 44 (PL 23, 286).

hatte.[144] Arthemisia, die Frau des Maussolos, erwies sich als ein Muster von Keuschheit. Obwohl diese als Königin von Karien durch die Lieder berühmter Dichter und Schriftsteller gepriesen wird, wurde sie doch am meisten dadurch berühmt, daß sie ihren verstorbenen Gatten immer weiter so liebte wie den lebenden und ihm ein Grabmal von wunderbarer Größe und Schönheit errichten ließ[145], so groß, daß bis auf den heutigen Tag alle kostbaren Grabbauten nach seinem Namen Mausoleum genannt werden. Die Königin der Illyrer, Teuta mit Namen, erwarb sich eine schlechterdings wunderbare Keuschheit, um lange Zeit über die tapfersten Männer zu herrschen und die Römer des öfteren zu besiegen.[146] Die Inder und zahlreiche Barbarenvölker haben mehrere Frauen; bei ihnen ist es Gesetz, daß die Lieblingsfrau zusammen mit dem verstorbenen Ehemann verbrannt wird.[147] Die Frauen wetteifern untereinander um die Liebe des Mannes, damit die, die mehr geliebt wird, zusammen mit dem Verstorbenen selbst stirbt, um nicht nach dem Tod des ersten Mannes einen anderen als Ehemann anerkennen zu müssen. An den Begräbnisfeierlichkeiten selbst wird sie mit ihrem ehemaligen Gewand und Würdenzeichen geschmückt und so zusammen mit ihrem Gemahl entweder verbrannt oder beerdigt.

T.: Ohne Zweifel verflucht die Frau eine zweite Ehe, die ihrem ersten Ehegatten die Treue bewahrt, sogar noch durch Vereinigung im verhaßten Tod.

---

[147] Der Bericht über die Witwenverbrennung bei den Indern und anderen Barbarenvölkern ist ebenfalls entnommen aus HIERONYMUS, *adv. Iovin.* 1,44 (PL 23,286 f). Die Streichung des *qui* ergibt sich aus der wörtlichen Übernahme des Satzes aus HIERONYMUS.

P.: Stratho, regulus Sidonis manu se propria volens con-
fodere, ne ludibrio Persis imminentibus foret, quorum foedus Aegypti societate neglexerat, retrahebatur formidine, et
gladium, quem arripuerat, circuminspectans pavidus hostium expectabat adventum. Quem iamiam uxor capiendum 5
intelligens maritum proprium ferro transverberavit com-
positoque ex more cadavere se moriens superiecit, ne post
virginalia foedera alterius sustineret amplexus. Filia Darii
Rodogune post mortem viri nutricem suam, quae secundas
suadebat nuptias, occidi praecepit. Duellius, qui primus 10
Romae navali certamine triumphavit, Biliam virginem du-
xit uxo|rem tantae pudicitiae, ut illo quoque saeculo pro | 209
exemplo fuerit, quo impudicitia monstrum erat non vitium.
Is iam senex in quodam iurgio foetidum os sibi audivit
exprobrari. Cumque uxori quaestus esset, qua re numquam 15
eum monuisset, ut huic vitio mederetur, ,fecissem', inquit
illa, ,nisi putassem omnibus viris os sic olere'. Laudanda in
utroque pudicissima femina. Etsi non ignoravit vitium viri,
tamen patienter tulit, ut infirmitatem istam maritus non
uxoris fastidio, sed inimici sentiret maledicto.   20

---

[148] Sidon war eine sehr alte, bedeutende Hafenstadt, die sich in geschicht-
licher Zeit zwischen Ägypten und Persien behaupten mußte. Ihre Könige,
von denen STRATON I. und II. bekannt sind, schlossen wechselnde Bünd-
nisse mit ihren Nachbarn, so daß der Hinweis auf Ägypten historischer
Realität entspricht, wenn auch nicht klar ist, welcher STRATON hier gemeint ist; vgl. HERODOT, hist. 8,67 (o.S. HUDE); HIERONYMUS, adv. Iovin.
1,45 (PL 23,287).
[149] Der Name RODOGUNE ist im persischen Königshaus gebräuchlich und
wird sowohl für die Mutter wie für die Tochter des DARIUS genannt. Nach
ungesicherter Überlieferung wurde sie dem ORONTES zur Frau gegeben,
der um 200 der letzte Satrap in Großarmenien war; vgl. PLUTARCH, Art.
27,6–10 (347f ZIEGLER); HIERONYMUS, adv. Iovin. 1,45 (PL 23,287).
[150] DUELLIUS, Konsul im Jahr 260, rüstete eine Flotte aus, organisierte den
Seekampf gegen Karthago und feierte als erster Römer einen triumphus
navalis. Seine Taten werden in der zeitgenössischen Geschichtsschreibung

P.: Straton, ein kleiner Fürst in Sidon[148], wollte sich mit
eigener Hand erdolchen, um nicht zum Gespött der her-
annahenden Perser zu werden, deren Bündnis er wegen
einer Verbindung mit Ägypten ausgeschlagen hatte; aber
aus Furcht zog er sich wieder zurück, betrachtete das
Schwert, das er schon gezückt hatte, und erwartete ängstlich die Ankunft der Feinde. Als seine Frau merkte, daß
seine Ergreifung schon unmittelbar und unvermeidlich be-
vorstand, durchbohrte sie ihren eigenen Mann mit dem
Schwert, richtete den Leichnam nach üblichem Brauch für
das Begräbnis her und warf sich sterbend auf ihn, um nicht
nach einem Ehebündnis in Reinheit die Umarmungen eines
anderen ertragen zu müssen. Rodogune, die Tochter des
Darius[149], ließ ihre eigene Amme töten, die sie nach dem
Tod ihres Mannes zu einer zweiten Heirat überreden wöll-
te. Duellius, der als erster in Rom einen Triumph nach einer
Seeschlacht feierte, führte als Ehefrau eine Jungfrau von so
großer Keuschheit heim[150], daß sie gerade jenem Jahrhundert zum Vorbild diente, in dem Unkeuschheit ein allge-
meiner Sittenverfall, nicht einfach ein Laster war. Als dieser
schon ziemlich alt war, hörte er, wie ihm bei einem Streit
sein übler Mundgeruch vorgeworfen wurde. Als er seine
Frau fragte, warum sie ihn niemals deswegen ermahnt hätte, damit er etwas zur Heilung dieses Gebrechens unter-
nehme, sagte jene: ‚Ich hätte es getan, wenn ich nicht geglaubt hätte, daß alle Männer so aus dem Mund riechen.'
Diese außerordentlich züchtige Frau muß doppelt gelobt
werden. Denn obwohl sie das Gebrechen ihres Mannes
sehr wohl kannte, ertrug sie es doch geduldig, so daß der
Mann von dieser körperlichen Unzulänglichkeit nicht
durch den Ekel seiner Frau, sondern durch die Schmähung
seines Feindes erfuhr.

---

ausführlich gewürdigt (POLYBIUS, *hist.* 1,21–23 [1,28–33 BÜTTNER-
WOBST]; LIVIUS, *perioch.* 17 [21f ROSSBACH]), die Anekdote mit seiner
Frau tradiert allein HIERONYMUS, *adv. Iovin.* 1,46 (PL 23,287f).

T.: Quae secundum ducit maritum, hoc dicere non potest.

P.: Marcia Catonis filia cum quaereretur ab ea, cur post
amissum maritum denuo non nuberet, respondit non se
invenire virum, qui se magis vellet quam sua. Quo dicto 5
eleganter ostendit, divitias magis eligi in uxoribus solere
quam pudicitiam. Infirma sane res et amor fragilis, quem
avaritia conciliat. Eadem cum lugeret virum et matronae
quaererent, quem diem haberet luctus ultimum, ait ‚quem
et vitae'. Quae sic amabat virum absentem, de secundo 10
matrimonio non cogitabat. Annia, cum propinquus mone-
ret post mortem mariti, ut alteri nuberet, esse enim ei et
aetatem integram et faciem decoram, ‚nequaquam', inquit,
‚hoc faciam. Si enim bonum virum invenero, timere nolo,
ne perdam. Si malum, quid necesse est, post bonum pessi- 15
mum sustinere?' Quorsum rogo, Theodora, per exempla
gradimur ethnicorum, qui proposuimus virginum de solis
agendo virginibus excitare propositum?

T.: Ut perpendo, verbis et exemplis nihil aliud agis nisi
inculcans ecclesiae feminis incitamenta castitatis. Si enim 20
ethnicismo subiecti viri et feminae castitati studuerunt,
multo magis, quibus regnum caelorum promittitur, carnis
amorem superabunt?

P.: Scribimus igitur haec ethnicorum exempla ecclesiae
viduis vel maritatis, quandoque viduandis, ut si Christia- 25

---

[151] Ob MARCIA die Tochter oder die Frau von MARCUS PORCIUS CATO
dem Jüngeren gewesen ist, steht nicht eindeutig fest. Dieser hatte in den
Zeiten des Triumvirats die Partei von CÄSARS Gegnern ergriffen. Seine
Tochter soll ihm an Enthaltsamkeit und kühnem Mut in nichts nachge-
standen haben: PLUTARCH, Cat. Mi. 73 (91 f ZIEGLER); HIERONYMUS, adv.
Iovin. 1, 46 (PL 23, 288).
[152] Annius ist ein römischer Gentilname, der besonders in republikani-
scher Zeit vorkommt. Hohe Staatsämter wurden von Angehörigen dieses
Geschlechts bekleidet, eine ANNIA ist Mutter des MILO, der 52 auf Betreiben CICEROS verurteilt wurde. Es ist nicht feststellbar, welche Frau dieses
Geschlechts hier gemeint ist; vgl. HIERONYMUS, adv. Iovin. 1, 46 (PL
23, 288).

T.: Das hätte sie nicht sagen können, wenn sie zwei Männer zur Ehe gehabt hätte.

P.: Als Marcia, die Tochter Catos[151], gefragt wurde, warum sie nach dem Verlust ihres Mannes nicht von neuem heirate, antwortete sie, daß sie keinen Mann fände, der sie selbst mehr wolle als ihren Besitz. Mit dieser Antwort zeigte sie auf noble Art, daß für gewöhnlich Frauen mehr ihres Reichtums als ihrer Keuschheit wegen erwählt werden. Dabei ist doch in der Tat Besitz unzuverlässig und die Liebe, die Habgier gestiftet hat, zerbrechlich. Als eben diese ihren Mann betrauerte und Frauen sie befragten, welchen Tag sie als letzten Trauertag bestimmt habe, sagte sie: ,Den letzten meines Lebens.' Diese liebte ihren Mann, auch als er nicht mehr da war, so, daß sie an keine zweite Ehe dachte. Als ein Verwandter Annia[152] nach dem Tod ihres Mannes ermahnte, einen anderen zu heiraten, da sie für ihn noch in gutem Alter und von schönem Aussehen sei, sagte sie: ,Keinesfalls will ich das tun. Denn wenn ich einen guten Mann gefunden habe, will ich nicht fürchten müssen, daß ich zugrunde gehe. Wenn ich aber einen schlechten finde, was ist es dann nötig, nach dem Guten das Schlechte auszuhalten?' In welche Richtung, frage ich dich, Theodora, schreiten wir mit unseren Beispielen aus den heidnischen Völkern, die wir vorgelegt haben, um Jungfrauen zu ihrem Vorhaben zu ermuntern, indem wir einzelne Jungfrauen vorgestellt haben?

T.: Wenn ich es bedenke, tust du nichts anderes, als in Worten und Beispielen den Frauen der Kirche Anreize zur Keuschheit einzuschärfen. Wenn sich nämlich die Männer und Frauen, die dem Heidentum unterworfen waren, um Keuschheit bemühten, um wieviel mehr werden dann diejenigen die fleischliche Liebe überwinden, denen das Himmelreich versprochen ist?

P.: Wir schreiben also diese Beispiele aus dem Heidentum auf für die Witwen der Kirche und die verheirateten Frauen, da sie ja einmal Witwen sein werden, damit sie wenigstens

nae per excursum | voluptatis negligunt fidem, discant sal- | 210
tim ab ethnicis castitatem. Ecce „vox turturis" quadam
similitudine etiam inter ethnicos „audita est". Nolunt nosse
secunda foedera nuptiarum solius zelo castitatis, quae sine
fide nihil habent vel sperant commune cum Christianis. 5
Licet enim omne, quod sine fide est, peccatum sit, istae
tamen ethnicae naturalis excellentiae respectu gloriam castitatis in bigamia violare nefas duxerunt, quae solutae semel
vinculo maritali fidem et amorem servaverunt ad primum,
quoniam dividi noluerunt ad alterum. Sed omissis illis, qui- 10
bus, ut diximus, ipsa natura virtutem persuasit honestatis,
ad nostras viduas veniamus, quae gradum continentiae fide
et moribus exornaverunt, quae vel suis contentae substan-
tiis domui suae iuxta apostolum bene praefuerunt vel re-
lictis omnibus, quae habebant, dominum amore perfecto 15
secutae sunt. Quamvis autem apostolus necessitate coactus
incontinentium secundas nuptias permiserit, beatiorem tamen dicit eam, quae finita monogamia sic permanserit:
„Puto", inquiens, „quod et ego spiritum dei habeam." Unde
etiam „unius uxorem viri viduam eligi" praecepit, osten- 20
dens sicut inter coniugatos et sicut inter virgines, sic etiam
inter viduas graduum esse differentiam et meritorum. Illas
igitur viduas inter sanctas viduas Paulus potissimum probat,
quae causa sponsi caelestis nuptias secundas non iterant.

von den Heiden Keuschheit lernen, wenn sie als Christin-
nen durch einen Ausflug in die Lust den Glauben vernach-
lässigen. Siehe, „die Stimme der Turteltaube läßt sich hören" (Hld 2, 12), sozusagen im Vergleich auch unter den
Heiden. Allein im Eifer für die Keuschheit wollten sie kein
zweites Ehebündnis kennenlernen, die doch ohne Glauben
nichts gemeinsam mit den Christen haben oder erhoffen.
Denn auch wenn man zugesteht, daß alles, was ohne Glauben geschieht, Sünde ist, haben dennoch diese heidnischen
Frauen aufgrund eines angeborenen Vorzugs geglaubt, es
sei Unrecht, den Ruhm der Unversehrtheit durch eine
zweite Heirat zu verletzen, und so haben sie, einmal befreit
von der ehelichen Fessel, ihrem ersten Mann Treue und
Liebe bewahrt, da sie ja nicht wollten, daß diese mit einem
anderen geteilt würden. Aber nachdem wir jene übergan-
gen haben, die, wie wir oben gesagt haben, die Natur selbst
zu ehrenhaftem Verhalten überredet hat, wollen wir zu
unseren Witwen kommen, die dem Rang der Enthaltsamen durch Glaube und gute Sitte Glanz verliehen haben,
die entweder zufrieden mit ihrem eigenen Vermögen nach
dem Apostelwort ihrem Haus treu vorstanden oder die in
vollkommener Liebe dem Herrn gefolgt sind unter Zu-
rücklassung allen Besitzes, den sie hatten. Denn obwohl
der Apostel, gezwungen von der Not der Nicht-Enthalt-
samen, eine zweite Heirat erlaubt hat, bezeichnet er doch
diejenige als seliger, die nach Ende der einen Heirat so in
ihrem Zustand verharrt, indem er sagt: „Ich glaube, daß
auch ich den Geist Gottes habe" (1 Kor 7, 40). Und deshalb
schreibt er auch vor, „daß die Frau, die nur einen Mann
gehabt hat, als Witwe ausgewählt werden soll" (1 Tim 5, 9),
wobei er damit zeigt, daß es ebenso wie zwischen den
Verheirateten und Jungfrauen, so auch zwischen den Witwen einen Unterschied nach Grad und Verdienst gebe.
Jene hebt also Paulus unter den heiligen Witwen ganz
besonders hervor, die um ihres himmlischen Bräutigams
willen eine Hochzeit nicht zum zweiten Mal wiederholen.

Quod autem apostolica indulgentia digamiam permittit,
consideratio infirmitatis est, non potestas aut voluntas im-
perantis. Aliud enim apostolus ex auctoritate doctoris prae-
cipit, aliud pro infirmorum gratia permittit, aliud in spiritu
dei consilio praevenit, coniugatis et viduis aequo libramine 5
sic medius, ut istis debita pro qualitate sui ordinis concedat,
illis impossibilia non iniungat. Cur igitur haec de gradu
coniugatorum vel viduarum, in quorum altero tricesimus,
in altero sexagesimus fructus est, filia, prosequimur, nisi ut
ex inferiorum collatione centesimum fructum attendas ex 10
virginitatis honore? Quovis enim modo sive disciplina co-
nubialis seu continentia | vidualis proficiant, ad virginalis | 211
meriti coronam non perveniunt, quia virginitatis signacu-
lum perdiderunt. Pudicitia virtus principalis in omnibus
est, quae corona sanctae integritatis fide moribusque per- 15
ornata fructum et ordinem praecedentium praecurrit, quia
florem virginitatis virginem virginis filium adamando dili-
gentia magna custodivit. Quia enim prae ceteris amavit,
prae ceteris a Christo exornatur et amatur, si tamen gratias
agendo pro tanto dono non inflatur. Quae enim inflatur pro 20
accepto munere, non attendit, quid acceptura sit, si humi-
lietur in retributione, cum etiam ipsa virginitatis extollen-
tia magna sit iam factae vel futurae ruinae materia. Equidem: „Deus superbis resistit, humilibus autem dat gratiam.“

Daß aber der Apostel in seiner Milde überhaupt eine zweite Hochzeit erlaubt, ist Rücksicht auf die Unvollkommenheit, nicht Macht oder Wille, es zu befehlen. Denn das eine schreibt der Apostel aufgrund seines Ansehens als Kirchenlehrer vor, das andere erlaubt er aus Milde für die Schwachen, und wieder anderem beugt er im Geist Gottes durch seinen Rat vor und hält mit gleichem Gewicht so die Mitte zwischen Verheirateten und Witwen, daß er den einen erlaubt, was ihnen aufgrund der Beschaffenheit ihres Ranges zukommt, den anderen nicht Unmögliches aufbürdet. Warum, Tochter, verfolgen wir nun diese Fragen nach der Einstufung von Verheirateten und Witwen, von denen der eine Stand dreißigfache, der andere sechzigfache Frucht bringt, wenn nicht darum, daß du aus dem Vergleich mit den niederen Ständen auf die hundertfache Frucht achtest, die aus dem Ehrentitel der Jungfräulichkeit erwächst? Denn auf welche Weise auch immer die Zucht in der Ehe oder die Enthaltsamkeit im Witwenstand Fortschritte verzeichnen, sie gelangen doch nicht zur Krone jungfräulichen Verdienstes, weil sie das Kennzeichen der Jungfräulichkeit verloren haben. Die Keuschheit ist die wichtigste Tugend von allen, die geschmückt mit dem Kranz von Unversehrtheit, Glaube und Sitten noch vor Frucht und Stand der anderen, die vorwärtsgehen, voraneilt, weil sie die Blüte der Jungfräulichkeit in der Liebe zum keuschen Sohn der Jungfrau mit großer Sorgfalt bewahrt hat. Weil sie aber vor den übrigen geliebt hat, wird sie auch vor den übrigen von Christus ausgezeichnet und geliebt, wenn sie sich nur nicht überheblich zeigt, sondern Dank sagt für ein so großes Geschenk. Wer sich nämlich aufbläst wegen des empfangenen Geschenks, der achtet nicht darauf, was er empfangen wird, wenn er in Vergeltung gedemütigt wird, zumal durch Überheblichkeit aufgrund der Keuschheit selbst die Möglichkeit besonders groß ist für einen schon geschehenen oder zukünftigen Fall. In der Tat: „Gott widersteht den Stolzen, aber den Demütigen schenkt er Gnade" (Jak 4,6).

Attende Theodora. Nihil deum sic impugnat quomodo
mens superba. Vide igitur, qualiter virgo deo placeat, ubi
superba mens virginis deum impugnat.

T.: Quis quem in hoc duello superet, quis dubitet? Si
virgo superba caelo bellum videtur inferre, quanto vilior vel 5
vidua vel coniugata superba, quibus amissa pudicitia super-
biendi etiam deficit materia?

P.: Fastus quidem in omnibus gradibus istis periculosus,
sed plenus discriminis in virginibus. Ex alto enim peior
ruina fit. Verum quamvis ordines istos, id est matrimoniali- 10
um, continentium virginumque pro meritorum qualitate
distinguere videamur et duobus tertium dignitatis praerogativa superponamus, universalis tamen ecclesia una uni viro,
casta integro desponsata videtur, quae hoc generaliter custodit in amore Christi et fide, quod virgo Christi specialiter 15
custodit etiam in carnis integritate, imitando matrem sponsi
et domini sui, quae licet virgo munda corpore et spiritu
„mater tamen et soror et frater" esse probatur unici sponsi,
ecclesia igitur mater Christi, virgo et sponsa Christi. Mater,
quia virgines corpore | et spiritu et parit et nutrit, sponsa, 20 | 2
quia nullum Christo in amore praeponit, virgo, quia fidei
suae corruptorem non admittit. Cuius enim integritati con-
sulimus, si virgo non est, cuius prolem alloquimur, si mater
non est? Maria corporaliter caput huius corporis peperit,
ecclesia spiritaliter illius capitis membra parit. Cum igitur 25
universa ecclesia sit sancta corpore et spiritu nec tamen

---

[153] Von hier an (*Spec. virg.* 7, hier 622,22 – 626,16) finden sich wörtliche
Auszüge aus AUGUSTINUS, *virg.* 2–29 (CSEL 41,236–267).

Sei aufmerksam, Theodora. Nichts widersetzt sich Gott so
sehr wie ein stolzes Herz. Sieh also, wie eine Jungfrau Gott
gefallen kann, wenn das stolze Herz der Jungfrau sich Gott
widersetzt.

T.: Wer könnte Zweifel haben, wer wen besiegt in diesem
Zweikampf? Wenn eine stolze Jungfrau geradezu den Himmel anzugreifen scheint, um noch wieviel geringer ist dann
eine stolze Witwe oder eine stolze verheiratete Frau, denen
ja sogar der Grund zur Überheblichkeit fehlt, da ihre
Keuschheit schon verloren ist.

P.: Hochmut ist allerdings in allen diesen Ständen gefährlich, aber für die Jungfrauen ist er voll von Gefahr. Denn
aus der Höhe ist ein Sturz schlimmer. Aber obwohl wir
diese Stände, nämlich den der Verheirateten, der Enthaltsamen und der Jungfrauen, anscheinend nach der Beschaffenheit ihres Verdienstes unterscheiden und den dritten wegen
seines Vorrangs an Würde über die beiden anderen setzen,
scheint dennoch die eine einzige Kirche in ihrer Gesamtheit einem einzigen Mann verlobt, die Reine dem Unver-
sehrten, die allgemein in der Liebe zu Christus und im
Glauben das behütet, was die Jungfrau Christi im besonderen hütet, sogar durch Unversehrtheit im Fleisch, indem
sie die Mutter ihres Bräutigams und Herrn nachahmt, die
sich, obwohl reine Jungfrau an Körper und Geist, „dennoch als Mutter, Schwester und Bruder" (Mt 12,50) des
einzigen Bräutigams bewährt hat, also ist die Kirche Mutter
Christi, Jungfrau und Braut Christi. Mutter ist sie, weil sie
Jungfrauen in Körper und Geist sowohl gebiert als auch
ernährt, Braut ist sie, weil sie keinen in der Liebe zu Christus vorzieht, Jungfrau ist sie, weil sie keinem den Zutritt
freigibt. Würden[153] wir uns um ihre Unversehrtheit sorgen,
wenn sie nicht Jungfrau wäre, würden wir ihren Sohn
ansprechen, wenn sie nicht Mutter wäre? Maria hat leiblich
das Haupt dieses Leibes geboren, die Kirche gebiert geistlich die Glieder zu jenem Haupt. Wenn also die Kirche in
ihrer Gesamtheit heilig ist im Körper und im Geist und

universa sit corpore virgo, sed spiritu, quanto sanctior est
in his membris, ubi virgo est et corpore et spiritu? Beatior
Maria percipiendo fidem Christi, quam concipiendo carnem Christi. Unius virginis partus omnium sanctarum virginum est decus, et ipsae cum Maria matres sunt, si volun- 5
tatem patris cum Maria faciunt. Sola Maria et corpore et
spiritu mater et virgo et mater Christi et virgo Christi,
ecclesia vero in sanctis regnum dei possessuris spiritu quidem tota mater Christi est, tota virgo Christi, corpore autem
non tota, sed in quibusdam virgo Christi, in quibusdam 10
mater, sed non Christi. Pergite itaque sancti dei pueri ac
puellae, mares et feminae, caelibes et innuptae! Pergite perseveranter in finem! Laudate dulcius, quem cogitatis uberi-
us, sperate felicius, cui servitis attentius, amate ardentius, cui
placetis instantius, „lumbis accinctis et lucernis ardentibus 15
expectate dominum, quando revertatur a nuptiis“! Vos affe-
retis ad nuptias agni canticum novum, quod cantabitis in
citharis vestris, non utique tale, quale cantat universa terra,
cui dicitur: „Cantate domino canticum novum, cantate domino omnis terra“, sed tale, quale nemo potest cantare nisi 20
vos. Iohannes virgo recumbens ad pectus agni virginis ille
vos vidit illibatae virginitatis in corpore, inviolatae veritatis
in corde, ille de vobis scripsit, quod: „Sequimini agnum
quocumque ierit.“ Quo ire putamus hunc agnum, ubi eum

dennoch in ihrer Gesamtheit nicht Jungfrau im körperlichen Sinn, sondern im geistigen, um wieviel heiliger ist dann unter diesen Gliedern diejenige, die Jungfrau ist sowohl im Körper wie im Geist? Maria war seliger darin, daß sie den Glauben Christi aufnahm, als daß sie das Fleisch Christi empfing. Das Gebären dieser einzigen Jungfrau ist Zierde für alle heiligen Jungfrauen, und mit Maria zusammen sind sie selbst Mutter, wenn sie mit Maria zusammen den Willen des Vaters tun. Allein Maria war im Körper und im Geist Mutter und Jungfrau, und zwar Mutter Christi und Jungfrau Christi, die Kirche aber ist in ihren Heiligen, die das Reich Gottes besitzen werden, dem Geist nach allerdings vollkommen Mutter Christi, vollkommen Jungfrau Christi, aber nicht in ihrer Gesamtheit dem Körper nach, sondern in einigen ist sie Jungfrau Christi, in einigen ist sie Mutter, aber nicht von Christus. Deshalb macht euch auf, ihr Heiligen Gottes, ihr Jungen und Mädchen, ihr Männer und Frauen, ihr Ehelosen und Unverheirateten! Macht euch auf standhaft bis zum Ende! Stimmt süßer den Lobgesang an, je öfter ihr an ihn denkt, hofft um so zuversichtlicher auf ihn, je aufmerksamer ihr ihm dient, liebt ihn um so heißer, je leidenschaftlicher ihr ihm zu Gefallen seid, „mit gegürteten Lenden und brennenden Laternen erwartet den Herrn, wenn er von der Hochzeit heimkehrt" (Lk 12,35 f)! Ihr werdet zur Hochzeit des Lammes ein neues Lied beitragen, das ihr zu eurem Saitenspiel singen werdet, durchaus nicht ein Lied, wie es die ganze Welt singt, der gesagt ist: „Singet dem Herrn ein neues Lied, singt dem Herrn, alle Welt" (Ps 96,1: Vg. Ps 95,1), sondern solch ein Lied, wie niemand es singen kann außer euch. Jener Johannes, der sich als ein Keuscher an die Brust des keuschen Lammes lehnte (vgl. Joh 13,23), hat euch gesehen, von unversehrter Keuschheit im Leib, von unantastbarer Wahrhaftigkeit im Herzen, jener hat über euch geschrieben, daß „ihr dem Lamm folgt, wohin immer es geht" (Offb 14,4). Wohin glauben wir, daß dieses Lamm geht, wohin ihm

nemo potest sequi nisi vos? Quo ire putamus eum, in quos
saltus et prata? Ubi credo sunt gaudia, non gaudia huius
saeculi vana, insaniae mendaces nec gaudia, qualia in regno
dei ceteris non | virginibus, sed a ceterorum omnino gau- | 213
diorum sorte distincta? Gaudia ergo virginum Christi de 5
Christo, in Christo, cum Christo, post Christum, per Christum, propter Christum. Gaudia virginum Christi non sunt
eadem non virginum, quamvis Christi. Nam sunt aliis alia,
sed nullis talia. Beatae igitur virgines, quae sic agnum sequuntur, quia et agnus virgo cognoscitur. Hoc enim in se 10
retinuit auctus, quod matri non abstulit conceptus et natus.
Quid est autem agnum sequi nisi imitari? Ille agnum sequitur, qui imitatur. Multa in illo ad imitandum proponuntur
omnibus, virginitas carnis non omnibus. Nec enim habent
quid faciant, ut virgines sint, in quibus iam factum est, ut 15
virgines non sint.

T.: Restat igitur, ut sequantur agnum ceteri fideles, qui
virginitatem corporis amiserunt, non „quocumque ierit",
sed quocumque ipsi potuerint. Ad quodlibet enim sanctitatis donum, quo Christum sequantur, coniugati possunt 20
excitari praeter hoc, quod inreparabiliter amiserunt.

P.: Tu itaque Theodora, virgo inter virgines, cum tuis
virginibus sodalibus festina persequi agnum, sed „quocumque ierit", quia ipso agno custode nondum amisistis,

niemand folgen kann außer euch? Wohin glauben wir, daß
es geht, zu welchen Bergen und zu welchen Wiesen? Wo
soll ich glauben, daß die Freuden sind, nicht die eitlen
Freuden dieser Welt, die trügerischen Tollheiten, und auch
nicht die Freuden, wie sie im Reich Gottes für die anderen
bereitstehen, die nicht Jungfrauen sind, sondern solche, die
in der Art gänzlich verschieden sind von den übrigen Freuden? Es sind die Freuden der Jungfrauen Christi über
Christus, in Christus, mit Christus, nach Christus, durch
Christus, wegen Christus. Die Freuden der Jungfrauen
Christi sind nicht dieselben wie die von denen, die keine
Jungfrauen sind, auch wenn sie zu Christus gehören. Denn
für die einen gibt es diese Freuden, für die anderen jene,
aber für keinen solche. Selig sind darum die Jungfrauen, die
so dem Lamm folgen, weil auch das Lamm sich als keusch
erwiesen hat. Denn es hat noch vermehrt in sich das fest-
gehalten, was es der Mutter weder durch die Empfängnis
noch durch die Geburt weggenommen hat. Was bedeutet
aber, dem Lamm zu folgen, wenn nicht, ihm nachzueifern?
Jener folgt dem Lamm, der ihm nacheifert. Viele Dinge an
ihm werden allen zur Nachahmung vor Augen gestellt, die
Keuschheit im Fleisch wird nicht allen empfohlen. Es haben nämlich die, bei denen der Verlust der Jungfrauenschaft
schon geschehen ist, nichts, was sie tun könnten, um wieder
Jungfrauen zu sein.

T.: Es bleibt also nur übrig, daß die, die ihre Jungfräulichkeit im Körper verloren haben, wie die übrigen Gläubigen dem Lamm folgen, zwar nicht „wohin immer es
geht" (Offb 14, 4), sondern wohin sie selbst gehen können.
Denn zu jedem beliebigen Geschenk der Heiligkeit, wohin
sie Christus folgen, können Verheiratete aufgerufen werden außer zu dem, was sie unwiderruflich verloren haben.

P.: Du aber, Theodora, Jungfrau unter Jungfrauen, beeile
dich, zusammen mit deinen Gefährtinnen dem Lamm zu folgen, aber dorthin, „wohin immer es geht" (Offb 14, 4), weil
ihr unter dem Schutz des Lammes selbst noch nicht verloren

quod amissum reparari non poterit. Sequimini eum tenen-
do perseveranter, quod vovistis, ardenter facite, quod potestis, ne virginitatis bonum a vobis pereat, cui nihil facere
potestis, ut redeat. Qui non habet, quod vos habetis, videbit
quidem, sed non invidebit et collaetando vobis, quod in se 5
non habet, habebit in vobis. Nam et illud canticum novum
proprium vestrum dicere non poterit, audire autem et delectari vestro tam excellentissimo bono, sed vos, qui dicetis
et | audietis, quia id, quod dicetis, a vobis audiet is, felicius | 214
exultabitis iocundiusque regnabitis, de maiore tamen ve- 10
stro gaudio nullus maeror erit, quibus hoc deerit.

Agnus quippe, quem vos „quocumque ierit" sequimini,
nec eos deseret, qui eum quo vos sequi non valent, omnipo-
tentem enim agnum loquimur, et vos praeibit et ab eis non
abibit, cum erit „deus omnia in omnibus" et qui minus 15
habebunt, a vobis non abhorrebunt. Vos ergo, vos: „Filiae
regum in honore vestro", per humilitatem adhaerete principi vestro, vos columbae, vos sorores et amicae, vos, inquam,
gemmae floris ecclesiastici cumulandae sacrata messe fructus centesimi. Nolite putare vos solas in hac gloria virgini- 20
tatis excellere, utpote quas vera fides in Christi amore soli-
dat, spes erigit, amor invitat, castitas angelis conformat,
infinita multitudo virginum in historiis gentium invenitur
memoriae commendata, quae tanto castitatis zelo fervebat,

habt, was nicht wiederhergestellt werden könnte, wenn es einmal verloren ist. Folgt ihm, indem ihr unumstößlich an dem festhaltet, was ihr gelobt habt, tut leidenschaftlich, was ihr könnt, damit nicht das Gut der Jungfräulichkeit von euch weicht, für das ihr nichts tun könnt, damit es wieder zurückkehrt. Wer nicht hat, was ihr habt, wird es zwar sehen, aber nicht neidisch sein, und in gemeinsamer Freude mit euch wird er in euch das haben, was er in sich nicht hat. Denn er wird auch nicht jenes neue Lied singen können, das euch eigen ist, aber er wird hören können und erfreut werden durch euer so herrliches Gut; aber ihr, die ihr singen und hören werdet, ihr werdet um so lauter jubeln und um so freudiger herrschen, weil das, was ihr singen werdet, dieser von euch hören wird, aber dennoch wird über eure größere Freude keine Trauer sein bei denen, denen diese Herrlichkeit abgeht.

Das Lamm, dem ihr folgt, „wohin immer es geht" (Offb 14, 4), wird natürlich auch die nicht im Stich lassen, die ihm nicht wie ihr zu folgen vermögen — wir sprechen aber von dem allmächtigen Lamm —, und es wird euch vorangehen, und von diesen wird es nicht weggehen, weil „Gott alles in allem" (1 Kor 15, 28) sein wird, und es werden die nicht vor euch zurückschrecken, die weniger haben. Ihr aber, „ihr Töchter von Königen in eurem Schmuck" (Ps 45, 10: Vg. Ps 44, 10), hängt in Demut an eurem Herrscher, ihr Tauben, ihr Schwestern und Freundinnen (vgl. Hld 5, 2), ihr Edelsteine der blühenden Kirche, sage ich, die aufgehäuft werden können bei der heiligen Ernte hundertfältiger Frucht. Glaubt aber nicht, daß ihr als einzige in dieser jungfräulichen Herrlichkeit hervorragt, denn abgesehen von denen, die der wahre Glaube in der Liebe zu Christus stark macht, die Hoffnung aufrichtet, die Liebe ermuntert und die Keuschheit den Engeln gleich macht, kann man in der Geschichte der heidnischen Völker eine unendliche Schar von Jungfrauen finden, der Erinnerung wert, die von so großer Leidenschaft nach Reinheit brannte, daß sie lieber

ut mortem mallet quam pudicitiae iacturam, magis exilium
quam pudoris discrimen. Virgines apud antiquos in sacris
semper versabantur. Unde Spartiatae et Messenii diu inter
se amicitias habuere in tantum, ut ob quaedam sacra etiam
virgines Lacedaemoniorum Messenii violare temptassent, de 5
toto numero ad stuprum nulla consensit, sed pro pudicitia
conservanda libentissime omnes occubuerunt. Ab hostibus
enim occisae sunt. Quam ob rem grave bellum et longissi-
mum concitatum est, et tandem Mamertina, civitas hostium
deleta est. Tyrannus Aristoclides cum Stimphalidem virgi- 10
nem amaret et patrem eius occidisset, illa ad simulachrum
Dianae confugit idque pro tuenda virginitate tenuit. Cum-
que nec vi quidem ab eo posset | avelli, in eodem loco | 215
confossa est. Ob cuius necem tanto omnis Archadia dolore
commota est, ut bellum publice sumeret et necem virginis 15
ulcisceretur. Filias Scedasi et Lucridas virgines et virgines
Milesias mors violenta ad amissae virginitatis ultionem ar-
mavit, quae vivere amissa pudicitia noluerunt, quia perdita
virginitate vitam penitus se amisisse putaverunt.

---

[154] Mit diesem Bericht von einem kultischen Vergehen wird offenbar auf
die Auseinandersetzungen zwischen Spartanern und Messeniern im 8./7.
Jahrhundert v.Chr. angespielt, als die Spartaner in verschiedenen Kriegen
ihre Machtposition auf dem Peloponnes ausbauten und die Messenier
schließlich zu Heloten niederdrückten: HIERONYMUS, *adv. Iovin.* 1,41 (PL
23,284); *epist.* 123,7 (CSEL 56,80f).

[155] ARISTOKLEIDES war offenbar Tyrann von Orchomenos in Arkadien,
das ein berühmtes Heiligtum der ARTEMIS besaß. Für das Jahr 315 ist
bezeugt, daß Angehörige der Partei ALEXANDERS im Artemistempel Zu-
flucht suchten, wie es auch STYMPHALIS tat, deren Name auf Herkunft aus
der Orchomenos benachbarten Stadt Stymphalos hinweist. Das Verbrechen des ARISTOKLEIDES war darum besonders verwerflich, weil Artemis
als Beschützerin der Keuschheit galt und ihr Tempelbezirk darum unan-
tastbar war; vgl. DIODOR, *hist.* 19,63,5 (5,101 FISCHER); HIERONYMUS,
adv. Iovin. 1,41 (PL 23,284).

den Tod leiden wollte als den Verlust ihrer Keuschheit,
lieber Verbannung als eine Verletzung ihrer Sittsamkeit.
Bei den alten Völkern lebten die Jungfrauen immer in
Heiligtümern. Die Spartaner und Messenier hielten so lange Freundschaft untereinander, bis wegen irgendeiner Frage des Kultes die Messenier versuchten, die lakedämonischen Jungfrauen zu schänden[154]; von der ganzen Schar
zeigte sich nicht eine einzige zur Hurerei bereit, sondern
um ihre Reinheit zu bewahren, litten alle voller Freude den
Tod, denn sie wurden von den Feinden niedergemetzelt.
Wegen dieser Angelegenheit brach ein schwerer und außerordentlich langer Krieg aus, und schließlich wurde Mamertina, die Hauptstadt der Feinde, zerstört. Als der Tyrann
Aristokleides die Jungfrau Stymphalis mit seiner Liebe
verfolgte und ihren Vater getötet hatte, floh jene zum heiligen Standbild der Diana und hielt dieses fest, um ihre
Jungfräulichkeit zu bewahren; da sie von diesem nicht
einmal mit Gewalt weggezerrt werden konnte, wurde sie
an eben der Stelle von seinem Schwert durchbohrt.[155] Wegen dieses gewaltsamen Todes wurde ganz Arkadien von so
großer Trauer ergriffen, daß der Staat selbst den Krieg
aufnahm und den Mord an der Jungfrau rächte. Die Töchter des Scedasus, die Lukridischen Jungfrauen und die aus
Milet haben in gewaltsamem Tod Rache für ihre verlorene
Jungfräulichkeit genommen, weil sie nach dem Verlust ihrer Reinheit nicht leben wollten, da sie glaubten, sie hätten
mit der verletzten Keuschheit das Leben völlig verloren.[156]

---

[156] Im Verlauf der Auseinandersetzung zwischen Theben und Sparta, die
371 v.Chr. in der Schlacht bei Leuktra gipfelte, wurden die Töchter des
SCEDASUS von lakedämonischen Gesandten vergewaltigt und gaben sich
darauf selbst den Tod. Der Fluch, den sie dabei über ihre Vergewaltiger
und deren Vaterland ausstießen, soll den Krieg gegen Sparta entschieden
haben; DIODOR, *hist.* 15,54 (3,436f VOGEL); HIERONYMUS, *adv. Iovin.*
1,41 (PL 23,284f).

Quam multae virgines idolatrae naturali quodam instinctu virginitatis florem voverunt, libertatem virginei de-
coris nuptiis praetulerunt, quarum multae quidem profes-
sionem transgressae Romana lege punitae sunt, quaedam
amisso, sed invitae tanto floris decore pacisci foedus cum 5
morte quam vitam maluerunt. Dianae, Iunoni Tauricae,
Vestae, Minervae, quas deas poeticus error esse confinxit,
virgines infiniti numeri se dicaverunt, quae quanta venera-
tione apud veteres habitae sunt, tanta districtione, si pro-
fessionem stupro excesserunt, punitae sunt. Caporronia, 10
virgo Vestalis incesti reatu convicta suspendio periit. Cor-
ruptor eius consciique servi supplicio damnati sunt. Sextilia
virgo eiusdem criminis convicta viva obruta est. Sic de
Emilia, Lucio et Veturio, equite Romano, sic de omnibus
virginibus Vestae dicatis stuproque maculatis sumptum 15
supplicium est. Quid de Minutia, Vestali virgine dixerim,
quae ob admissum secreto stuprum in campo, qui nunc
sceleratus dicitur, viva sicut ceterae obruta est? Mira tibi de
virgine referam. Quidam Romanus eques cum uxore et filia
pergens in Apuliam et tempestate gravissima correptus cum 20

---

[157] Bei den hier genannten Exempla (CAPORRONIA, SEXTILIA, EMILIA,
MINUTIA) handelt es sich um Vestalinnen, die ihr Keuschheitsgelübde
brachen und zusammen mit ihren Verführern (LUCIUS, VETURIUS) streng
bestraft wurden. Dieses Verbrechen wurde für so gravierend gehalten, daß
es in der annalistischen Geschichtsschreibung jeweils unter dem betref-
fenden Jahr aufgeführt wurde: OROSIUS, *hist.* 3,9,5; 4,2,8; 4,5,9; 5,15,22
(CSEL 5,155.211.217.313; 1,162.206.209; 2,37 LIPPOLD); LIVIUS, *perioch.*
63 (75 f ROSSBACH); HIERONYMUS, *adv. Iovin.* 1,41 (PL 23,283).

Wie viele Jungfrauen haben aus irgendeinem natürlichen
Antrieb dem Bild einer heidnischen Gottheit die Blüte
ihrer Jungfräulichkeit gelobt und zogen die Freiheit jungfräulicher Ehre einer Heirat vor; viele von diesen wurden
allerdings, wenn sie ihr Gelübde brachen, nach römischem
Recht bestraft; nachdem die Blüte so großer Ehre verloren
war, wenn auch gegen ihren Willen, wollten einige lieber
ein Bündnis mit dem Tod schließen als das Leben bewahren. Jungfrauen von unendlicher Zahl haben sich der Diana, der Taurischen Juno, der Vesta und der Minerva geweiht, von denen die Dichter irrtümlich behaupten, sie
seien Göttinnen; diese wurden bei den Alten in ebenso
großem Ansehen gehalten, wie sie mit Härte bestraft wurden, wenn sie ihr Gelübde durch Unzucht brachen. Die
Jungfrau Caporronia, eine Vestalin, wurde der Unzucht
angeklagt, überführt und starb den Tod durch Erhängen.
Ihr Verführer und die mitwissenden Sklaven wurden zum
Tode verurteilt. Die Jungfrau Sextilia wurde des gleichen
Verbrechens überführt und lebendig begraben. So wurde
über Emilia, über Lucius und Veturius, einen römischen
Ritter, so über alle Jungfrauen, die sich der Vesta geweiht
hatten und mit dem Makel der Unzucht befleckten, das
Todesurteil verhängt. Was soll ich von der Jungfrau Minutia, einer Vestalin, berichten, die ebenso wie die anderen
lebendig begraben wurde, weil sie sich auf einem Feld, das
jetzt ‚Acker des Verbrechens' genannt wird, heimlich auf
Hurerei einließ?[157] Ich will dir aber noch Erstaunliches von
einer Jungfrau berichten. Irgendein römischer Ritter reiste
mit Frau und Tochter nach Apulien und wurde unterwegs
von einem schweren Unwetter überrascht[158]; als er sah, daß

---

[158] Die Erzählung von dem römischen Ritter L. HELVIUS, der mit Frau
und Tochter eine Reise von Rom nach Apulien unternahm und dabei in
ein Unwetter geriet, findet sich bei OROSIUS. Die Nutzanwendung auf die
verletzte Virginität der Tochter ist allerdings Interpretation des *Speculum*-
Autors (OROSIUS, *hist.* 5,20 [CSEL 5,312 f; 2,36 f LIPPOLD]).

virginem consternatam timore vidisset, ut citius propiori-
bus tectis succederet, filiam equo insidentem in medium
agmen militum accepit. Puella continuo fulminis ictu ex-
animata est, sed omnibus sine scissura vestimentis ademp-
tis, monilibus anulisque | discussis, ipso corpore illaeso et 5 | 21
nudo iacente. Equus etiam, quo utebatur, straturis, cingulis
et frenis dissolutis mortuus iacebat.

T.: Haec oculis hominum fortasse virgo videbatur, sed
quid fuerit, caelestis ultio testabatur. Nec etiam si virgo
fuerat, militum agmen intrare per tantum decebat ornatum, 10
ubi mentes ferreas libido solet domare et obliso mentis
robore virtus languescere.

P.: Nihil fit in terra sine causa, ideoque divina iudicia non
sunt nostra falsa opinione vel praeiudicio praecurrenda.
Quanto honore populus Romanus virgines semper habue- 15
rit, hinc apparet, quod consules et imperatores, et in curri-
bus triumphantes, qui de superatis gentibus et tyrannis
trophaea referebant, et omnis dignitatis gradus eis de via
cedere solitus sit. Quis ergo, Theodora, verbis possit explicare, quantae virgines et in ethnicismo pro tuenda virginitate 20
occubuerint, quae sic honorabantur ab omnibus, quarum
nonnullae desponsationis tempore sponso morte sublato
nuptiarum legem penitus respuerunt dicentes, quamquam
intactae essent corpore, tamen si alterum cogerentur accipe-
re, quasi secundum acciperent, cum priori mente nupsis- 25

das Mädchen vor Schrecken wie gelähmt war, setzte er seine Tochter aufs Pferd und nahm sie mitten in den Haufen der Soldaten, damit sie um so schneller unter einem nahe gelegenen Dach Unterschlupf fände. Unmittelbar darauf wurde das Mädchen von einem Blitzschlag getötet, alle Kleider wurden ihr ohne einen Riß vom Leib gerissen, die Halsketten und Ringe zersplittert, der Körper aber blieb unverletzt und nackt liegen. Sogar das Pferd, das sie benutzt hatte, lag ohne Satteldecke, Zaumzeug und Zügel tot da.

T.: In den Augen der Menschen schien diese vielleicht Jungfrau zu sein, aber was sie gewesen ist, das hat die himmlische Strafe gezeigt. Denn wenn sie Jungfrau war, dann ziemte es sich auch nicht, daß sie sich in vollem Schmuck mitten unter den Haufen der Soldaten begab, wo doch Begierde die kriegerischen Gemüter zu beherrschen pflegt und die Tugend erschlafft, wenn die Kraft des Geistes unterdrückt ist.

P.: Nichts geschieht auf Erden ohne Grund, und deshalb sollen göttliche Urteile nicht durch eine falsche Meinung von uns oder durch Vorurteil vorweggenommen werden. Mit welcher Ehrerbietung das römische Volk immer die Jungfrauen behandelte, geht daraus hervor, daß Konsuln und Feldherren, sogar wenn sie auf ihren Triumphwagen fuhren, die die Siegeszeichen über die unterworfenen Völker trugen, und überhaupt jeder Würdenträger ihnen auf der Straße Platz zu machen pflegte. Wer könnte darum, Theodora, mit Worten erklären, wie viele Jungfrauen auch im Heidentum zur Bewahrung ihrer Reinheit ihr Leben hingaben, die dementsprechend von allen geehrt wurden? Einige von denen, die noch zur Zeit der Verlobung ihren Bräutigam durch Tod verloren hatten, verweigerten vollkommen die Bindung in einer neuen Heirat, indem sie erklärten, obwohl sie körperlich unberührt seien, würden sie doch, falls sie gezwungen würden, einen anderen Mann zu nehmen, diesen wie einen zweiten empfangen, da sie im Geist schon mit dem ersten verheiratet gewesen wären.

sent? Non est autem huius operis cuncta, quae in hunc
modum inter paganos contigerunt, de virginibus enarrare,
dum hoc solum sufficiat in exemplum virginum Christi,
illas sine fide sola ductas honestate naturae naturam ipsam
vicisse, nostras autem virgines Christum virginum princi- 5
pem attendere, ut ipse castitatis appetitus per honestatem
naturae praemio virginitatis accedat ex amore coronae prae-
parandae. Quantus etiam zelus castitatis in virginibus nostris fuerit tyrannorum edictis persecutionem Christianis
moventibus, nullus sermo comprehendit. Equidem multae 10
lupanaria morte sibi illata praevenerunt, incestuosa agmina
sublatae de medio manu in se violenta deluserunt sicque
castitati conservandae mortem ipsam custodem posuerunt.
Lege | librum ecclesiasticae historiae octavum et videbis | 217
matrem cum filiabus duabus, Christi virginibus aspectum 15
et ludibria Maximiani tyranni hoc modo fugisse. Non tamen haec proponimus ecclesiae castis floribus, ut moto
persecutionis vento mortem sibi conciscant, ne virginitas
violetur, sed patienter omnes poenas sustineant, ut castitas
utriusque hominis a deo coronetur.   20

T.: Scio, quid intendas. Non suades sic corpus castum
zelo fervente servari, ut velis animam ex illata manu propria
periclitari. Quod enim veniam olim aliquo modo meruit,
nunc exitium imponit. Perge amodo.

---

[159] EUSEBIUS VON CÄSAREA, *h. e.* 8, 12, 3 (GCS 9/2, 766–769).

Aber es ist nicht Aufgabe dieser Untersuchung, alles über die Jungfrauen aufzuzählen, was sich bei den Heiden zu diesem Thema ereignet hat, während doch zum Vorbild für die Jungfrauen Christi allein dies genügt, daß jene ohne Glauben, allein durch das natürliche Ehrgefühl veranlaßt wurden, die Natur selbst zu besiegen, unsere Jungfrauen aber auf Christus, den Führer der Jungfrauen, achten, so daß das Streben nach Keuschheit aufgrund eines natürlichen Ehrgefühls bei ihnen zu der Krone hinzukommt, die als Belohnung für die Jungfräulichkeit aus Liebe bereitgestellt ist. Kein Bericht kann wiedergeben, wie groß auch bei unseren Jungfrauen die Leidenschaft für die Keuschheit gewesen ist, obwohl doch durch Erlasse von Tyrannen die Verfolgung der Christen in Gang gesetzt wurde. Allerdings entzogen sich viele durch vorherigen Freitod einem Leben im Bordell, verspotteten den unzüchtigen Haufen, indem sie gewaltsam Hand an sich legten und so aus ihrer Mitte entrückt wurden und damit den Tod selbst zum Wächter und zum Schutz ihrer Reinheit einsetzten. Lies im achten Buch der Kirchengeschichte[159] nach, und du wirst eine Mutter mit ihren beiden Töchtern, Jungfrauen Christi, finden, die auf diese Weise dem Blick und dem Hohn des Gewaltherrschers Maximian entflohen sind. Dennoch wollen wir dies nicht für die keuschen Blüten in der Kirche vorschlagen, daß sie, wenn der Wind der Verfolgung aufkommt, sich selbst den Tod geben, um ihre Reinheit unverletzt zu halten, sondern geduldig sollen sie alle Prüfungen ertragen, damit von Gott die Keuschheit des Menschen in beiderlei Hinsicht gekrönt werde.

T.: Ich weiß, worauf du abzielst. Du rätst nicht etwa dazu, in glühendem Eifer den Körper in der Weise rein zu halten, daß von der eigenen Hand, die sich gegen sich selbst erhebt, die Seele irgendwie Schaden leidet. Denn was in früheren Zeiten auf irgendeine Art Vergebung verdiente, bedeutet heute Untergang. Fahr also fort.

P.: Huc usque de tribus quidem gradibus egimus coniugatorum, viduarum et virginum, inter quos iam virgines in
terris esse coeperunt, quod in caelis quandoque futurae
sunt. His igitur prae ceteris maius erit praemium, quia
dignior ordo vel labor ad meritum. Si enim virgines primi- 5
tiae dei esse coeperunt, ergo viduae et in matrimonio continentes erunt post primitias, id est in secundo et tertio
gradu. Centesimus, sexagesimus et tricesimus fructus,
quamvis de una terra et de uno semente nascitur, tamen, ut
nosti, multum differt in numero. Triginta referuntur ad 10
nuptias. Nam et ipsa digitorum, id est pollicis et indicis
coniunctio et quasi molli osculo se complectens et foede-
rans maritum pingit et uxorem; sexaginta referuntur ad
viduas, eo quod in angustia et tribulatione sint positae.
Unde et superiore digito deprimuntur, quantoque maior est 15
difficultas expertae quondam voluptatis illecebris abstinere
tanto magis est praemium. Porro centesimus numerus a
sinistra transfertur ad dexteram et hisdem quidem digitis,
sed non eadem manu, quibus in leva nuptae significantur et
viduae, circulum faciens exprimit virginitatis coronam. 20

T.: Rationem quaero, quomodo per hos gradus nume- 218
rorum dissimilium merces determinetur trium ordinum
istorum, id est quomodo vel cur coniugalibus disciplinis

---

[160] Hier unterbrechen alle frühen Hss den Text, um an den drei entsprechenden Stellen je eine Hand mit den beschriebenen Fingerstellun-
gen einzufügen, meist in roter Tinte gemalt (Bild B, unten nach 716); schon

P.: Bis hierher haben wir nun über die drei Stände gehandelt, nämlich über den der Verheirateten, der Witwen und der Jungfrauen, von denen die Jungfrauen schon auf Erden angefangen haben zu sein, was sie einmal im Himmel sein werden. Diesen wird also vor den anderen eine größere Belohnung zukommen, weil ihr Stand und ihre Anstrengung für ein Verdienst würdiger sind. Wenn nämlich die Jungfrauen schon angefangen haben, Erstlinge Gottes zu sein, dann werden die Witwen und die in der Ehe Enthaltsamen nach den Erstlingen kommen, das heißt im zweiten und dritten Stand. Obwohl die hundertfache, die sechzigfache und die dreißigfache Frucht aus einer Erde und einer einzigen Aussaat erwachsen (vgl. Mt 13,8), unterscheiden sie sich doch, wie du merkst, um ein Vielfaches in der Menge. Die dreißigfache Frucht bezieht sich auf die Verheirateten. Sogar die Verbindung der Finger[160], nämlich von Daumen und Zeigefinger, die sich gewissermaßen in zartem Kuß umarmen und vereinigen, malt das Bild von Mann und Frau; die sechzigfache Frucht bezieht sich auf die Witwen, und zwar weil sie in Bedrängnis und Trübsal gestellt sind. Deshalb werden sie auch durch den Finger darüber niedergedrückt, und je größer ihre Schwierigkeit mit der Enthaltsamkeit ist, weil sie ja einst Erfahrung in der Lust gemacht haben, um so größer ist auch ihre Belohnung. Weiter wird nun die Zahl Hundert von der linken Hand auf die rechte übertragen, und mit eben den Fingern, aber nicht von derselben Hand, mit denen an der linken Hand die Verheirateten und die Witwen bezeichnet werden, bezeichnet sie, indem sie einen Kreis bildet, die Krone der Jungfräulichkeit.

T.: Ich frage nach dem Grund, wie bei der unterschiedlichen Zahl dieser Stufen der Lohn eben dieser drei Stände abgegrenzt wird, das heißt, wie oder warum der ehelichen

---

HIERONYMUS hatte sie auf die drei Stände gedeutet (*adv. Iovin.* 1,3 [PL 23,213 f]).

fructus tricesimus, vidualibus sexagesimus, virginalibus
centesimus in ratione praemiorum obveniat et merito,
quippe cum eos labor dispar et vita discernat.

P.: Iusta inquisitio. Sed dic mihi: Numquid labor diver-
sus pari stabit corona?   5

T.: Hoc iniustitiae quidem proximum. Equidem deus
iudex iustus reddit „unicuique secundum suum laborem".

P.: Merito igitur viduae vel continentes coniugatis, virgines praeferuntur viduis, ut iuxta mensuram laborum mer-
ces singulorum proficiat.   10

T.: Nota repetere videris, cum tecum egerim de solo
numero, qui est in gradibus singulis. Cur igitur tricesimus
ascribitur in praemio coniugatis?

P.: Propter sensum quinarium, qui in illa aetate se maxime valet exercere in vinculis coniugalibus. Sexies enim   15
quini vel quinquies seni numerum videntur complere
eundem. Porro senarius numerus temporum volubili-
tatem insinuat, in qua maxime quasi rota volvuntur, qui
carnalium sensuum instabilitate per haec mundana mo-
menta rotantur. Prae ceteris enim mundi praeceps impetus 20
agit, quos non multa aeternalis gloriae gratia figit, sed hoc
solum in eis cura terit, quod fluxum et instabile cum motu
temporis transit. Quia igitur flos coniugalis vitae plantatur
et nutritur maxime tricenaria coniugatorum aetate, fervent
enim tunc magis incendia carnalis copulae, quicumque   25
legitimo etiam conubio frena posuerit continentiae et lici-

Ordnung dreißigfache Frucht, der der Verwitweten sechzigfache und der jungfräulichen Ordnung hundertfache
Frucht in bezug auf Lohn und Verdienst entspricht, da ja
unterschiedliche Anstrengung und Lebensweise diese voneinander trennt.

P.: Eine berechtigte Frage. Aber sag mir: Wird etwa eine
unterschiedliche Anstrengung unter der gleichen Krone
stehen?

T.: Das würde in der Tat völliger Ungerechtigkeit entsprechen. Denn als gerechter Richter gibt Gott „einem
jeden gemäß seiner Anstrengung" (1 Kor 3, 8).

P.: Mit Recht werden darum die Witwen und die Enthaltsamen den Verheirateten, die Jungfrauen aber den Witwen
vorgezogen, damit der Lohn der einzelnen nach dem Maß
ihrer Anstrengung wächst.

T.: Anscheinend wiederholst du Bekanntes, da ich über
die Zahl allein, die zu den einzelnen Stufen gehört, schon
mit dir gesprochen habe. Warum wird denn nun den Verheirateten dreißigfache Frucht als Belohnung zuerkannt?

P.: Wegen des Bezugs auf die fünf Sinne, die sich in jenem
Alter vor allem innerhalb des Ehebündnisses betätigen
können. Denn sechsmal fünf oder fünfmal sechs ergaben
offenbar die gleiche Zahl. Weiter verweist die Zahl Sechs
auf die Flüchtigkeit der Zeiten, von der vor allem diejenigen wie von einem Rad herumgewirbelt werden, die infolge
mangelnder Festigkeit der körperlichen Sinne sich in dem
Strom der Welt forttreiben lassen. Denn vor allen anderen
treibt der wilde Angriff der Welt diejenigen um, die nicht
die Gnadenfülle ewiger Herrlichkeit festhält, sondern bei
denen sich die Sorge allein in dem aufreibt, was flüchtig
und unbeständig mit dem Lauf der Zeit vergeht. Weil aber
die Blume des ehelichen Lebens vor allem im Alter der
Eheleute von dreißig Jahren gepflanzt und genährt wird,
denn dann brennt besonders das Feuer nach Vereinigung
im Fleisch, was wird dann selbst einer, der sich sogar in
rechtmäßiger Ehe die Zügel der Enthaltsamkeit auferlegt

tum fecerit illicitum, quid habebit in praemio nisi tricesimum fructum? Sensus enim quinos ad opus carnale diffusos
pro loco, pro tempore, pro persona studuit edomare, hoc
solum commune habens cum uxore studium sobolis propa-
gandae. Quicquid enim subtraxit sensibus veritatis amore, 5
quasi de quinario multiplicato ad tricenarium pervenit in
mercede.

T.: Certis admodum argumentis fructum istum tricesi- 219
mum declarasti in mercede conubialis disciplinae, restat
gradum vidualis continentiae per praemium sexagesimi 10
fructus demonstrare.

P.: Quis ambigat, Theodora, numerum tricesimum du-
plicari per sexagesimum? Sicut igitur labor in continentibus
duplicatur, dum mens illecebris solitae concupiscentiae non
reflectitur, sed viriliter obluctatur, ita meritum quodam- 15
modo in hac pugna graviori geminatur, quia coniugati licet
ad tempus abstineant: „Ut vacent orationi, revertuntur tamen in id ipsum", ac per hoc: „Qui in carne sunt, deo
placere non possunt." Porro trimodum esse genus continentiae videtur. Et primum quidem eorum qui vel leviter 20
absque legitimo conubio saeculum experti carnaliter castitatis amore subito retrahuntur, amodo continentiae studen-
tes; secundum eorum qui licet vinculis matrimonialibus
contectales continentia deo soli cognita florent, de quibus
Paulus: „Qui habent", inquit, „uxores, tanquam non ha- 25
bentes sint, et qui utuntur hoc mundo, tanquam non utan-
tur"; tertium eorum quorum coniugalis societas mortis

und das Erlaubte zum Unerlaubten macht, an Lohn haben,
wenn nicht dreißigfache Frucht? Denn er hat sich bemüht,
die fünf Sinne zu beherrschen, die zum Werk des Fleisches
unterschiedlich nach Ort, Zeit und Person verteilt sind,
indem er allein wegen der Erzeugung von Nachkommen
Gemeinschaft mit seiner Frau hat. Denn was immer er aus
Liebe zur Wahrheit den Sinnen wegnimmt, das gelangt
gleichsam durch Multiplikation mit der Fünfzahl zum
Dreißigfachen an Lohn.

T.: Mit zuverlässigen Begründungen hast du soweit diese
dreißigfache Frucht als Lohn für die eheliche Ordnung
erklärt, es bleibt nun noch die Erläuterung der Enthaltsamkeit im Witwenstand mit der Belohnung sechzigfacher
Frucht.

P.: Wer könnte zweifeln, Theodora, daß in der Sechzig
die Zahl Dreißig verdoppelt ist? Denn so wie die Mühe bei
den Enthaltsamen verdoppelt wird, wenn der Geist sich
nicht wieder den Verlockungen der gewohnten Begierde
zuneigt, sondern standhaft Widerstand leistet, so wird gewissermaßen auch das Verdienst in diesem schwereren
Kampf verdoppelt, weil die Verheirateten ja nur für eine
begrenzte Zeit enthaltsam leben, „damit sie frei sind für das
Gebet, doch kehren sie dann wieder zu sich selbst zurück"
(1 Kor 7, 5), und deswegen „können die Gott nicht gefallen,
die im Fleisch sind" (Röm 8, 8). Weiter ist die Enthaltsamkeit anscheinend von dreierlei Art. Zuerst gibt es einmal
die, die leichtsinnig und sogar ohne rechtmäßige Ehe Erfahrung mit der Welt im Fleisch gemacht haben, sich dann
plötzlich aus Liebe zur Reinheit zurückziehen und von da
an um Keuschheit bemüht sind; zum zweiten gibt es die, die
zwar verborgen unter ehelichen Fesseln, doch in Enthaltsamkeit blühen, die Gott allein bekannt ist; von denen sagt
Paulus: „Diese haben ihre Frauen so, als würden sie sie nicht
haben, und sie gebrauchen die Welt so, als würden sie sie
nicht gebrauchen" (1 Kor 7, 29.31); zum dritten gibt es die
Enthaltsamkeit derer, deren eheliche Gemeinschaft durch

condicione dirimitur et superstite conubialis experientia
non iteratur. Quia ergo viduae aestu maiore laborant quam
coniugatae maritalibus amplexibus devinctae, per aucta cer-
tamina ex voluptatis expertae memoria continentium crescit sine intermissione victoria victorumque corona. Carnis 5
igitur experientia, memoria, continentia geminationem tricesimi fructus vidualibus disciplinis apportat, ut duplicetur
in merito, multiplicetur in praemio, quod duplicatur in
bello. Denique quod fructus centesimus respicit virgines
penitus carnis expertes, in Christi amore viriliter agonizan- 10
tium causa est, et iuxta pugnae vel amoris qualitatem trium-
phantium gloria est.

T.: Perpendo quidem trium graduum istorum in meritis
et praemiis differentiam, sed nulla virtus eis ad promerendum fructum praemiorum concederetur, nisi spiritus carni 15
in omnibus dominaretur. Caro enim, ut mihi videtur, sicut
pugnae sic in bonis causa | victoriae est. Unde enim in | 220
coniugatis „honorabile conubium et thorus immaculatus“,
nisi carni et illic aliquando repugnaret spiritus, ut fructus
daretur tricesimus?   20

P.: Nonne et hoc habes in apostolo, quod: „Caro concu-
piscat adversus spiritum et spiritus adversus carnem“? Eva
seducens virum, Adam carnis concupiscentia est seducens
spiritum, in qua colluctatione nisi ratio et sapientia mode-
retur utrumque, alterum periclitatur ab altero. Quod ut 25
apertius clareat, rursus figuram ponamus, et quomodo
sensus carnales obvient spiritalibus, quomodo trahant isti,

den Tod bedingt auseinandergerissen wird und wo von dem
Überlebenden die eheliche Erfahrung nicht wiederholt
wird. Weil also die Witwen sich in heißerer Glut mühen
müssen als die Verheirateten, die den Umarmungen ihrer
Männer unterliegen, wachsen bei den Enthaltsamen wegen
des vermehrten Kampfes aufgrund der Erinnerung an er-
fahrener Lust auch ohne Unterlaß Siegespreis und Krone
der Sieger. Es bringt also die Erfahrung im Fleisch, die
Erinnerung und die Enthaltsamkeit den Ständen der Witwen eine Verdoppelung der dreißigfachen Frucht, so daß
im Verdienst das verdoppelt, in der Belohnung das vermehrt wird, was in doppeltem Kampf erworben wurde.
Daß sich schließlich die hundertfache Frucht auf die Jungfrauen bezieht, die vollkommen ohne Erfahrung im Fleisch
sind, hat seinen Grund darin, daß sie aus Liebe zu Christus
tapfer kämpfen, und dem Wesen von Kampf und Liebe
entspricht auch die Herrlichkeit der strahlenden Sieger.

T.: Allerdings erwäge ich den Unterschied dieser drei
Stände in Verdienst und Belohnung, aber es wird ihnen zur
Vermehrung ihrer Belohnungen überhaupt keine Kraft zu-
gestanden, wenn nicht bei allen der Geist das Fleisch beherrscht. Denn mir scheint, so wie das Fleisch Ursache für
den Kampf ist, so ist es bei den Guten auch Ursache für den
Sieg. Denn woher soll bei den Verheirateten „die Ehe in
Ehren und das Ehebett unbefleckt" (Hebr 13, 4) sein, wenn
nicht auch dort irgendwann der Geist über das Fleisch
siegt, damit dreißigfache Frucht gewährt wird?

P.: Hast du nicht auch beim Apostel dieses Wort, daß „das
Fleisch Ansprüche erhebt gegen den Geist und der Geist
gegen das Fleisch" (Gal 5, 17)? Eva hat den Mann verführt,
Adam hat sich aus Begierde des Fleisches vom Geist abgewendet, und in diesem Ringen gerät das eine durch das
andere in Gefahr, wenn nicht Vernunft und Weisheit beide
zügeln. Damit dies deutlicher wird, wollen wir wieder ein
Bild an den Anfang stellen und zeigen, wie sich die körperlichen Sinne den geistigen widersetzen, wie diese ziehen,

illi fugiant, ostendamus. Saepe enim aliud per aliud consi-
deratur, et per rerum imagines visibilibus obiectas intellectus acuitur. Sicut igitur proprium habet qualitas et natura
vanitati studentium puellarum, vitio curiositatis prae ceteris laborare et in speculis levitates nugarum suarum exerce- 5
re, sic Christi virgines, quacumque rerum similitudine vel
collatione visibilia possunt invisibilibus conferri ipsaeque
per hoc ad profectum virtutum excitari, gratanter intuen-
tur, coniectantes maiora de minoribus et quandam veritatis
soliditatem in figuralibus speculantes rationibus.   10

T.: Ordinatissimis rationibus praemissas posuisti figuras
visibiliter imprimens paginae, quod considerandum est
mentis ratione, omnibus hoc modis persuadens Christi virginibus, ut vigeat in eis interius, quod figuraliter videtur
expressum exterius. Pone itaque figuram, quam promittis, 15
in qua colluctatio carnis et spiritus suis exhibeatur triumphis alternantibus.

Explicit VII.

jene fliehen. Denn häufig läßt sich das eine am anderen
überprüfen, und die Einsicht wird geschärft durch Bilder
von den Dingen, die sichtbar vor Augen gestellt werden.
Denn so wie der natürlichen Wesensart junger Mädchen,
die der Eitelkeit anhängen, eigentümlich ist, daß sie vor
allem am Laster der Neugierde leiden und sich vor dem
Spiegel leichtfertig mit ihren eigenen Nichtigkeiten beschäftigen, so betrachten die Jungfrauen Christi dankbar,
durch welche Ähnlichkeit der Dinge oder durch welchen
Vergleich das Sichtbare mit dem Unsichtbaren verglichen
werden kann und sie selbst dadurch zum Fortschritt in den
Tugenden angespornt werden können. Dabei erschließen
sie das Größere aus dem Kleineren und erkennen in ihrer
bildlichen Vorstellungswelt einen festen Grund der Wahrheit.

T.: Aus wohlüberlegten Gründen hast du im Vorangegangenen die Bilder vorgestellt, indem du auf der Seite
sichtbar aufgezeichnet hast, was vernünftigerweise bedacht
werden muß, wobei du auf jede Weise die Jungfrauen Christi zu überzeugen suchst, daß sich in ihnen innerlich das
kräftig regen möge, was äußerlich im Bild ausgedrückt
erscheint. Stelle darum auch dieses Bild, wie du es ver-
sprichst, hier vor, damit das Ringen von Fleisch und Geist
mit seinen jeweils wechselnden Erfolgen deutlich zum
Ausdruck kommt.

Es endet das siebte Buch.

Incipit VIII. De fructu carnis et spiritus.   221

P.: Videsne, quid praetendat huius ratio formulae?

T.: Quid aliud nisi quod praemisisti de virtute discretio-
nis inter carnem et spiritum ita mediante, ut congruenti
ratione, quas superius dominus commendabat, exerceantur 5
vigiliae nec naturarum discrepantia ordine confuso dissiliat
et utriusque discrimine alterum ab altero deficiat?

P.: Recte considerasti. Homo enim constat ex carne et
spiritu, quorum alterum causa pugnae alterius est. „Caro
enim concupiscit adversus spiritum est spiritus adversus 10
carnem." Ne ergo spiritus altiora petens carnis curam in-
considerate negligat vel caro nativa iura sequendo spiritum
statu suo perturbet sibique victrix infanda subponat, ratio
et sapientia moderantur utrumque et congrue disiunc-
tionis vel coniunctionis modum ponit utrisque. Verum 15
quia omnis spes et salus redempti hominis in cruce Christi
constat, sua membra merito, quae sunt super terram, mor-
tificando ipse homo crucifixo compendet, ut „quae desunt
passionibus Christi", in corpore suo suppleat et inventus
inter legem et gratiam hinc gladium ultionis metuat, si 20
malae concupiscentiae cesserit, illinc gloriam speret, si
virtute „patientiae animam suam possederit." „Si enim

---

[161] Der Kampf zwischen Fleisch und Geist ist abgebildet auf Bild 9, unten
nach 716.
[162] Diese klassische Formulierung aus der Anthropologie ist bereits seit
der Antike üblich, vgl. dazu SEIBEL, *Fleisch und Geist.*

Es beginnt das achte Buch über die Frucht von Fleisch und
Geist.

P.: Siehst du nicht, auf welchen Sinn dieses Bild[161] in seinem
Aufbau verweist?

T.: Auf was denn anderes als auf das, was du oben über
die Fähigkeit zur Unterscheidung von Fleisch und Geist
erklärt hast? Das Unterscheidungsvermögen tritt vermit-
telnd so in Aktion, daß sich diejenigen, die der Herr weiter
oben ausgezeichnet hat, in übereinstimmender Weise in der
Wachsamkeit üben und der Widerspruch der Naturen nicht
durch Störung der Ordnung auseinanderbricht und das
eine vom anderen durch schlimmes Handeln eines der beiden Schaden leidet.

P.: Das hast du richtig gesehen. Der Mensch besteht
nämlich aus Fleisch und Geist, und das eine ist der Anlaß
für den Kampf mit dem anderen.[162] „Denn das Begehren des
Fleisches streitet gegen den Geist und das Begehren des
Geistes gegen das Fleisch" (Gal 5,17). Damit aber der
Geist, wenn er nach Höherem strebt, nicht unbedacht die
Sorge für das Fleisch vernachlässigt oder das Fleisch, indem
es seinen natürlichen Rechten folgt, den Geist von seinem
angestammten Platz vertreibt und sich als ruchloser Sieger
an dessen Stelle setzt, legen Vernunft und Weisheit beiden
Zügel an und setzen übereinstimmend beiden ihr Maß an
Trennung und Vereinigung. Weil aber alle Hoffnung und
alles Heil für die Erlösung des Menschen im Kreuz Christi
beschlossen liegt, tötet der Mensch seine Glieder, die auf der
Erde sind, mit gutem Recht ab und hängt selbst mit dem
Gekreuzigten zusammen (sc. am Kreuz), um mit seinem
Leib zu ergänzen, „was an Christi Leiden fehlt" (Kol 1,24),
und damit er, da er sich zwischen Gesetz und Gnade befin-
det, von hier das Schwert der Rache fürchtet, wenn er
schlimmer Begierde nachgegeben hat, von dort die Herrlichkeit erhofft, wenn „er in der Tugend der Standhaftigkeit
das Leben gewinnen wird" (Lk 21,19). „Wenn wir nämlich

compatimur, et conregnabimus." Denique draco versutus,
bestiarum prudentissimus sicut victor in ligno sic victus ex
ligno est, quia cruce Christi potestas eius vacuata est, sicut
apostolus: „Et quod", inquit, „erat contrarium", nimirum
humano generi, „tulit illud de medio affigens cruci suae." 5
In hac itaque carnis et spiritus coniunctione vel disiunctio-
ne vigilandum est Christi virgini, quia diem et horam ignorat de utriusque resolutione, hanc ne quando spiritui prae-
valeat cohibens, istum ne sedem propriam suspirando
hospitium fragile destruat contemperans. Quia igitur cer- 10
tum est corpus istud debile nulla ratione terminos sibi
praefixos posse praeire, sed resolvi peste | vel tempore | 222
posita condicionis immutabili lege, licet hoc ars divinae
sapientiae spiritui sic colligaverit, ut nisi morte separari non
possint, naturalis tamen ista familiaritas ita dissocianda est 15
et temperanda, ut deterius meliori subiciatur, spiritus carni
dominetur. Haec enim prima lex caelestis edicti, ut sit
spiritus carni, quod deus spiritui, sicque totus homo rationi consentaneus et sapientiae subdatur divinae voluntati.
Anima enim aeternae particeps nobilitatis, divinae utpote 20
a deo veniens, capax sapientiae, vili indumento contecta et
socio dissimili colligata et devincta vitiis et passionibus
mentis ratione reluctatur, quotiens unde venerit, quid sit

mitleiden, so werden wir auch mitherrschen" (Röm 8, 17;
2 Tim 2, 11 f). Sodann ist da der gewundene Drache, das
schlaueste unter den Tieren, das ebenso Sieger am Holz
war, wie es vom Holz aus besiegt worden ist, weil durch
das Kreuz Christi seine Macht ausgehöhlt wurde, so wie
der Apostel sagt: „Und das, was feindlich war, natürlich für
das Menschengeschlecht, das hat er aus unserer Mitte aufgehoben und an sein Kreuz geheftet" (Kol 2, 14). Deshalb
muß bei dieser Verbindung und Trennung von Fleisch und
Geist die Jungfrau Christi wachsam sein, weil sie Tag und
Stunde nicht kennt, an dem sich beide voneinander lösen.
Dieses (*sc.* das Fleisch) muß sie in Schranken halten, damit
es nicht irgendwann einmal die Oberhand über den Geist
gewinnt, diesen (*sc.* den Geist) muß sie beobachten, damit
er nicht seinen eigenen Sitz, die zerbrechliche Wohnung,
vor lauter Seufzen zerstört. Weil es nämlich sicher ist, daß
dieser schwache Körper unter keinen Umständen den ihm
gesetzten Grenzen vorauseilen kann, sondern durch Krankheit oder Zeit sein Ende findet nach dem unveränderlich
festen Gesetz seiner Bestimmung, allerdings vorausgesetzt,
daß die Kunstfertigkeit der göttlichen Weisheit den Körper
so an den Geist gebunden hat, daß sie nur durch den Tod
getrennt werden können, muß dennoch diese angeborene
Vertrautheit so auseinandergehalten und beschränkt werden, daß doch das Schlechtere dem Besseren unterworfen
wird und der Geist über das Fleisch herrscht. Dies ist nämlich die erste Vorschrift himmlischer Aussage, daß der Geist
für das Fleisch das sei, was Gott für den Geist ist, und so der
Mensch in seiner Gesamtheit dem göttlichen Willen unterworfen ist, indem er mit Vernunft und Weisheit übereinstimmt. Denn die Seele hat teil am ewigen Adel, sie, die ja
von Gott kommt, ist fähig, die göttliche Weisheit zu fassen,
sie ist nur bedeckt mit diesem geringen Gewand, sie ist
gefesselt an einen ungleichen Gefährten und kämpft, festgebunden an Laster und Leidenschaften, mit der Kraft des
Geistes, sooft sie sich erinnert, woher sie kommt, was sie

ubi posita sit, maximeque principii sui reminiscitur. Nescit
cedere viliori natura bene subdita meliori.

T.: Sed dignum admiratione videtur, quod inter cetera
divini opificii munera ex tam diversis et distantibus naturis,
ex dispari substantia, visibili videlicet et invisibili, animal 5
istud, quod est homo, componitur, „idemque ad imaginem
et similitudinem dei" minor et impar angelis fabricatur.

P.: De quibus in admiratione moveris, magni viri studia
sua contrivere nec subtilissima investigatione commixtio-
nem, ut ita dicam, caeli et luti comprehendere valuere. 10
Quantominus fuit accessus ad deitatis notitiam, si scientia
non suppetebat ad creaturam perscrutandam? Quis enim
differentiam et multitudinem singulis naturis proprie con-
venientium, id est quid animae, quid corpori conveniat et
accidat, enumeret, cum ipsa naturarum discrepantia, 15
quicquid alteri commune vel proprium est, non admittat,
immo quasi penitus contrarium respuat? Ut enim pauca de
multis subiciam: Quid spiritui sic contrarium, sic corpori
congruum quomodo potus et esus, quid corpori sic incon-
gruum, animae sic proprium quomodo ratio et intelli- 20
gentia misteriorum divinorum? Itaque breviter accipe iuxta patrum sententiam, quid sit homo, de diversis quidem
compositus, sed temporalis et aeternus. Est enim homo
sexta die factus velut alter quidam mundus, in brevi
magnus, in | exiguo totus, caelo terraque commixtus sicque 25 | 4

---

[163] Der Vergleich zwischen der Welt als Makrokosmos und dem Menschen
als darin lebender Mikrokosmos findet sich schon in der Antike, vgl.
NEMESIUS VON EMESA, *nat. hom.;* siehe dazu KALLIS, *Mensch im Kosmos.*

ist, wohin sie gestellt ist und vor allem, sooft sie sich an
ihren eigenen Ursprung erinnert. Eine Natur, die in rechter
Weise dem Besseren gehorcht, kennt kein Zurückweichen
vor dem Schlechteren.

T.: Es scheint mir wirklich staunenswert, daß unter den
anderen Gaben des göttlichen Werkmeisters gerade jenes
Lebewesen, das der Mensch ist, aus so verschiedenen und
unterschiedlichen Elementen zusammengesetzt ist, aus so
ungleichem Stoff, natürlich sichtbarem und unsichtbarem,
und daß „eben dieser Mensch nach dem Bild und in Ähnlichkeit Gottes" (Gen 1,26) geschaffen ist, aber geringer
und den Engeln ungleich.

P.: Du wirst durch Dinge in Staunen versetzt, um deren
Lösung große Männer sich in ihren Studien intensiv bemüht haben und doch, selbst bei genauester Prüfung, nicht
in der Lage waren, diese Vermischung von, um es so zu
sagen, Himmel und Lehm zu begreifen. Um wieviel weniger ist der Zugang zur Kenntnis der Gottheit möglich
gewesen, wenn die Wissenschaft schon nicht ausreichte zur
Erforschung der Schöpfung? Denn wer könnte den Unterschied und die Fülle der Dinge aufzählen, die den beiden
Naturen eigenständig zugehören, das heißt, was zum Geist,
was zum Körper gehört und noch hinzukommt, wo doch
der Widerspruch der Naturen selbst keine Erklärung zuläßt,
was beiden gemeinsam und was ihnen je eigen ist, ja dies wie
etwas völlig Gegensätzliches zurückweist? Um darum einiges Wenige von dem Vielen anzuführen: Was ist dem Geist
so entgegengesetzt, was so zum Körper passend wie Trinken
und Essen, was paßt zum Körper so wenig und ist dem Geist
so eigen wie Vernunft und Verständnis der göttlichen Geheimnisse? Darum höre in kurzen Worten, was der Mensch
nach Meinung der Väter ist, zwar zusammengesetzt aus
verschiedenen Elementen, aber zugleich zeitlich und ewig.
Am sechsten Tag wurde der Mensch geschaffen, gleichsam
wie eine zweite Welt[163], groß im Kleinen, vollständig im
Geringen, gemischt aus Himmel und Erde und so mit

rationis efficacia informatus, ut intueretur quidem visibilem creaturam, invisibilis autem facturae intelligeret ac sentiret misterium, et regnaret quidem in terris, ipse vero a
superioribus regeretur. Caelestis autem et terrestris est,
temporalis et immortalis, visibilis et invisibilis, humilis et 5
excelsus, spiritus propter gratiam, caro propter elationem,
illud ut intellectum habens gratiae collaudet auctorem, hic
ne magnitudine muneris elatus lapsum ruinae excelsioris
incurrat. Est igitur animal, quod hic quidem instituatur,
alio transferatur, ex diversitate coniunctum conditione re- 10
solvendum, rursusque magnificentius et longe sublimius
beatiusque, si promeruerit, colligandum. Cursus igitur brevis homini vitae huius proponitur, lumen intelligentiae ad
boni malique dinoscentiam accenditur, ut solus creator per
fidem et amorem colendus et imitandus agnoscatur. Haec 15
de carne et spiritu, de corpore et anima, de ratione et
sapientia; quod totum animal unum, id est unus homo est,
intellige, quae quid sis, etiam phisica laboras ratione per-
discere. Quod autem tantae nobilitatis substantia tam vili
rei, id est spiritus carni coniungitur, gemina ratio est; una 20
quidem, ut per laborum exercitia et temptamentorum susti-
nentias adversum terrena promissam caelestis gloriae homo
petat hereditatem et velut „aurum in fornace" miseriarum et
morosae peregrinationis suae probetur examine, ut liberum arbitrium naturali virtute et divino excultum auxilio 25

---

[164] Parallel zu *illud* ist hier die Variante *hoc* (**T-1, B**) der Lesart *hic* vorzuziehen. *Hic* scheint ein Fehler der Kopisten zu sein, die an das Subjekt
homo dachten, und das vorausgehende *illud* übersahen.

tätigem Verstand ausgerüstet, daß er die sichtbare Schöpfung zwar betrachtete, andererseits das Geheimnis des unsichtbar Gemachten verstand und wahrnahm, und zwar auf Erden herrschte, selbst aber von Höherem beherrscht wurde. Er ist aber himmlisch und irdisch, zeitlich und unsterblich, sichtbar und unsichtbar, niedrig und erhaben, Geist aus Gnade, Fleisch wegen seiner Überheblichkeit, jenes, damit er die Einsicht habe, den Urheber der Gnade zu loben, dieses[164], damit er nicht aus Überheblichkeit wegen des großen Geschenks in das Verderben noch tieferen Sturzes hineinrenne. Er ist also ein Geschöpf, das zwar hier an seinen Platz gestellt, aber an einen anderen Ort überführt werden soll, und das aufgrund der Unterschiedlichkeit seiner Anlage das in der Schöpfung Verbundene lösen und wieder herrlicher, weitaus erhabener und seliger zusammenbinden muß, wenn es sich würdig erwiesen hat. Für den Lauf dieses Lebens ist dem Menschen nur eine kurze Zeit gesetzt, das Licht des Verstandes zur Unterscheidung von Gut und Böse wird angezündet, damit der Mensch erkennt, daß allein dem Schöpfer in Glauben und Liebe gehuldigt und nachgeeifert werden muß. So viel über Fleisch und Geist, über Körper und Seele, über Verstand und Weisheit. Daß das ganze Geschöpf ein einziges ist, das heißt, daß der Mensch ein einziger ist, das mache dir klar, die du dich darum bemühst, auch auf physische Weise genau zu erfahren, was du bist. Daß aber ein Stoff von so hohem Adel mit einer so geringen Sache, das heißt, der Geist mit dem Fleisch verbunden ist, das hat einen doppelten Grund: Der eine Grund ist sicher der, daß der Mensch durch die Übungen in mühevoller Anstrengung und durch das Aushalten von Versuchungen und entgegen den irdischen Dingen nach dem verheißenen Erbe himmlischer Herrlichkeit strebt und wie „Gold im Feuerofen" (Weish 3, 6) durch die Prüfung in Unglück und eigener langer Pilgerschaft sich bewährt, damit der freie Wille, der sich durch natürliche Anlage und mit göttlicher Hilfe gebildet

mentis et corporis propagetur exercitio; altera vero causa,
ut materia vilior praestantiore vivetur, et anima recti semper
conscia sit corpori, quod deus animae, sicque totus homo
proficiat ad salutem, dum inferior substantia gradum virtutis et vitae consciscit per superioris affinitatem. Sicut igitur 5
praedictum est, haec est prima lex dei, ut omne, quod intra
nos est beluinum et carnale, spiritus ratione separantes inter
corpus et animam aequum iudicium habeamus, numquam
deteriori naturae | subicientes meliorem, quod perversissi- | 224
mum est, sed semper rationabilis animi imperio ad corporis 10
utamur servitium, iura discernendo naturarum et attenden-
do, quid velit ratio legum. Porro lex ibi terminabitur, ubi
nihil est, quod lege coerceatur, et tamen etiam in hac vita
„iusto non est lex posita", quia ipse in eo virtutum perfectus
amor superat et excludit, quicquid contra dei legem in eo 15
surgere cupit.

T.: Ut video gradus isti, quos proponis, id est bonum et
melius, caro et spiritus, si ordine legitimo cursus suos per-
currunt, ad principium suum, id est gradum illum opti-
mum, quod est ipse deus, indubitanter accedunt. Si enim, 20
ut asseris, spiritus rationi, caro spiritui recte subditur, con-
sequentia perfecta totus homo creatori subicitur.

P.: Rectissime. Cum enim dissimilium collatio, id est
discrepantia naturarum moderata controversia venerint
in concordiam, ut bene subdita sit caro spiritui, spiritus 25

hat, durch Übung in Geist und Körper weiter wächst; der andere Grund ist aber der, daß der geringere Stoff von dem edleren belebt wird und die Seele im Bewußtsein des Richtigen für den Körper immer das bedeutet, was Gott für die Seele bedeutet, und so der ganze Mensch zu seiner Rettung fortschreitet, wobei sich der untergeordnete Bestandteil durch seine Nähe zum übergeordneten einen Rang in Tugend und Leben erwirbt. So wie es also vorgeschrieben ist, ist dies das erste Gesetz Gottes, daß wir nach der Einsicht des Geistes alles trennen, was in uns tierisch und fleischlich ist, und zwischen Körper und Seele ein gerechtes Gericht halten, niemals den besseren Teil der Natur dem geringeren unterwerfen — was völlig verkehrt ist —, sondern immer den Befehl der vernünftigen Seele für den Dienst des Körpers gebrauchen, indem wir die Rechte der beiden Naturen unterscheiden und darauf achten, welche Überlegung hinter den Gesetzen steht. Weiter wird dem Gesetz dort seine Grenze gesetzt werden, wo nichts ist, was durch das Gesetz begrenzt wird, und dennoch ist auch in diesem Leben „das Gesetz nicht für den Gerechten gegeben" (1 Tim 1, 9), weil in ihm die vollkommene Liebe zu den Tugenden selbst das überwindet und ausschließt, was sich in ihm gegen das Gesetz Gottes erheben will.

T.: Wie ich sehe, gelangen diese Stufen, die du vorstellst, nämlich das Gute und das Bessere, Fleisch und Geist, wenn sie nur in der gesetzmäßigen Ordnung ihre Bahn durchlaufen, unzweifelhaft zu ihrem Ursprung, das heißt zu jener besten Stufe hinauf, die Gott selbst ist. Denn wenn, wie du erklärst, der Geist der Überlegung, das Fleisch aber dem Geist in richtiger Weise unterworfen ist, dann ist vollkommen folgerichtig der Mensch in seiner Gesamtheit dem Schöpfer unterworfen.

P.: Vollkommen richtig. Wenn nämlich die Verbindung der ungleichen Dinge, das heißt das Auseinanderfallen der Naturen, durch Mäßigung des Widerspruchs zur Eintracht gelangt, so daß das Fleisch auf richtige Weise dem Geist, der

aeternae rationi, iam tibi, virgo Christi, hostis duplex, id est
visibilis et invisibilis non iam timendus, sed irridendus est,
quem prioris saeculi Christi sequellae adeo devicerunt, ut
non magis hostilium illecebrarum praesentiam earum ab-
horreret temeritas quam virginum Christi confidentia con- 5
gressu superior eorum derideret fantasias.

T.: Merito igitur lacunam corporis et appositum corpori
decorem fastidit, qui, quid de superioribus sit, vigilanter
attendit.

P.: Dic mihi, filia. Quid habes commune cum beluis?   10
T.: Corpus.

P.: Quid commune tibi cum angelis?
T.: Rationalitas et vivax intellectus.

P.: Quae vis maxime operatur in belua?
T.: Corporis cura.   15

P.: Quae in angelis?
T.: Gaudium in amore creatoris.

P.: Ita videtur. Itaque si placet angelorum communio 225
rationi sapientiaeque consentanea, frangendus est omnis
appetitus vel escarum vel cuiuslibet malae concupiscentiae 20
nobis communis cum belua. Quo se ultra legitimos terminos extendente, totum in nobis obruitur, quod in nobis per
sapientiam deum adire iubetur. Quid ait apostolus? „Non
est regnum dei esca et potus, sed iustitia et pax et gaudium
in spiritu sancto. Esca ventri et venter escis, deus hunc et 25
has destruet.“ Et in sequentibus: „Ego didici, in quibus sum

Geist aber dem Gesetz der Ewigkeit unterworfen ist, dann mußt du, Jungfrau Christi, den doppelten Feind, das heißt den sichtbaren und den unsichtbaren, nicht mehr fürchten; dann kannst du den verspotten, den die Nachfolgerinnen Christi in früheren Jahrhunderten so gründlich besiegt haben, daß ihre Verwegenheit das Erscheinen feindlicher Verlockungen nicht mehr zurückschreckte, als die Zuversicht der Jungfrauen Christi ihre Hirngespinste verlachte, weil sie überlegen war im Kampf.

T.: Wer aufmerksam auf das achtet, was von oben kommt, der empfindet mit Recht Ekel vor dem Abgrund des Körpers und vor dem Schmuck, der dem Körper zugeordnet ist.

P.: Sag mir, Tochter, was hast du gemeinsam mit den Tieren?

T.: Den Leib.

P.: Und was hast du gemeinsam mit den Engeln?

T.: Vernünftiges Überlegen und einen lebendigen Verstand.

P.: Welche Kraft ist im Tier am stärksten wirksam?

T.: Die Sorge für den Körper.

P.: Und welche bei den Engeln?

T.: Die freudige Liebe zum Schöpfer.

P.: So ist es anscheinend. Wenn deshalb die Gemeinschaft mit den Engeln der Vernunft gefällt und mit der Weisheit übereinstimmt, dann muß jedes Verlangen nach Speise oder irgendeiner beliebigen bösen Lust, die uns mit dem Tier verbindet, gebrochen werden. Denn wenn dieses Verlangen über seine rechtmäßigen Grenzen hinaus ausufert, dann wird alles in uns vernichtet, was in uns den Auftrag hat, Gott in Weisheit zu suchen. Was sagt der Apostel? „Das Reich Gottes ist nicht Speise und Trank, sondern Gerechtigkeit und Friede und Freude im heiligen Geist" (Röm 14, 17). „Die Speise ist für den Bauch und der Bauch für die Speise, Gott aber wird beide zerstören" (1 Kor 6, 13). Und im folgenden: „Ich habe gelernt, in der Lage zufrieden zu

sufficiens esse. Scio et humiliari, scio et abundare, scio saciari et esurire, omnia possum in eo, qui me confortat."

T.: O descensus insanus, ubi pro explenda corporis lacuna sopitur in nobis vis nativae rationis, et intellectu deficiente comparamur insipientibus iumentis! 5

P.: Audi filia. Quanta sit animae rationalis dignitas et gloria, tunc ipsa anima domui luteae infixa satis intellegit, si purgata a vitiis recordetur, quid in depositione corporis futura sit vel qualis ante introitum corporis fuerit. Omne igitur officium per hoc corpus agendum tunc ab ea recte 10 disponitur, si libertatis vel praeteritae vel futurae gloriam intuetur. Itaque cum sit deus invisibilis, tot passibus anima ad eum festinat quot desideriis aeternorum aestuat, et si corpus laborare vel vacare contigerit, ipsa tamen semper affectibus currit. 15

T.: Videtur itaque hoc principale bonum in homine, quod sapit in homine. Caro vero magis augendae virtutis occasio est quam bonum.

P.: Vere filia, nisi pugna sit, nec mentio victoriae est. Verum locus oportunus se hic obtulit tecum conferendi, de 20 quibus non parum movebaris in ipsa fronte incepti operis huius.

T.: Quae nam sunt ista? 226

P.: Cum audisses: „Obliviscere populum tuum et domus patris tui" et cetera, intulisti locum esse ubique 25 divinae servituti et agendi officium caelestis disciplinae, si

---

[165] Der Autor verweist hier auf den Beginn von Buch 3, wo die Erörterung ebenfalls von dem Psalmvers 45,11 (44,11 Vg.) ausgeht. Im folgenden heißt es dort ausdrücklich (*Spec. virg.* 3, oben 218,12f), daß jetzt nicht der geeignete Ort für die Behandlung dieser Frage sei, sondern daß dies an geeignetem Ort und Zeitpunkt nachgeholt werde, was jetzt geschieht (660,20): *locus oportunus se hic obtulit*. Es ist dies eine der Stellen, die von der durchdachten Konzeption des Werks Zeugnis geben. Schließlich sei noch darauf hingewiesen, daß die Formulierung *in ipsa fronte incepti operis huius* allerdings als Argument für eine erste Fassung des *Spec. virg.* verwendet werden kann; siehe dazu die Einleitung, oben 56–58.

sein, in der ich bin. Ich verstehe mich auf Entbehrungen, und ich verstehe mich auf den Überfluß, ich verstehe satt zu sein und zu hungern, alles vermag ich in ihm, der mir Kraft gibt" (Phil 4, 11–13).

T.: O unseliger Abstieg, wo in uns die natürliche Kraft der Überlegung einschläft, nur um den Schlund des Körpers zu füllen, und wir uns dem unvernünftigen Vieh angleichen, wenn die Einsicht uns verläßt.

P.: Höre, Tochter. Wie groß Würde und Herrlichkeit der vernunftbegabten Seele ist, das erkennt die Seele selbst, die an dieses schmutzige Haus gefesselt ist, dann deutlich, wenn sie sich von ihren Lastern reinigt und darauf besinnt, was sie sein wird, wenn sie den Körper abgelegt hat, und wie sie war, bevor sie in den Körper eintrat. Denn jeder Dienst, den dieser Körper tun muß, wird dann von ihr richtig bestimmt, wenn sie die Herrlichkeit ihrer Freiheit, sowohl der vergangenen wie der zukünftigen, ins Auge faßt. Obwohl Gott unsichtbar ist, eilt darum die Seele mit so viel Schritten zu ihm, wie sie mit heißer Sehnsucht nach der Ewigkeit verlangt, und auch wenn der Körper sich gerade müht oder ausruht, läuft sie doch immer mit Eifer weiter.

T.: Deshalb scheint dies, was im Menschen verständig ist, das hauptsächlich Gute im Menschen zu sein. Allerdings gibt das Fleisch mehr als das Gute Gelegenheit, die Tugend wachsen zu lassen.

P.: Wahrlich, Tochter, es gäbe keine Erwähnung des Sieges, wenn es den Kampf nicht gäbe. Aber diese Stelle hier bietet sich günstig an, mit dir das zu besprechen, wovon du auf der Titelseite zu Beginn unseres Werks so sehr bewegt warst.[165]

T.: Was ist das denn?

P.: Als du das Wort hörtest: „Vergiß dein Volk und das Haus deines Vaters" (Ps 45, 11: Vg. Ps 44, 11), da hast du eingeworfen, daß überall Gelegenheit sei, Gott zu dienen und die Pflichten nach himmlischer Anordnung zu erfüllen,

tamen offerentis voluntas figeretur ratione deo te posse
placere.

T.: Quis haec improbet, nisi quem mentis incredulitas
tenet? Quia enim divinitatis praesentiae locus omnis adest,
homo ubique deo servire potest.   5

P.: At tamen permulta saepe piis conatibus sinistro calle
reperiuntur obviantia, si illic homo divinis obtutibus placere desiderat, ubi plateas domesticae nativitatis usu teren-
do semitam artam ignorat et vestigia natalicia concelebran-
tur vel amore patriae vel affectu paternae praesentiae.   10

T.: Optime pater, recordor huius quaestionis, ubi requi-
sitis locum aptiorem statuisti, dicens quempiam in communi vita positum communibus vitiis vix cariturum.

P.: Bene recolis. Tuis itaque precibus adiutus vel qualiter
„de terra et cognatione tua egredi" vel quomodo „domus   15
patris tui oblivisci" debeas, ut placeas ei, cui te probasti,
paucis absolvam.

T.: Nihil gratius, nihil acceptius.

P.: Non videtur mihi simplex de domo patris sui cuiuslibet egressio, quia patris et patriae est differentia et dissimi- 20
litudo, nec uno modo relinqui posse domum patris et pa-
rentelam aestimo ab eo, qui edicto evangelico compellitur
exire a se ipso. Prima itaque domus patris tui „mundus in
maligno positus" est, pater vero, qui te in ydolatria genuit,

wenn nur der Wille des Handelnden bestimmt sei von der Überlegung, Gott zu gefallen.

T.: Wer könnte dies zurückweisen außer einem, dessen Herz von Unglauben besetzt ist? Denn weil jeder Ort für die Gegenwart der Gottheit zur Verfügung steht, kann der Mensch überall Gott dienen.

P.: Aber dennoch gibt es für das fromme Bemühen häufig sehr viele Hindernisse auf dem beschwerlichen Weg, wenn der Mensch an jenem Ort dem göttlichen Anblick zu gefallen sucht, wo er den engen Pfad nicht kennt, weil die Wege in der Gegend, wo er herkommt, durch ständigen Gebrauch ausgetreten sind, und wo die Erinnerung an seine Geburt feierlich begangen wird, sei es aus Liebe zur Heimat, sei es aus Neigung zum anwesenden Vater.

T.: Liebster Vater, ich erinnere mich an diese Erörterung, wo du erklärt hast, es gäbe für meine Fragen einen geeigneteren Ort, und sagtest, daß jemand, der in einer Lebensgemeinschaft mit anderen stehe, kaum den gemeinsamen Lastern entgehen könne.

P.: Das hast du gut wiederholt. Deshalb will ich, von deinen Bitten unterstützt, mit wenigen Worten darlegen, wie du „deine Heimat und deine Verwandtschaft verlassen" (Gen 12, 1) und „das Haus deines Vaters vergessen" (Ps 45, 11: Vg. Ps 44, 11) sollst, damit du ihm gefällst, dem du dich geweiht hast.

T.: Nichts ist mir angenehmer, nichts willkommener.

P.: Der Auszug aus dem Haus des Vaters, und zwar eines jeden beliebigen Vaters, scheint mir nicht einfach, weil es einen Unterschied und eine Unähnlichkeit zwischen Vater und Vaterland gibt, und ich glaube auch nicht, daß das Haus des Vaters und die Verwandtschaft nur auf eine einzige Art verlassen werden können von dem, der durch den Auftrag des Evangeliums gedrängt wird, sich von sich selbst zu lösen. Deshalb ist das Haus deines Vaters zunächst „die Welt, die in das Übel gestellt ist" (1 Joh 5, 19), der Vater aber, der dich als Götzendiener gezeugt hat, ist

diabolus eiusdem mundi princeps, ut ait dominus: „Iam
princeps mundi huius eicietur foras"; quos et quorum pompis renuntiando, consortia daemoniorum, portenta vitiorum, squalorem peccatorum exuendo filia dei facta es,
fide super nivem | candidata, sordibus originalibus abluta, 5 | 22
sponsa divino amore digna vocata es et ad nuptias aeternas
arra sanctae fidei consignata. Igitur: „Rex decorem tuum ex
praedicta pulchritudine concupiscit, quoniam ipse est deus
tuus", immo iure creatoris dominus, pater et sponsus per
gratiam, antiqui pacti victricem debellando malitiam.   10

T.: Patrem quidem non tam difficilem quam insolitum
lucem istam intrantibus ascribis, cum in ordine Christianae
disciplinae parentes probabiles habuerim et infaustae pater-
nitatis, quam praemisisti, nec nomen quidem meruerim.

P.: Optime quidem, sed ut tibi visum est. Sed responde. 15
Progenitoribus quidem Christianis mundi, ut ais, tempora
intrasti, at si conditionis debitum sine fontis gratia mox
solveres, quo ires?

T.: Puto, quo me praecesserunt, qui mortis sententiam in
protoplasti casu meruerunt.   20

P.: Patrem igitur haberes in poena, cui in Adam consensum
praebebas in culpa. Quid igitur titulus Christianitatis prod-
esset in parentibus, si gratia non obviasset peccatis originali-
bus? Nonne dominus pharisaeis malitiose mentis captione
laqueos tendentibus: „Vos", inquit, „de diabolo patre estis"? 25

der Teufel, der Fürst eben dieser Welt, wie der Herr sagt: „Jetzt wird der Fürst dieser Welt vor die Tür geworfen werden" (Joh 12,31); wenn du sie und die prunkvolle Gesellschaft ihrer bösen Geister zurückweist, die Vorzeichen der Laster, wenn du dich vom Schmutz der Sünden befreist, dann wirst du Tochter Gottes sein; durch den Glauben weißer als Schnee, reingewaschen vom Schmutz der Erbsünde, bist du berufen als Braut, die der göttlichen Liebe würdig und durch das Unterpfand heiligen Glaubens für die ewige Hochzeit bestimmt ist. Also: „Der König verlangt nach deiner Schönheit" wegen der Herrlichkeit, wie oben gesagt wurde, „denn er selbst ist dein Gott" (Ps 45,12: Vg. Ps 44,12); in der Tat ist er der Herr nach dem Recht des Schöpfers, er ist dein Vater und Bräutigam aus Gnade, weil er die siegreiche Arglist des Alten Bundes überwunden hat.

T.: Du ordnest denen, die in dieses Licht eintreten, nun allerdings einen Vater zu, der nicht so sehr schwierig als vielmehr ungewöhnlich ist, da ich Eltern hatte, die sich in der Ordnung christlicher Zucht bewährt haben, und ich darum den Namen einer unseligen Herkunft, wie du es genannt hast, wirklich nicht verdiene.

P.: Sehr gut, in der Tat, doch so, wie es dir scheint. Aber antworte. Durch christliche Erzeuger bist du, wie du sagst, in die Zeitlichkeit der Welt eingetreten, aber wenn du die Schuld deiner Entstehung ohne den Quell der Gnade alsbald lösen solltest, wohin würdest du gehen?

T.: Ich glaube dorthin, wohin die mir vorangegangen sind, die das Todesurteil durch den Fall der Voreltern verdient haben.

P.: Du würdest also einen Vater haben in der Strafe, der du bei Adam zustimmtest wegen der Schuld. Was würde darum der christliche Name bei deinen Eltern nützen, wenn nicht die Gnade der Erbsünde Widerstand geleistet hätte? Hat nicht der Herr zu den Pharisäern gesagt, die durch einen Trugschluß ihres bösen Herzens ihre Netze auslegten: „Ihr habt den Teufel zum Vater"(Joh 8,44)?

Sicut enim boni deum patrem per gratiam, ita reprobi dia-
bolum patrem noscuntur habere per culpam. Ab hoc itaque
patre nefando primus egressus per baptismi gratiam et eius
patriae, id est totius mundanae voluptatis et illecebrae, sicut
habes in psalmo: „Quoniam", inquit, „pater meus et mater 5
mea dereliquerunt me, dominus autem assumpsit me." Attende vigilanter, quomodo pater suadet, ut pater relinquatur, quomodo deus hortatur, ut diabolus relinquatur. Quid
apostolus? „Nolite", inquit, „iugum ducere cum infidelibus", immo cum saecularibus, qui fidem operibus destru- 10
unt. Quae enim participatio iustitiae cum iniquitate? „Exite
de | medio eorum et separamini", dicit dominus, „et inmun- | 228
dum ne tetigeritis, et ego recipiam vos et ero vobis in
patrem, et vos eritis mihi in filios et filias."

T.: Certe rationi non valemus obniti, sed qualiter alius 15
pater naturalis aut domus relinqui debeat, oportet ostendi.

P.: Christus ait: „Qui amat patrem aut matrem plus quam
me, non est me dignus", et alibi: „Omnis qui reliquit domum
aut patrem aut matrem", et cetera, et propheta: „Qui dicit
patri et matri ,non novi vos', hi custodierunt sabbata mea." 20
Ecce domus patris tui, in qua, ut paulo ante causabaris, sine
offensione te deo posse placere confidis et meritis te fieri
non imparem, quos amor aeternorum excitavit non solum
ad parentum, sed rerum omnium oblivionem.

Denn so wie man weiß, daß die Guten Gott zum Vater
haben durch die Gnade, so weiß man, daß die Schlechten
den Teufel zum Vater haben durch die Schuld. Deshalb
geschieht der erste Auszug weg von diesem unaussprechli-
chen Vater durch die Gnade der Taufe, und auch weg von
seinem Vaterland, das heißt von der ganzen weltlichen Lust
und Verlockung, so wie du es im Psalm hast: „Denn mein
Vater und meine Mutter haben mich verlassen", sagt er,
„aber der Herr hat mich aufgenommen" (Ps 27,10: Vg. Ps
26,10). Achte aufmerksam darauf, wie der Vater dazu rät,
daß der Vater verlassen wird, wie Gott ermahnt, daß der
Teufel verlassen wird. Was sagt der Apostel? „Zieht nicht",
sagt er, „an einem Joch mit den Ungläubigen" (2 Kor 6,14)
oder, besser gesagt, mit den Weltleuten, die den Glauben
durch ihre Werke zerstören. Denn welchen Anteil hat Gerechtigkeit an Ungerechtigkeit? „Geht hinaus aus ihrer
Mitte, und sondert euch ab, sagt der Herr, und berührt
nichts Unreines, dann will ich euch aufnehmen und will
euch ein Vater sein, und ihr sollt meine Söhne und Töchter
sein" (2 Kor 6,17f).

T.: Sicher sind wir nicht in der Lage, uns dem göttlichen
Prinzip entgegenzustemmen, aber es sollte gezeigt werden,
wie man den anderen, leiblichen Vater und sein Haus verlassen muß.

P.: Christus sagt: „Wer Vater oder Mutter mehr liebt als
mich, der ist meiner nicht würdig" (Mt 10,37), und an
anderer Stelle: „Ein jeder, der sein Haus oder Vater oder
Mutter verläßt" (Mt 19,29) und so weiter, und der Prophet:
„Wer zu seinem Vater und zu seiner Mutter sagt: ‚Ich kenne
euch nicht', der hält sich an meinen Sabbat" (vgl. Dtn 33,9).
Siehe, das ist das Haus deines Vaters, in dem du, wie du
gerade eben vorgebracht hast, darauf vertrauen kannst,
ohne Ärgernis Gott zu gefallen und durch Verdienst denen
gleich zu werden, die die Liebe zu den ewigen Dingen
antreibt, nicht nur die Eltern, sondern alle anderen Dinge
zu vergessen.

T.: Quid ni, cum in omni professione deus magis quaerat
animum quam habitum, et non multum prosit loci mutatio
conversis, si desit spiritus iustae fautor professionis?

P.: Quid in longum progredimur? Dic mihi. Si forte
vallata serpentibus fuisses, numquid secura quiesceres, 5
numquid somnum dulcem caperes iuxta illud: „Et somnus
meus mihi dulcis"?

T.: Hoc quidem omnem humanam excedere constantiam
aestimo et tyrannum quemlibet, nedum feminam, contra
ferratas acies stantem minus terreri quam colubris socium 10
timore non periclitari. Sed quorsum hos referas serpentes,
ignoro.

P.: Colubris peccata confero, quia per colubrum peccatum, „per peccatum mors", per mortem vero totum
evacuatur, quicquid homini salutis et gratiae a deo propa- 15
latum videtur. Quomodo igitur divinitatis oculis in domo
patris et matris tuae placere perfecte valeres, quomodo in
vita communi vitiis communibus careres, ubi inter fami-
liam rebus familiaribus instrepentem, plateis vitae carnalis
| oberrantem secura viveres, ubi, etsi peccatis non consen- 20 | 2
tires, peccantes tamen communione noxia vitare non pos-
ses? Quomodo sensibus quinis copia reluctandi daretur,
ubi semper recentibus bellis pax in corde sacrae virginis
turbaretur? Nonne legisti: „Cum sancto sanctus eris et
cum perverso perverteris? Qui tetigerit picem, nonne in- 25

T.: Aber was bedeutet das, wenn bei jedem Gelübde Gott mehr nach dem Geist fragt als nach dem Gewand, und ein Wechsel des Ortes für die Bekehrten nicht viel nutzt, wenn der Geist als Schutzherr für das richtige Gelübde fehlt?

P.: Was sollen wir weit ausholen? Sag mir! Wenn du etwa zufällig von lauter Schlangen umgeben wärest, würdest du dann sicher ruhen, würdest du etwa in süßen Schlummer fallen entsprechend dem Wort: „Und mein Schlaf war mir süß" (Jer 31, 26)?

T.: Ich glaube, daß dies allerdings die Standhaftigkeit eines jeden Menschen überschreitet und daß sogar jeder Tyrann, von einer Frau gar nicht erst zu sprechen, weniger erschreckt wird, wenn er gegen eiserne Schlachtreihen steht, als durch die Angst vor der Gefahr, in die er als Gefährte von Schlangen gerät. Aber ich verstehe nicht, zu welchem Zweck du von diesen Schlangen erzählst.

P.: Ich vergleiche die Schlangen mit der Sünde, weil durch die Schlange die Sünde kam, „durch die Sünde der Tod" (Röm 5, 12), durch den Tod aber alles vernichtet wird, was offensichtlich dem Menschen an Heil und Gnade von Gott offenbart ist. Wie würdest du also im Haus deines Vaters und deiner Mutter in der Lage sein, den Augen der Gottheit vollkommen zu gefallen, wie könntest du im gemeinsamen Leben mit ihnen die gemeinsamen Untugenden vermeiden, wo würdest du sicher leben mitten in der Familie, die unter den familiären Angelegenheiten stöhnt, die auf den Wegen einer Lebensführung im Fleisch umherirrt, wo du die Sünder in schuldhafter Gemeinschaft nicht meiden könntest, auch wenn du ihren Sünden nicht zustimmen würdest? Wie wäre dort die Möglichkeit eines Widerstands gegen die fünf Sinne gegeben, wo in immer neuen Kämpfen der Friede im Herzen der heiligen Jungfrau gestört würde? Hast du nicht gelesen: „Du wirst mit dem Heiligen heilig sein, und mit dem Falschen bist du falsch" (Ps 18, 26 f: Vg. Ps 17, 26 f)? „Wer Pech anfaßt, wird der davon etwa nicht

quinabitur ab ea?" Nota diligenter, quid sermo divinus
intendat.

T.: Quid nam?

P.: Non solum egressionem de domo patris tui imperat,
sed etiam parentum oblivionem, id est ut nec corde quidem 5
velis repetere, quos vel quod videris pro Christo neglexisse
et pro bonis aeternalibus abiecisse. Tunc enim recte mansio
aeternalis gloriae quaeritur et speratur, cum ratio naturali-
bus vitiis, spiritus carni, deus animae dominatur. Frustra
autem principatur ratio vitiis vel spiritus carni, si ipsa, unde 10
corpus animatur, anima non subdatur veritati. Itaque cognitio veritatis materia vel opus est animae per fidem et
amorem a terrenis affinibus ad deum proficientis. Lux enim
proficientis in deum animae intelligentia spiritalium, neg-
lectus carnalium, quorum alterum dei memoriam, alterum 15
puritatem vitae conducit. Vile tibi sit igitur, quod habes de
terra, pretiosum quod de caelo. Stultitiae nota est servum
ponere super dominum, carnem super spiritum. Debes igitur oblivisci domus patris tui et populi tui, ut nec solo
affectu ad relicta recurras, sed omnem vel parentelae vel 20
rerum patriae quoque memoriam abicias. Quid ergo? Numquid abominandi sunt tibi, quos pro amore Christi parentes
reliquisti? Minime. Ardentissima supplicatio debetur pro
eis domino, ut habere merearis eos consortes in saeculo
aeterno, quos pro Christi amore fugisti in praesenti saeculo. 25

besudelt?" (Sir 13,1). Achte darum sorgfältig auf das, was die heilige Schrift meint.

T.: Was denn?

P.: Sie befiehlt dir nicht nur den Auszug aus dem Haus deines Vaters, sondern auch das Vergessen der Eltern, das heißt, daß du nicht einmal im Herzen diejenigen oder das zurückholen willst, was du anscheinend um Christi willen vergessen und um der ewigen Güter willen von dir geworfen hast. Denn erst dann wird die Wohnstatt ewiger Herrlichkeit auf richtige Weise gesucht und erhofft, wenn die Vernunft über die angeborenen Laster, der Geist über das Fleisch und Gott über die Seele die Herrschaft übernimmt. Aber vergeblich herrscht die Vernunft über die Laster und der Geist über das Fleisch, wenn die Seele selbst, von der der Körper belebt wird, nicht der Wahrheit untertan ist. Deshalb ist die Erkenntnis der Wahrheit Aufgabe und Beschäftigung der Seele, die in Glauben und Liebe von den irdischen Anverwandten aufbricht zu Gott hin. Denn das Licht der Seele, die zu Gott aufbricht, besteht in dem Verständnis der geistlichen Dinge und in der Vernachlässigung der fleischlichen, von denen das eine die Besinnung auf Gott, das andere die Reinheit in der Lebensführung herbeiführt. Von geringem Wert sei für dich das, was du auf Erden hast, kostbar dagegen das vom Himmel. Es ist ein Zeichen von Torheit, den Knecht über den Herrn zu setzen, das Fleisch über den Geist. Du sollst also das Haus deines Vaters und deines Volkes vergessen, damit du nicht allein aufgrund einer kurzen Gemütsbewegung zu dem zurückläufst, was du verlassen hast, sondern sogar alle Erinnerung an die Verwandtschaft und die Angelegenheiten der Heimat von dir wirfst. Was also? Sollst du etwa deine Eltern verabscheuen, die du aus Liebe zu Christus zurückgelassen hast? Keineswegs. Heiße Fürbitte muß für sie beim Herrn vorgebracht werden, damit du es verdienst, sie in der himmlischen Ewigkeit zu Gefährten zu haben, vor denen du aus Liebe zu Christus in der gegenwärtigen Zeitlichkeit geflohen bist.

Odium debetur errori, amor sanguini, odium in hoc, quod
te a via veritatis avertit, amor quicquid in eis fides et opus
caritati Christi tecum communicavit.

T.: Plane nunc patet, qua re iusserit deus Abraham: 230
„Egredi de terra sua et de cognatione sua", quibus absolu- 5
tus deo magis placeret in alienis quam in propriis.

P.: Crede filia, quod nullus sanctorum retro saeculorum
inventus, ut mundi primordium repetam, deo perfecte
placuisset, nisi prius de terra sua rationabiliter conversando
exisset. Audi apostolum: „Quamdiu sumus", inquit, „in 10
hoc corpore, peregrinamur a domino, per fidem enim am-
bulamus et non per speciem. Audemus autem et bonam
voluntatem habemus magis peregrinari a corpore et prae-
sentes esse apud deum", et cetera. Rationabilis in homine
virtutum progressio carnalitati contraria semper esse pro- 15
batur nec facilis carnis et spiritus concordia, quia differunt
in natura. Scrutemur ordinem retro saeculorum, id est sex
aetatum ad formam sex dierum in primordio creaturarum
et qualiter virtus sanctorum magis ac magis claruerit, quomodo de terra sua exierint, quomodo gradibus quibusdam 20
ordo saeculorum multiplicatione virtutum se erexerit,
paucis videamus.

T.: Acceptissima sunt, quae proponis et congruentia virginum sacrarum exercitiis. Dic ergo.

P.: Prima die caelum et terra, lux quoque facta referuntur: 25
„Sed terra inanis et vacua et tenebrae erant super faciem

---

166 Die Lehre von den sechs Weltzeitaltern in Parallele zu den sechs
Schöpfungstagen findet sich seit AUGUSTINUS in unterschiedlichen For-
mulierungen und Einteilungen, vgl. dazu *Spec. virg.*, ep., oben 76,19 f mit
Anm. 11, sowie zusätzlich GNILKA, *Aetas spiritalis*.

Haß schuldet man dem Irrtum, Liebe dem Blut, Haß für das, was dich vom Weg der Wahrheit abgebracht hat, Liebe für das, was immer in ihnen an Glauben und Werk die Teilhabe an Christi Liebe dir ermöglicht.

T.: Jetzt ist vollkommen klar, warum Gott Abraham befohlen hat, „hinauszugehen von seinem Land und weg von seiner Verwandtschaft" (vgl. Gen 12,1), weil er nach Lösung von diesen Gott im Fremden mehr gefallen konnte als im Eigenen.

P.: Glaube mir, Tochter, daß man in den vergangenen Jahrhunderten, um zum Ursprung der Welt zurückzukehren, keinen Heiligen finden kann, der Gott vollkommen gefallen hätte, wenn er nicht vorher nach vernünftiger Überlegung aus seinem Land fortgegangen wäre. Höre auf den Apostel: „Solange wir in diesem Leib sind", sagt er, „wandern wir fern von Gott, denn wir gehen im Glauben, nicht im Schauen. Wir wagen es aber und haben gute Zuversicht, daß wir weiter vom Leib weggehen und gegenwärtig sind bei Gott" (2 Kor 5,6–8) und so weiter. Ein vernünftiger Fortschritt in den Tugenden erweist sich beim Menschen immer als Widerspruch zur Fleischlichkeit, und es kann sich nicht leicht eine Einigkeit von Fleisch und Geist ergeben, da sie in ihrer Natur verschieden sind. Wir wollen nun die vergangenen Jahrhunderte in ihrer Abfolge untersuchen, das heißt die sechs Weltzeitalter[166] nach dem Bild der sechs Tage am Beginn der Schöpfung, und wollen an wenigen Beispielen sehen, wie die Tugend der Heiligen mehr und mehr erstrahlte, wie sie aus ihrem Land weggingen, und wie Schritt für Schritt die Vermehrung der Tugenden die Jahrhunderte in ihrer Abfolge immer höher erhob.

T.: Mir ist außerordentlich willkommen, was du vorschlägst, und es deckt sich mit den Übungen für die heiligen Jungfrauen. Sprich also!

P.: Es wird berichtet, daß am ersten Tag Himmel und Erde geschaffen wurden und auch das Licht: „Aber die Erde war wüst und leer, und Finsternis herrschte über dem

abyssi." Quod audisti de caelo et luce per misticum intellectum applica rationabili creaturae, id est angelo et homini,
quam ratio et sapientia ad intelligendum creatorem sic eve-
xit, ut si ei, quo nihil maius nec erat nec erit, bene subessent,
ipsi cunctis sibi inferioribus recte praeessent. Porro de 5
angelo nobis quaestio non est. Attende itaque diligenter,
quid dicat scriptura de terrae inanitate vel vacuitate, de
tenebris quoque super faciem abyssi. Vide si haec littera in
prima aetate, quae fuit ab Adam usque ad Noe habens
II.CC.XLII. annos, impleta | non est. Considera, quod 10 | ⒔
primae generationes illae ita inanes fide et opere fuerunt et
tenebris vitiorum peccatorumque caligine, sed et ignorantiae caeca obscuritate a fonte veritatis defecerant, et caro
spiritui adeo praevaluerat, ut diluvii voragine exceptis
paucissimis absorberentur et ipsa rationalitas hominis carni 15
subacta praefocata carne poenis addiceretur. Sic enim ait
sermo divinus: „Non permanebit spiritus meus in homine
in aeternum, quia caro est, eruntque dies eius centum viginti annorum", et cetera. Quis de hac, rogo, generatione de
terra sua exisse describitur excepto Enoch, qui translatus 20
est, et aliis, qui invocare nomen domini referuntur, et Noe
cum filiis suis?

T.: Video quidem, quod quia caro spiritui praevaluerat,
umbra letalis et propriae negligentiae totum hominem
possederant. Sed responde, obsecro. Quomodo Noe cum 25

Abgrund" (Gen 1,2). Was du über den Himmel und das
Licht gehört hast, das wende nun in mystischer Bedeutung
auf die vernünftige Kreatur an, das heißt auf den Engel und
den Menschen, die Vernunft und Einsicht so zur Erkenntnis ihres Schöpfers befähigt haben, daß, wenn sie ihm richtig untertan sind — und es hat nichts Größeres gegeben als
ihn, und es wird auch nichts Größeres geben —, daß sie
selbst dann richtig all denen vorstehen, die geringer sind als
sie. Den Engel haben wir hier nicht weiter zu behandeln.
Achte darum sorgfältig auf das, was die heilige Schrift über
die Wüste und Leere der Erde sagt und auch über die
Finsternis, die über dem Antlitz des Abgrunds (vgl. Gen
1,2) herrschte. Sieh nun, ob dieses Wort sich nicht im ersten
Zeitalter erfüllt hat, das von Adam bis Noach 2242 Jahre
umfaßte. Bedenke, daß jene ersten Geschlechter so ohne
Glauben und Werk waren und durch die Finsternis der
Laster und die Dunkelheit der Sünden, aber auch durch
Verblendung in Unkenntnis so von der Quelle der Wahrheit abgeschnitten waren, und das Fleisch so sehr Überle-
genheit über den Geist gewonnen hatte, daß sie bis auf
wenige Ausnahmen im Rachen der Sintflut verschluckt
wurden und sogar die Vernunft des Menschen, weil sie sich
dem Fleisch unterworfen hatte, der Strafe anheimfiel, nachdem das Fleisch schon vorher erstickt war. So nämlich sagt
es das Wort Gottes: „Mein Geist wird im Menschen nicht
bis in Ewigkeit bleiben, weil er ja Fleisch ist, und seine
Lebenszeit wird 120 Jahre andauern" (Gen 6,3) und so
weiter. Von wem aus dieser Generation wird berichtet, so
frage ich, daß er sein Land verlassen habe mit Ausnahme
von Henoch, der entrückt wurde, und den anderen, die
nach der Überlieferung den Namen des Herrn anriefen,
und mit Ausnahme von Noach und seinen Söhnen?

T.: Ich sehe allerdings, daß der Schatten des Todes und
eigene Nachlässigkeit den gesamten Menschen in Besitz genommen hatten, weil ja das Fleisch über den Geist die Oberhand gewonnen hatte. Aber antworte, ich bitte dich. Wie

filiis suis exisse de cognatione vel de carne poterant, qui
uxores habebant?

P.: Itane frustra dictum est Abrahae: „Exi de terra tua et
de cognatione tua", et Moyses et Aaron et Zacharias, Elisabet quoque de terra sua non exierant, quia fide matrimo-　5
niali stabant et gignendae soboli iuxta praeceptum divinum
operam dabant? Lex coniugalis non exclusit in diebus illis
regulam sanctitatis, praesertim cum id divinum esset impe-
rium et voluntas, ut populus dei multiplicaretur, dum sine
concupiscentia noxia copula carnalis exerceretur. Sed dic　10
mihi. Qua re vel Noe vel Iob vel magnus patriarcha Abraham, Zacharias quoque cum Elisabet et cum ceteris sanctis
nexu coniugali constrictis iusti dicuntur?

T.: Puto, quia carnis iura premebant et mentis principale
mediante fide tenebant.　15

P.: Nihil verius. Quia enim deo spiritum subiecerant,
carnem rationis lege frenabant. Sed ad ordinem recurramus
et consequentiam vel aetatum vel dierum praetaxatis adiun-
gamus. Secunda die | factum est firmamentum, ait sermo | 232
divinus, quod divisit inter aquam et aquam: „Et vocavit　20
deus firmamentum caelum." Attende nunc, si in illa aetate
inter Noe et Abraham, quae habuit annos nongentos, non
multo maioris populi numerus de terra sua exierit et deum
coluerit quam in aetate priori, cum Noe filiorumque eius
multiplicata posteritas, sive de excidio saeculi contempora-　25

---

[167] Der Befehl Gottes an Abraham (Gen 12,1), sein Land zu verlassen,
wird immer wieder zitiert und vielfältig thematisiert. Die anderen Exempla
sind nicht in gleicher Weise schlüssig. Mose und Aaron verbringen lange
Zeit in der Fremde (vgl. Ex 4,18–30), von Zacharias und Elisabet ist
allenfalls ihr zurückgezogenes Leben zu berichten.

konnte Noach mit seinen Söhnen Verwandtschaft und Fleischlichkeit verlassen, da sie doch Ehefrauen hatten?

P.: Ist etwa umsonst zu Abraham gesagt: „Gehe hinaus aus deinem Land und weg von deiner Verwandtschaft" (Gen 12, 1) [167], und waren nicht auch Mose und Aaron und Zacharias und auch Elisabet aus ihrem Land weggegangen, die ja in ehelicher Treue standen und sich nach dem Befehl Gottes Mühe gaben, Nachkommen zu erzeugen? Das Gesetz der Ehe schließt in jenen Tagen nicht ein Maß an Heiligkeit aus, zumal es göttlicher Befehl und Wille war, daß das Volk Gottes sich vermehre, indem ohne schuldhafte Begierde die Vereinigung im Fleisch vollzogen wurde. Aber sag mir: Warum werden Noach (Gen 6, 9; Sir 44, 17) und Ijob (vgl. Ijob 1, 1) und der große Patriarch Abraham (vgl. Gen 15, 6) und auch Zacharias zusammen mit Elisabet (vgl. Lk 1, 6) als Gerechte bezeichnet, die alle zusammen mit noch weiteren Heiligen in ehelicher Fessel gebunden waren?

T.: Ich glaube, weil sie die Rechte des Fleisches unterdrückten und mit Hilfe des Glaubens an der Vorherrschaft des Geistes festhielten.

P.: Nichts ist wahrer. Weil sie nämlich ihren Geist Gott unterworfen hatten, zügelten sie das Fleisch nach dem Gesetz der Vernunft. Aber wir wollen zu der richtigen Reihenfolge unserer Untersuchung zurückkehren und die Abfolge von Zeiten und Tagen mit dem verbinden, was wir oben festgestellt haben. Am zweiten Tag wurde das Firmament geschaffen, sagt die heilige Schrift, das zwischen Wasser und Wasser geschieden hat: „Und Gott hat das Firmament Himmel genannt" (Gen 1, 8). Achte nun darauf, ob nicht in jenem Zeitalter zwischen Noach und Abraham, das 900 Jahre umfaßte (vgl. Gen 9, 29), eine viel größere Menge Volkes aus seinem Land auszog und Gott verehrte als im früheren Zeitalter, als die Nachkommenschaft von Noach und seinen Söhnen vermehrt wurde und sie unzweifelhaft alle, unter denen sie lebten, zur Verehrung des einzigen Gottes überreden konnten, sei es wegen des Untergangs ihrer eigenen

nei, quod viderant et audierant, seu timore domini, quo
territi erant, ne hoc iterum aut aliud gravius malum pate-
rentur, haut dubie omnibus, inter quos vivebant, unius dei
cultum persuadere potuerint, ut non tam ex ipsa nativa
scientia quam ex rerum divinarum et miraculorum experi- 5
entia ad virtutum profectum et alios excitare contenderunt.
Firmamentum itaque, quod secunda die factum dicitur et
inter aquam et aquam divisisse, ut iuxta litteram repetamus,
Noe filiorumque eius vel certe totius posteritatis eius in his,
qui deum timebant, doctrina vel exemplum fuit in secunda 10
aetate dividens inter aquam et aquam, id est inter generationes prioris saeculi et posterioris, confirmando doctrina
vel exemplo eos, qui ferebantur suis temporibus erroris
incerto. Ipse enim Noe ad formam firmamenti quodammodo medius inter populum et populum, qui per aquas signi- 15
ficabantur, vel in fabricatione C.XX annis arcae vel peracto
diluvio aetati se secuturae. An non videtur tibi maior sanctitatis splendor in isto quam in primo saeculo eluxisse et
egressos a carnalibus homines iustitiae vixisse, cum etiam
traditio habeat Hebraeorum Sem esse Melchisedech et eun- 20
dem per supputationes generationum usque ad tempora
Abraham perdurasse? Quid putas sanctus iste Melchisedech, summus sacerdos quantos in officio suo lucratus sit,
cum etiam decimas ab Abraham, magno dei illo tempore
amico acceperit?   25

---

[168] Hieronymus berichtet in seiner Erklärung hebräischer Namen, daß
die Hebräer sagen, der Priesterkönig Melchisedek sei ein Sohn Sems
gewesen, des Sohnes Noachs, der mit diesem in der Arche gerettet wurde,

zeitgenössischen Welt, den sie gesehen oder von dem sie
gehört hatten, sei es aus Furcht vor dem Herrn, durch die
sie erschreckt wurden, um nicht noch einmal dieses oder
womöglich ein noch schwereres Unheil erdulden zu müssen; wie sie sich auch darum bemühten, die anderen zum
Fortschritt in den Tugenden anzutreiben, und zwar nicht
so sehr aus angeborener Einsicht an sich wie aus der Erfahrung mit den göttlichen Angelegenheiten und Wundern.
Deshalb ist das Firmament, das, wie gesagt, am zweiten Tag
geschaffen wurde und zwischen den Wassern schied, wie
wir nach dem Wortlaut der Schrift noch einmal feststellen
wollen, die Lehre und das Beispiel Noachs gewesen und
seiner Söhne und sicher auch ihrer gesamten Nachkommenschaft unter denen, die Gott fürchteten. Dieses Firmament schied im zweiten Weltzeitalter zwischen den Wassern, das heißt zwischen den Generationen der früheren
und der späteren Zeit, wobei Lehre und Beispiel denen
Festigkeit gab, die zu ihrer Zeit in der Unsicherheit der
Irrlehre standen. Denn Noach selbst ist nach dem Bild des
Firmaments gewissermaßen in die Mitte gestellt zwischen
die Völker, die mit den Wassern gemeint sind, und zwar
einerseits für die 120 Jahre beim Bau der Arche, andererseits für die nachfolgende Zeit, nachdem die Sintflut vor-
über war. Oder scheint dir nicht, daß in diesem Zeitalter
ein größerer Glanz an Heiligkeit leuchtete als im ersten und
daß die Menschen, die sich von den fleischlichen Dingen
entfernten, für die Gerechtigkeit gelebt haben, zumal es
auch eine hebräische Überlieferung[168] gibt, daß Melchisedek ein Sohn des Sem gewesen sei und derselbe in Aufzäh-
lung der Geschlechterreihe bis zur Zeit Abrahams gelebt
habe? Was glaubst du, wie viele dieser heilige Melchisedek,
der höchste Priester in seinem Amt, gewonnen hat, da er
sogar den Zehnten von Abraham empfing, dem großen
Freund Gottes zu jener Zeit?

HIERONYMUS, *quaest. hebr. in gen.* (CCL 72,19).

T.: Vix crediderim non multos illa aetate posse per tales
proficere, qui non data lege per amorem legis latoris legem
probantur implesse.

P.: Denique tertia rerum primordialium die Abraham, de 233
quo nobis sermo est, de terra et de cognatione sua exire 5
iussus est et ad numerum vel arenae vel stellarum semen
eius multiplicandum promissum est. Confer igitur aetatem
istam, id est ab Abraham ad Moysen, quae habuit nongentos XII annos, ad opus tertiae diei et videbis, quomodo
volumina saeculorum gradibus singulis in divina gratia se 10
magis aperuerint et quomodo de terra sua dei cultores
exierint.

T.: Quid ergo tertia die factum est?

P.: „Congregentur", inquit deus, „aquae in unum
locum, ut appareat arida", itemque: „Germinet terra her- 15
bam virentem secundum species suas et lignum pomiferum
iuxta genus suum." Quid est quod tertia die fiunt congre-
gationes aquarum in unum locum, ut appareat arida et
eadem fructificans herbas et ligna pomifera, nisi quod in
tertia aetate apparuit Abraham cum suis in medio gentium 20
quasi insula quaedam in medio fluctuum, fructum pro-
ferens oboedientiae in praerogativa circumcisionis et ligna
pomifera in opinione meritorum et sanctitatis? Quamvis
enim priorum aetatum saecula magni meriti sanctos ha-
buerint, gentibus tamen incredulis quasi fluctibus operti, 25
non sicut Abraham cum universa domo sua apparuerunt
nec aliquod singulare praeceptum, sicut est circumcisio,
excepta lege naturali acceperunt. Considera nunc inscru-
tabilem divinorum iudiciorum abyssum, quomodo pri-

T.: Kaum möchte ich glauben, daß zu jener Zeit nicht viele Menschen Fortschritte machen konnten durch solche, die aus Liebe zum Gesetzgeber das Gesetz erfüllten, obwohl es noch gar nicht gegeben war.

P.: Schließlich wurde am dritten Tag der Schöpfung Abraham, von dem wir gerade geredet haben, der Befehl gegeben, sein Land und seine Verwandtschaft zu verlassen, und es wurde ihm verheißen, sein Same werde sich an Zahl vermehren wie Sand und Sterne (vgl. Gen 22, 17). Vergleiche also dieses Zeitalter, nämlich von Abraham bis Mose, das 912 Jahre zählte, mit dem Werk des dritten Schöpfungstages, und du wirst sehen, wie der Lauf der Zeiten in einzelnen Schritten mehr und mehr die göttliche Gnade offenbarte und wie die Gottesfürchtigen aus ihrem Land weggingen.

T.: Was geschah also am dritten Tag?

P.: „Die Wasser sollen sich, sprach Gott, an einem Ort sammeln, damit das Trockene erscheine" (Gen 1, 9), und ebenso: „Die Erde soll grünes Gras wachsen lassen in eigenen Sorten und Bäume mit Früchten, jedes nach seiner Art" (Gen 1, 11). Was bedeutet das, daß sich am dritten Tag die Wasser an einem einzigen Ort sammeln sollen, damit die Erde sich trocken zeige und ebenso Kräuter und Obstbäume hervorbringe, wenn nicht dies, daß im dritten Weltzeitalter Abraham mit den Seinen erschienen ist inmitten der Völkerschaften, wie eine Insel mitten in den Fluten, die die Frucht des Gehorsams darbringt im Vorrecht der Beschneidung und reiche Obstbäume im guten Ruf von Verdienst und Heiligkeit? Denn obwohl auch die Jahrhunderte früherer Zeiten Heilige von großem Verdienst besaßen, allerdings von den Völkern der ungläubigen Heiden wie von Fluten zugedeckt, erschienen doch keine so wie Abraham mit seinem gesamten Haus, und sie übernahmen auch nicht irgendein einzelnes Gebot, wie es die Beschneidung ist, ausgenommen das Naturgesetz. Betrachte nun die unergründliche Tiefe des göttlichen Gerichts, wie gewisserma-

mam et secundam aetatem caligo quaedam tenebrosa obduxerat propter praevaricationem protoplastorum; et hic
primum per circumcisionis edictum misteria divina revelari
coeperunt et homines fide vocati ex oboedientia circumcisionis purgationem quantulamcumque meruerunt. Segre-   5
gati enim filii patriarcharum, filii Israel quodam pacto fidei
et testamento ab infidelibus motu concupiscentiarum fluc-
tuantibus fructum virentem iustitiae germinaverunt, quia
spretis ydolis veri dei cultores esse | coeperunt, quodque | 234
spiritaliter locorum mutatione vel cognationis imperatum   10
fuit Abrahae, hoc omni posteritati per circumcisionem, at
mistica ratione. Sicut ergo quibusdam ait apostolus: „Vos
autem non estis in carne, sed in spiritu", sic ex signo circumcisionis formam et imaginem deus quaesivit in populo
suo disciplinae caelestis, id est ut vitiis carnalibus exueren-   15
tur, qui divinitatis cultu<i> professione sancta manciparen-
tur, tanquam circumcisionis edictum iam respiceret praeceptum apostolicum, quo dicitur: „Exue te veterem hominem
et indue te novum, qui secundum deum creatus est in iustitia
et sanctitate veritatis." Sed de quarta die vel aetate videamus,   20
quae aetas tendebatur a Moyse ad David habens annos ***.
Quarto die luminaria maiora cum minoribus facta legisti, et
in aetate quarta Moysen et Aaron ceterosque dei ministros
de Aegypto vocatos exisse, mare transisse, legem accepisse
et miracula cunctis retro saeculis invisa et insolita vidisse   25

---

[169] Bei der Angabe der Zeitspanne für das vierte und fünfte Zeitalter
herrscht Unsicherheit. Die meisten Hss verzichten ganz auf eine Zahl-
angabe; hier ist sie eingesetzt nach der Berliner Hs Ms. Phill. 1701 aus dem
Zisterzienserkloster Igny vom Anfang des 13. Jahrhunderts.

ßen eine Finsternis voll Schatten wegen der Gesetzesüber-
tretung der Voreltern das erste und zweite Zeitalter bedeckt
hatte; und hier zuerst begannen die göttlichen Geheimnisse
sich durch das Gebot der Beschneidung zu offenbaren, und
die zum Glauben berufenen Menschen verdienten aufgrund
ihres Gehorsams gegenüber dem Gesetz der Beschneidung
zuerst Rechtfertigung, so gering sie auch immer sein moch-
te. Denn abgesondert von den Ungläubigen, die vom Trieb
der Begierden hin und her geworfen werden, haben die
Söhne der Patriarchen, die Söhne Israels, sozusagen in Vertrag und Bestimmung des Glaubens die blühende Frucht der
Gerechtigkeit aufgehen lassen, weil sie die Götzenbilder ver-
achteten und anfingen, den wahren Gott zu verehren, und was
Abraham im geistlichen Sinn mit dem Wechsel von Heimat
und Verwandtschaft befohlen wurde, das wurde seiner gesamten Nachkommenschaft mit der Beschneidung aufgetragen, aber in einem geheimnisvollen Vorverweis. So wie darum
der Apostel zu einigen sagt: „Ihr seid aber nicht im Fleisch,
sondern im Geist" (Röm 8, 9), so hat Gott bei seinem Volk
im Zeichen der Beschneidung die Form und das Abbild der
himmlischen Ordnung gesucht, das heißt, damit diejenigen,
die sich durch ein heiliges Gelübde der Verehrung der Gottheit übereignen, die Laster des Fleisches ablegen konnten,
gleichsam als würde das Gebot der Beschneidung schon die
Aufforderung des Apostels vorwegnehmen, in der gesagt
wird: „Lege ab den alten Menschen und ziehe einen neuen
an, der nach Gott geschaffen ist in Gerechtigkeit und heiliger Wahrheit" (Eph 4, 22.24). Aber laß uns nun den vierten
Tag und das vierte Zeitalter betrachten, das von Mose bis
David dauerte und 432 Jahre umfaßte.[169] Du hast gelesen,
daß am vierten Tag die großen und kleinen Gestirne geschaffen wurden, und du hast auch nicht in Zweifel gezogen, daß
Mose und Aaron und die anderen Diener Gottes auf den
Ruf des Herrn Ägypten verließen, das Meer durchquerten,
das Gesetz empfingen und die Wunder erblickten, die für
alle früheren Jahrhunderte unsichtbar und ungewohnt ge-

non dubitasti. In hac igitur aetate sicut caelum luminaribus
sursum quarto die ornatur sic terra sanctorum et credentium multiplicatione deorsum illustratur, et retro
saeculorum comparatione in exitu Israel de Aegypto, legalibus cerimoniis operam dando, miraculis in deserto cre- 5
scendo terramque repromissionis quaerendo plus meruit
luminis in terra generatio illa divinis signis, immo deo
credendo, quam totus mundus in incredulitate positus lucis
meruerit e caelo. Nonne habes hic, id est in hac aetate
formam perfectissimae conversionis, ubi populus dei de 10
Aegypto turmatin exivit ollasque carnium et ceteras con-
suetudines indisciplinatas reliquit figuram transmittens populo per baptismum regenerato, ut obliviscatur terrae, in
qua natus est, et altera via patriam quaerat, quae incognita
est? Vide nunc, quomodo saecula profundae ignorantiae 15
caecitate summersa paulatim se ad lucis gratiam aperuerunt
et velamine suorum misteriorum tempora nostra | plena | 235
lucis et veritatis respexerunt. Sed quidam tempora ista ita
distinguunt, ut quarta dies sit ad David ab Abraham, quasi
quarto die luminaria in firmamento splendor regni et pro- 20
phetarum chori, qui luce praedicationis quasi stellae mundum repleverunt, et bonos a malis quasi a tenebris lucem
distinxerunt.

T.: Prisca veteribus digna comparatione coaptas, ut ad
nova misticis gradibus pervenias, ut possimus procla- 25
mare: „Vetera transierunt et ecce omnia facta sunt nova.“
Quintam igitur diem novae creationis adiunge saeculo

wesen waren. Denn in diesem Zeitalter wird, so wie am
vierten Tag der Himmel hoch oben mit den Gestirnen
geschmückt wird, die Erde unten erleuchtet durch die
wachsende Zahl von Heiligen und Gläubigen. Und jenes
Geschlecht verdiente sich im Vergleich mit früheren Jahrhunderten im Auszug des Volkes Israel aus Ägypten, in der
Bemühung um ordnungsgemäße Gottesverehrung, beim
Wachsen der Wunder in der Wüste und in der Suche nach
dem Land der Verheißung durch göttliche Zeichen mehr an
Licht auf der Erde oder, besser gesagt, durch den Glauben
an Gott, als die gesamte, im Unglauben verhaftete Welt an
Licht vom Himmel verdient hatte. Hast du nicht hier, das
heißt in diesem Zeitalter, das Bild vollkommener Umkehr,
wo das Volk Gottes aus Ägypten scharenweise auszog, die
Fleischtöpfe und andere zügellose Gewohnheiten hinter
sich ließ und damit dem Volk, das durch die Taufe wiedergeboren wurde, ein Vorbild übermittelte, daß es das Land
vergessen sollte, in dem es geboren war, und auf einem
anderen Weg die Heimat suchen sollte, die es nicht kannte?
Sieh nun, wie die Jahrhunderte, die in der Tiefe blinder
Unwissenheit untergetaucht waren, sich allmählich zum
Licht der Gnade geöffnet haben und unter dem Schleier
eigener Geheimnisse auf unsere Zeiten geblickt haben, die
voll von Licht und Wahrheit sind. Aber einige unterscheiden diese Zeiten so, daß der vierte Tag, der bis David reicht,
bei Abraham beginnt, gleichsam als trennten — ebenso wie
die Sterne am vierten Tag am Firmament — so der Glanz
des Königtums und die Schar der Propheten, die wie Sterne
die Welt mit dem Licht der Verkündigung erfüllten, die
Guten von den Bösen wie das Licht von der Finsternis.

T.: Die uralten Dinge stellst du mit den alten in würdi-
gem Vergleich zusammen, so daß du zu den neuen auf
geheimnisvollen Stufen gelangst und wir ausrufen können:
„Das Alte ist vorübergegangen, und siehe, alle Dinge sind
neu gemacht" (2 Kor 5, 17). Darum verbinde nun den fünften Tag der neuen Schöpfung mit den Jahrhunderten des

quintae aetatis, ut crescamus ad nova de veteribus et superiora quaeramus de gradibus inferioribus.

P.: Quinta die nutu iubentis volatilia praecesserunt et
aetate quinta, quae habuit annos *** a Moyse seu a David
usque ad Christum, David regem, Ezechiam, Iosiam cum 5
magnis et consummatae sanctitatis prophetis aliosque reges
cum subditis suis in Israel apparuisse cognovimus, qui vo-
latu mentis ad alta tendentes vitae merito in quibusdam
praevaluere praecedentibus. Nonne de his volatilibus erat,
qui dixit: „Quis dabit mihi pennas sicut columbae et volabo 10
et requiescam", et iterum: „Si sumpsero pennas meas dilucu-
lo et habitavero in extremis maris", et: „Qui sunt isti, qui ut
nubes volant"? Volabant tunc prophetae magis quam prius,
sicut Helias etiam corpore sublatus est, Abacuc de regno in
regnum, Ezechiel quoque spiritu in montem excelsum, et 15
cetera in hunc modum. Et rex potens David: „Ne sileas",
inquit, „quoniam advena ego sum apud te et peregrinus sicut
omnes patres mei", et: „Heu mihi, quia incolatus meus
prolongatus est", et multa his similia in scripturis de sanctorum taediosa peregrinatione repperies, quibus exilium propria 20
patria, quia mente levabantur ad summa et aeterna. Attende,
quid dixerit: | „Sicut omnes patres mei", quia revera quicum- | 236
que ab exordio mundi ad David sancti fuerunt, mente mundo vel rebus perituris non inhaeserunt. Aliud igitur quid-

fünften Weltzeitalters, damit wir vom Alten zum Neuen
heranwachsen und über die niederen Stufen zu Höherem
streben.

P.: Am fünften Tag traten auf den Wink des gebietenden
Herrn die geflügelten Tiere ins Dasein, und im fünften
Weltzeitalter, das von Mose oder von David bis zu Christus
590 Jahre dauerte, haben wir gelernt, daß König David,
Hiskija, Joschija mit großen Propheten von ausgesuchter
Heiligkeit und noch andere Könige mit ihren Untertanen
in Israel erschienen sind, die im Flug ihres Geistes zur
Höhe strebten und durch verdienstvolle Lebensführung
sogar in einigen Dingen ihre Vorgänger übertrafen. Hat er
nicht zu den geflügelten Wesen gehört, der gesagt hat: „Wer
gibt mir Flügel wie einer Taube, dann will ich davonfliegen
und Ruhe finden" (Ps 55, 7: Vg. Ps 54, 7), und noch einmal:
„Wenn ich meine Flügel nähme in der Morgendämmerung
und wohnte am äußersten Rand des Meeres" (Ps 139, 9: Vg.
Ps 138, 9), und: „Wer sind die, die wie Wolken fliegen" (Jes
60, 8)? Es erhoben sich die Propheten damals mehr in die
Lüfte als früher, so wie Elija, der sogar körperlich entrückt
wurde (vgl. 2 Kön 2, 11), und Habakuk, der von Königreich
zu Königreich gebracht wurde (Dan 14, 33–39), und auch
Ezechiel, der im Geist auf einen hohen Berg versetzt wurde
(Ez 8, 1–3), und noch anderes in dieser Art. Und der mäch-
tige König David sagte: „Schweige nicht, denn ich bin nur
Gast bei dir und ein Fremder wie alle meine Väter" (Ps
39, 13: Vg. Ps 38, 13), und: „Weh mir, weil mein Aufenthalt
hier verlängert ist" (Ps 120, 5: Vg. Ps 119, 5), und noch vieles
Ähnliche mehr wirst du in der heiligen Schrift über die
beschwerliche Wanderschaft der Heiligen finden, die als
eigentliches Vaterland das Exil hatten, weil sie sich im Geist
zu den höchsten und ewigen Dingen erhoben. Achte darauf, was er gesagt hat: „Wie alle meine Väter" (Ps 39, 13:
Vg. Ps 38, 13), weil in der Tat, wer auch immer heilig war
vom Anbeginn der Welt bis zu David, mit reinem Sinn auch
nicht den vergänglichen Dingen anhing. Darum suchten sie

dam solidum intendebant, qui pro fluxo et fragili notabant,
quod videbant. Proinde qui in peregrinatione ista non ge-
mit, patriam suam numquam videbit. Dic, rogo te. Si David,
rex Ierosolimae se pauperem et egenum et peregrinum sicut
omnes patres suos fatetur esse, quem fundum certae man- 5
sionis seu stabilitatis praecedentibus sanctis deputas, quos
de loco in locum vagabundos nec ulla proprii laris certitu-
dine fixos nosti per scripturas?

Postquam Abraham terram suam linquere iussus est, ubi
mansionem certam consecutus est? Equidem de spiritu et 10
carne, immo de spiritalibus et carnalibus quaestio nobis est,
ideoque quid deus a sanctis praecedentis nos saeculi quaesierit, quaerendum est. Egressus Abraham de terra et cognatione sua venit in terram Canaan pertransiensque eam
venit in locum Sichem usque in vallem illustrem vadens et 15
ultra progrediens huc illuc vagabatur et facta fame in
Aegyptum descendit, ubi etiam uxorem, quod unicum erat
solacium, ad tempus amisit. Inde bella, inde rapina et hostium violentia, inde pastorum iurgia, dissensiones domesticae, uxor infecunda virum sanctum deo de terra sua 20
vocante perturbant, ut quodammodo magis quassatus sit,
ubi requiem speraverit, quam in terra nativitatis suae, unde
discessit. „Profectus in terram australem, habitavit inter
Cades et Sur et peregrinatus est in Geraris", postea vero:
„Fuit colonus terrae Philistinorum diebus multis."   25

etwas anderes, irgendwie Festes, weil sie das, was sie sahen, als flüchtig und zerbrechlich erkannten. Denn wer nicht unter Seufzen diese Wanderschaft unternimmt, der wird sein Vaterland niemals sehen. Sag also, ich frage dich! Wenn David, der König von Jerusalem, bekennt, daß er arm und bedürftig und ein Fremder sei wie alle seine Väter, welchen festen Grund zu sicherem Aufenthalt und ständiger Bleibe willst du dann den vorangehenden Heiligen zuweisen, von denen du aus der heiligen Schrift weißt, daß sie von Ort zu Ort ziehen mußten und keinen festen Anhaltspunkt hatten in der Sicherheit eines eigenen Herdes?

Nachdem Abraham den Befehl erhalten hatte, sein Land zu verlassen, wo hat er da eine sichere Bleibe gefunden? Nun geht es allerdings bei unserer Untersuchung um Geist und Fleisch, vielmehr um die geistlichen und fleischlichen Dinge, und deshalb müssen wir untersuchen, was Gott von den Heiligen der vorangegangenen Zeit forderte. Abraham ging weg aus seinem Land und von seiner Verwandtschaft und kam in das Land Kanaan, durchquerte dieses, gelangte zu dem Platz Sichem in ein lichtes Tal, stieg hinab, schweifte hierhin und dorthin umher und zog schließlich, als eine Hungersnot ausbrach, nach Ägypten hinab, wo er sogar seine Frau zeitweise verlor, die sein einziger Trost gewesen war (vgl. Gen 12, 4–6.10–16; 16, 1–6). Von da an setzten Kriege, Raubzüge und Gewalt der Feinde, Gezänk unter den Hirten, häusliche Zwistigkeiten und die Unfruchtbarkeit seiner Frau dem heiligen Mann, der von Gott aus seinem Land gerufen worden war, so zu, daß ihm irgendwie mehr der Gedanke zu schaffen machte, wo er Ruhe erhoffen könnte, als daß er Ruhe suchte im Land seiner Geburt, von wo er ausgezogen war. „Er ist aufgebrochen in das Land im Süden und hat zwischen Kadesch und Schur gewohnt und war ein Fremdling in Gerar" (Gen 20, 1), später aber „ließ er sich nieder im Land der Philister für viele Tage" (Gen 21, 34).

Porro Ysaac fame regionem premente sedem mutare cogitur, regi Palaestinorum in Gerara subditur, sicut pater de uxore periclitatur, inde vexatus peregrinatione venit Bersabeae. Quid de Iacob dicemus, qui peregrinus ex odio fraterno magis peregrinatur, Mesopotamiae pastoris officio 5 fungitur, redit terrore fratris treme|bundus, orbatus unico | 237 filio magis prae omnibus intimo, iam moribundus descendit in Aegyptum cum filiis fame coactus, sicque nullus de patriarchis in hac via stabilis vel momento temporis status sui certus? Sed quousque progredimur? Sancti omnes Chri- 10 sti adventum praecedentes vel subsequentes semper peregrini et pauperes fuerunt nec viam pro patria, stabili sede vel gloria mundi in amore amplecti permissi sunt. Attende. Sicut diversa carnis et spiritus natura sic utriusque motus dispar in hac vita. Sed in hoc mirabilis ordo gratiae divinae, 15 ut peregrinus civem rebellantem nativa potentia subiciat et edomet, id est spiritus veniens de caelestibus carnis iura terram incolentia ratione detruncet. Cum sit enim volupta- tum exitus vermis et cinis, ratio et sapientia principium earum fine metiuntur. Sed nunc scire velim a te, quid in hac 20 digressione confecerimus, primordialia sex dierum opera sex aetatum temporibus mistica significatione coaptando et nova veteribus sociando.

Weiter wurde Isaak gezwungen, seinen Wohnsitz zu wechseln, als Hunger auf der Gegend lastete, und er wurde dem König der Palästinenser in Gerar untertan (vgl. Gen 26, 1–11) und geriet ebenso wie sein Vater wegen seiner Ehefrau in Gefahr; von dort aber kam er, erschöpft von der Wanderung, nach Beërscheba (vgl. Gen 26, 23–33). Was sollen wir von Jakob sagen, der wegen des brüderlichen Hasses als ein Fremder noch mehr in der Fremde umherirrte, in Mesopotamien das Amt eines Hirten verrichtete (vgl. Gen 28, 10 – 29, 3), zitternd vor dem Zorn des Bruders zurückkehrte, des einzigen Sohnes, der ihm vor allen anderen besonders am Herzen lag, beraubt wurde (vgl. Gen 37, 1–36) und, gezwungen von Hunger, zusammen mit seinen Söhnen nach Ägypten hinabstieg (vgl. Gen 46, 1–7), obwohl er schon dem Tod nahe war. Und so hatte keiner der Patriarchen auf diesem Weg einen festen Stand oder war seiner Stellung sicher im Fortgang der Zeit? Aber wohin führt unser Weg? Alle Heiligen, die der Ankunft Christi vorangingen, und alle, die ihr nachfolgten, sind immer Fremdlinge und Arme gewesen, und ihnen war nicht erlaubt, sich auf die Wanderung anstelle von Vaterland, festem Wohnsitz oder weltlichem Ruhm in Liebe einzulassen. Paß auf! So wie die Natur von Fleisch und Geist verschieden sind, so ist auch der Antrieb beider in diesem Leben verschieden. Aber darin liegt die wunderbare Ordnung der göttlichen Gnade, daß der Fremdling den aufbegehrenden Bürger mit seiner eingeborenen Kraft unterwirft und bezwingt, das heißt, daß der Geist, der vom Himmel herabkommt, die Ansprüche des Fleisches, das die Erde bewohnt, durch die Vernunft zurechtstutzt. Wenn nämlich Wurm und Asche das Ende der Wollust sind, dann ermessen durch deren Ende Vernunft und Weisheit ihren göttlichen Ursprung. Aber jetzt würde ich gerne von dir wissen, was wir bei diesem Durchgang zuwege gebracht haben, indem wir das Schöpfungswerk der sechs Tage auf die sechs Weltzeitalter in mystischer Bedeutung bezogen und das Neue mit dem Alten verbunden haben.

T.: Quid aliud nisi hoc adtendendo, quod per gradus
singulos aetatum cives futurae Ierusalem fidei splendore vel
numero magis multiplicabantur, sicut ipsae rerum creaturae
ad lucem spiritalis intellectus magis per singulos dies or-
dinabantur, et qui ab initio mundi deo placere potuerunt, 5
spiritu carni praevaluerunt?

P.: Satis provida consideratione in hac distributione
dierum vel aetatum vigilasti et, quae Christum sponsum
tuum in puro pectore geris, caelestis sapientiae verbis et
factis non inaniter intendis.   10

T.: Quid in praemissis quidem insinuaveris, satis adverto,
at opus sexti diei expecto.

P.: Sexta quidem luce animam vivam et „hominem ad
imaginem et similitudinem dei" factum non dubitas, ut
cresceret et multiplicaretur benedictum, sed et terrae uni- 15
versae et eius naturalibus sive | sensibilibus seu insensibili- | 238
bus speciebus divina potestate praefectum. Nonne in huius
diei cardine rationes quinque dierum cum suis operibus
volvebantur et in novo Adam verus splendor mundo victis
tenebris oriebatur? Prima igitur aetas modicum in Abel et 20
in sanctis illius temporis usque ad Noe lumen habebat, a
Noe ad Abraham magis mundus lucebat, ab Abraham usque ad Moysen testamento, fide et promissione, benedictione quoque caelesti maiore priori tenebras suas ex
parte mundus impugnat, a Moyse usque ad David iam per 25
totum orbem, sed quantum ad famam luminaria fidei pro-
cesserunt, a David ad Christum adeo lucis gratia diffusa

T.: Was anderes als die Aufmerksamkeit dafür, daß durch die einzelnen Stufen der Zeitalter die Bewohner des zukünftigen Jerusalem in einzelnen Schritten an Glanz im Glauben und an Zahl zunahmen, ebenso wie die Schöpfungswerke selbst durch den Bezug auf die einzelnen Tage besser auf das Licht geistiger Einsicht hin geordnet wurden und wie die, die von Anbeginn der Welt Gott zu gefallen vermochten, mit dem Geist über das Fleisch siegten?

P.: Sorgfältig und aufmerksam hast du bei dieser Einteilung von Tagen und Zeitaltern aufgepaßt, und nicht vergeblich richtest du deinen Sinn auf die Worte und Taten der göttlichen Weisheit, die du Christus als deinen Bräutigam in reinem Herzen trägst.

T.: Was du oben mitgeteilt hast, das habe ich nun allerdings genug verstanden, darum bin ich jetzt gespannt auf das Werk des sechsten Tages.

P.: Du zweifelst ja nicht, daß mit dem Licht des sechsten Tages die lebendige Seele und „der Mensch nach Bild und Ebenbildlichkeit Gottes" (Gen 1,26) geschaffen wurde, damit er wachse und der Segen sich vermehre und daß er durch göttliche Macht über die gesamte Erde mit allen ihren Geschöpfen gesetzt wurde, den Arten, die Sinne haben und die keine Sinne haben. Drehten sich nicht im Angelpunkt dieses Tages die Überlegungen für die fünf Tage mit ihren Werken, und ging nicht in dem Neuen Adam der wahre Glanz für die Welt auf, nachdem die Finsternis überwunden war? Denn das erste Zeitalter hatte in Abel und den Heiligen jener Zeit bis zu Noach nur bescheidenes Licht, von Noach bis Abraham leuchtete die Welt schon mehr, von Abraham bis zu Mose bekämpfte die Welt teilweise ihre eigene Finsternis durch den Bund, durch Glaube und Verheißung, auch durch größeren himmlischen Segen im Vergleich zu früher, von Mose bis David breitete sich dann das Licht des Glaubens schon über den gesamten Erdkreis aus, jedenfalls soweit er bekannt war, von David bis Christus aber ergoß sich das Licht der Gnade so sehr

mundo est, ut prophetarum apertioribus signis et miraculis
sol iustitiae non tam venturus expectaretur quam quasi
aurora tralucentis fidei praecurrente ostenderetur. Igitur in
hac sexta aetate Christum habes solem iustitiae, regulam
vitae, lumen totius gratiae et disciplinae, quo radiante per 5
orbem vetusta per nova mutantur, noxia vita morte mutua-
tur, invisibilibus visibilia subponuntur, ut vivat homo,
<qui> mori iubetur causa dicata, qua re moriatur. In hac
sexta die qui se matrimonia vitando „castraverint propter
regnum caelorum", merces singularis gloriae proponitur in 10
aeternitate, quod quidem: „Verbum non omnibus datum est
capere", sed quos ad hoc elegit ipse princeps castimoniae et
amator pudicitiae, ut „sequantur agnum, quocumque ierit",
quod experientiam coniugalis thalami vitae virginali post-
posuerint. Ut autem redeamus ad superiora, tempora ista 15
VI aetatum ita distinguuntur: Prima aetas ad Noe habens
annos duo milia ducentos XLII. Secunda a Noe ad Abra-
ham nongentos | XII. Tertia ab Abraham ad David habens | 239
annos nongentos X. Quarta a David ad transmigrationem
Babilonis annos quadringentos XXXIII. A transmigratione 20
ad Christum quinta aetas annos quingentos XXVI. Sed
quovis modo tempora ista distinguantur, hoc perspicuum
est, quod per gradus singularum aetatum credentium fides
et vita sic multiplicabatur, ut per temporum incrementa

---

[170] An dieser Stelle gibt der Autor die Zeitspanne zwischen den Tei-
lungsereignissen nach Jahren genau an, schließt sich dabei aber weder an
AUGUSTINUS oder BEDA VENERABILIS noch an seine eigenen Angaben

über die Welt, daß nicht nur das Kommen der Sonne der Gerechtigkeit (vgl. Mal 3, 20) nach den deutlichen Zeichen und Wundern der Propheten erwartet wurde, sondern sich bereits zeigte, weil gewissermaßen die Morgenröte durchschimmernden Glaubens schon vorher aufgezogen war. Darum hast du in diesem sechsten Weltzeitalter Christus, die Sonne der Gerechtigkeit (vgl. Mal 3, 20), Richtschnur für das Leben, Licht aller Gnade und Zucht, durch dessen Leuchten auf dem ganzen Erdkreis das Alte sich in Neues verwandelt, ein schuldhaftes Leben im Tod gesühnt wird, die sichtbaren Dinge durch unsichtbare ersetzt werden, damit der Mensch lebt, dem auferlegt ist zu sterben, nachdem der Fall entschieden war, warum er sterben sollte. An diesem sechsten Tag ist einzigartig herrlicher Lohn in Ewigkeit denen versprochen, die sich in Vermeidung der Ehe „um des Himmelreichs willen rein erhalten" (vgl. Mt 19, 12), weil es allerdings „nicht allen gegeben ist, das Wort zu ergreifen" (Mt 19, 11), sondern der Fürst der Keuschheit und Liebhaber der Reinheit selbst hat einige dazu ausgewählt, „daß sie dem Lamm folgen, wohin immer es geht" (Offb 14, 4), weil sie das jungfräuliche Leben der Erfahrung im Ehebett vorzogen. Um aber zu unserem früheren Gegenstand zurückzukehren, so werden diese sechs Weltzeitalter folgendermaßen unterschieden: Das erste Zeitalter bis zu Noach hatte 2242 Jahre, das zweite von Noach bis Abraham 912 Jahre. Das dritte hat von Abraham bis David 910 Jahre, das vierte von David bis zum babylonischen Exil 433 Jahre. Vom Exil bis zu Christus hat das fünfte Zeitalter 526 Jahre.[170] Aber auch wenn diese Zeiten auf eine beliebig andere Art unterschieden werden, bleibt dies doch eindeutig klar, daß Schritt für Schritt in den einzelnen Zeitaltern Glaube und Lebensführung der Gläubigen so vermehrt wurden, daß mit dem Anwachsen der Zeit immer auch eine

---

zuvor an; vgl. BERNARDS, *Geschichtstheologie,* der diese Angaben kritisch diskutiert und mögliche Quellen benennt.

numeri vel meriti semper sortiretur augmenta, donec ple-
nitudo totius gratiae Christus apparuit et obscura
saeculorum antiquorum volumina verus sol iustitiae totum
mundum trahendo patefecit.

T.: Adverto plane spiritalibus carnalia postponenda, ista 5
illis merito vel ordinis dignitate praeferenda, lucet etiam
quomodo vetusta per nova mutentur, sed quomodo vita
noxia morte mutuetur, oportet ut elucides.

P.: Est quaedam vita mortem adducens et est mors sacrae
vitae compendens. Mundi contemptores sub suavi iugo 10
Christi nutrit in hoc saeculo mors vitalis, amatores vero
eius cum delectat, subplantat vita mortalis. Isti recte mori-
untur, ut vitam morte requirant, isti male vivunt, ut mors
vita finita male migranti succedat. Itaque quia non poteris
vivere, quanto tempore cupis, saltim dum vivis, recte vivere 15
velis. Quaerit ergo deus, ut moriatur homo peccato, spiritus ratione carnis iura premendo, ut sicut: „Consepulti
sumus cum Christo per baptismum in mortem, ita cum
Christo resurgamus et in novitate vitae ambulemus." Quia
sollicita es quomodo vivat homo moriendo vel moriatur 20
vivendo, audi apostolum: „Mortui", inquit, „estis, et vita
vestra abscondita est cum Christo in deo." Secundum carnem sapere mors est. Vult deus, ut: „Non regnet peccatum
in mortali corpore nostro desideriis suis non consentiendo,
neque sint membra nostra arma iniquitatis peccato."   25

Vermehrung an Zahl und Verdienst einherging, bis die
Fülle aller Gnade, Christus, erschienen ist und die wahre
Sonne der Gerechtigkeit (vgl. Mal 3,20) den dunklen Lauf
der alten Zeiten dem Licht öffnete, indem sie die ganze Welt
nach sich zog.

T.: Ich verstehe gut, daß man die fleischlichen Dinge den
geistlichen nachordnen muß und daß diese jenen nach Verdienst und Standeswürde vorzuziehen sind, und es leuchtet
auch ein, wie Altes sich in Neues verwandelt, aber wie ein
schuldhaftes Leben durch den Tod gesühnt wird, das mußt
du erklären.

P.: Es ist gewissermaßen das Leben, das den Tod herbeiführt, und es ist der Tod, der am heiligen Leben hängt.
Der lebendige Tod nährt in dieser Zeitlichkeit diejenigen, die unter dem süßen Joch Christi die Welt verachten,
ein tödliches Leben aber stellt ihren Liebhabern ein Bein,
indem es sie ergötzt. Diese sterben auf richtige Weise, um
im Tod das Leben zu erwerben, jene leben falsch, so daß
der Tod, sobald das Leben beendet ist, dem folgt, der im
Bösen wanderte. Weil du aber nicht so lange wirst leben
können, wie du gern möchtest, richte wenigstens deinen
Willen darauf, richtig zu leben, solange du lebst. Denn
Gott fordert, daß der Mensch für die Sünde stirbt, indem
er die Rechte des Fleisches auf geistliche Art und Weise
unterdrückt, damit wir so wie „wir mit Christus durch
die Taufe begraben werden in den Tod, so mit Christus
auferstehen und ein neues Leben führen sollen" (Röm
6,4). Weil du aber beunruhigt bist, wie der Mensch im
Sterben lebt und im Leben stirbt, höre auf den Apostel:
„Ihr seid tot", sagt er, „und euer Leben ist verborgen mit
Christus in Gott" (Kol 3,3). Denn nach dem Fleisch Einsicht zu haben, bedeutet Tod. Gott will, „daß die Sünde
nicht herrscht in unserem sterblichen Leib, der seinen
Begierden nicht Gehorsam leisten soll, und unsere Glieder
sollen nicht Werkzeuge des Unrechts für die Sünde sein"
(Röm 6,12 f).

T.: Scio plane, quia: „Qui in carne sunt, deo placere non 240
possunt."

P.: Ait ergo consequenter apostolus: „Prudentia carnis
mors est, prudentia autem spiritus vita et pax", et iterum:
„Si quis spiritum Christi non habet, hic non est eius. Si 5
autem Christus in vobis est, corpus quidem mortuum est
propter peccatum, spiritus vero vivit propter iustificatio-
nem." Ipsa ergo iustitia, qua peccator peccato moritur, vita
animae est, qua vera libertate a deo donatur, qui heres dei
futurus est. Et infra apostolus: „Debitores", inquit, „sumus 10
non carni, ut secundum carnem vivamus. Si enim secundum
carnem vixeritis", inquit, „moriemini. Si autem spiritu facta
carnis mortificaveritis, vivetis."

T.: Sufficienter quidem vel de vita mortali vel morte vitali
pictura vel scriptura tractasti, et qui: „Spiritu dei aguntur, 15
quod filii dei sint", quid ergo liberi arbitrii facultas proderit, si spiritus adiuvans desit? „Non est volentis neque
currentis, sed miserentis dei."

P.: Si gratia spiritus desit, liberum arbitrium in homine
ad salutem non procedit. Itaque pietas divina cultu sanctae 20
religionis trahenda est, ut quod homo recte vult, effectum
mereatur et gratia patrocinante libertas arbitrii coronetur.
Igitur: „Quaecumque sunt vera, quaecumque pudica, iusta,
sancta, amabilia, quaecumque bonae famae, si qua laus
disciplinae, haec oportet nos agere, quae a patribus didici- 25
mus, accepimus, vidimus, audivimus." Quomodo? „In

T.: Das verstehe ich sehr wohl, weil „diejenigen Gott nicht gefallen können, die vom Fleisch bestimmt sind" (Röm 8,8).

P.: Folgerichtig sagt darum der Apostel: „Die Einsicht des Fleisches ist Tod, aber die Einsicht des Geistes ist Leben und Friede" (Röm 8,6), und weiter: „Wenn einer den Geist Christi nicht hat, dann gehört er nicht zu ihm. Wenn aber Christus in euch ist, dann ist euer Leib zwar tot wegen der Sünde, euer Geist aber lebt wegen der Gerechtigkeit" (Röm 8,9f). Die Gerechtigkeit selbst aber, durch die der Sünder für die Sünde stirbt, ist das Leben der Seele, mit dem in wahrer Freiheit der von Gott beschenkt wird, der Gottes Erbe sein wird. Und weiter unten sagt der Apostel: „Wir sind nicht Schuldner des Fleisches, um nach dem Fleisch zu leben. Wenn ihr nämlich nach dem Fleisch lebt", sagt er, „werdet ihr sterben. Wenn ihr aber durch den Geist die Geschäfte des Fleisches tötet, werdet ihr leben" (Röm 8,12f).

T.: Du hast nun wirklich ausreichend über das tödliche Leben und den lebendigen Tod in Bild und Schrift gehandelt und daß „die Gottes Kinder sind, die im Geist Gottes handeln" (Röm 8,14), aber was würde die Möglichkeit freier Willensentscheidung nützen, wenn der Geist zur Unterstützung fehlte? „Denn es liegt nicht am Wollen und nicht am Bemühen, sondern am Erbarmen Gottes" (Röm 9,16).

P.: Wenn die Gnade des Geistes fehlt, dann macht der freie Wille im Menschen keine Fortschritte zu seiner Rettung. Darum muß die Liebe zu Gott in der Ausübung heiliger Verehrung geübt werden, damit der Mensch verdientermaßen die Wirkung erzielt, die er zu Recht erstrebt, und die freie Willensentscheidung unter dem Schutz der Gnade die Krone empfängt. Darum also: „Alles, was wahr ist, was ehrbar, gerecht, heilig, liebenswert, was wohl klingt, wenn es nur Lob der Zucht ist, all dies müssen wir tun, wie wir es von den Vätern gelernt, empfangen, gesehen und gehört haben" (Phil 4,8f). Auf welche Weise? „In

multa patientia, in tribulationibus, in necessitatibus, in an-
gustiis, in plagis, in carceribus, in seditionibus, in laboribus,
in vigiliis, in ieiuniis, in castitate, in scientia, in longanimi-
tate, in suavitate, in spiritu sancto, in caritate non ficta, in
verbo veritatis, in virtute, per arma iustitiae a dextris et a 5
sinistris, per gloriam et ignobilitatem, per infamiam et bonam famam, ut seductores et veraces, sicut qui ignoti et
cogniti, quasi morientes et ecce vivimus, ut castigati et non
mortificati, quasi tristes semper autem gaudentes, sicut
egentes mul‖tos autem locupletantes, quasi nihil habentes 10 | ₄
et omnia possidentes." Ecce novi hominis argumentum
liberi arbitrii adiumentum, spiritalis vitae testimonium et
totius veteris vitae mors et pondus deletum: „Non sunt
condignae passiones ad futuram gloriam, quae revelabitur
in nobis." Hoc in nobis et a nobis deo hostia viva debetur, 15
ut in futuro vita sine hostia inveniatur. Audi filia, sponsa
Christi, audi virgo Christi, quomodo alloquatur spiritus
sanctus templum dei: „Si ignoras", inquit, „te o pulcherri-
ma inter mulieres, egredere et abi post vestigia gregum et
pasce hedos tuos iuxta tabernacula pastorum." 20

T.: Quid est hoc? Quae tam insipiens et stulta, cui se
ipsam abscondat vilis ignorantia?

P.: Multae, o filia, virgines mutato habitu Christum quaerunt, monasticis legibus colla submittunt, sed quo ordine
sive principio dedicet conversatio conversionis introitum, 25
non multum adtendunt.

T.: Dic igitur pater, cuius omne gaudium profectus
aliorum est, dic quid agendum sit viam istam intrantibus,

großer Geduld, in Trübsal, in Nöten, in Ängsten, unter
Schlägen, in Gefängnissen, in Zeiten des Aufruhrs, unter
der Last der Arbeit, im Wachen, im Fasten, in der Enthaltsamkeit, durch Erkenntnis, durch Langmut, durch
Freundlichkeit, durch den heiligen Geist, in ungeheuchel-
ter Liebe, durch das wahre Wort, in Tapferkeit mit den
Waffen der Gerechtigkeit zur Rechten und zur Linken, bei
Ehrung und Schmähung, bei Verleumdung und Lobrede,
wie Verführer und doch wahrhaftig, wie Verkannte und
doch anerkannt, wie Sterbende, und siehe, wir leben, wie
Gezüchtigte und doch nicht getötet, wie Traurige, aber
immer in Freude, wie Arme, die doch viele reich machen,
so als hätten wir nichts und würden doch alles besitzen"
(2 Kor 6, 4–10). Siehe, der Beweis für den neuen Menschen
ist die Unterstützung des freien Willens, das Zeugnis für
das geistliche Leben ist sowohl der Tod des ganzen alten
Lebens wie sein zerstörtes Gewicht: „Die Leiden bedeuten nichts im Vergleich mit der zukünftigen Herrlichkeit,
die sich an uns offenbaren wird" (Röm 8, 18). Darum wird
in uns und von uns das lebendige Opfer für Gott geschuldet, damit in Zukunft ein Leben ohne Opfer möglich wird.
Höre, Tochter, du Braut Christi, höre, du Jungfrau Christi, wie der heilige Geist den Tempel Gottes anredet:
„Wenn du es nicht weißt", sagt er, „du schönste unter den
Frauen, so geh hinaus, und folge den Spuren der Herden,
und weide deine Zicklein bei den Zelten der Hirten" (Hld
1, 8).

T.: Was soll das? Wer wäre so unverständig und töricht,
daß sich billige Unvernunft selbst vor ihm verbirgt?

P.: Viele Jungfrauen, o Tochter, tauschen ihr Gewand,
suchen Christus und beugen ihren Nacken unter das monastische Gesetz, aber unter welche Ordnung oder welches
Prinzip die Bekehrung einen neuen Lebenswandel stellt,
darauf achten sie nicht sehr.

T.: Sag darum, Vater, wessen ganze Freude der Fortschritt
der anderen ist, sag, was zu tun ist für die, die diesen Weg

qua terminata noverint, quid occurrat ad vitam ingredi-
entibus.

P.: Quamvis superius his similia multa severim, quibus
spiritalem fructum non dubitaverim proventurum, non pi-
get id ipsum, sed apertius ponere, quod scio multis lectis 5
magis prodesse. Attende. Timor domini clavis quaedam est
ad lumen spiritalis intelligentiae, quidam introitus ad ortum internae veritatis perscrutandae, qua quantulumcumque suscepta anima purgatur, terrore tremendi iudicii divini
passiones animales edomantur, subtiliora misteriorum di- 10
vinorum mentem mundi tenebris prius offusam illustrant,
| sicque radio divini splendoris accepto, domestico immo | 242
congenito hosti bellum indicitur. Porro multae vel virgines
vel viduae, cum portum monasticae quietis obtinuerint,
floribunda conversionis suae primordia inventae pacis 15
tranquillitate metiuntur, quibus geminatae pacis causa est,
non tantum magnae quietis litus attigisse quam naufragia
mortisque discrimen evasisse. Stantibus ergo in iubilo al-
ludit eis falsa vitae perfectio, ut iam velint „esse cum
Christo" et si possit fieri „iam carne dissolvi" et sine pugna 20
coronari. Itane florem tenerum tam iocundum de fructu
secuturo tam incertum censemus fructibus multis et ma-
turis eorum videlicet, qui conversionis suae primordia
sacra et rationabili conversatione longoque certamine de-

beschreiten, welche Grenzen sie erkennen sollen, was denen begegnet, die ins Leben eintreten.

P.: Obwohl ich weiter oben schon vieles gesät habe, was diesem ähnlich ist, und ich keinen Zweifel habe, daß daraus geistliche Frucht erwachsen wird, verdrießt es mich nicht, dasselbe noch einmal, aber deutlicher darzulegen, von dem ich weiß, daß es mehr nützt als ausgedehnte Lektüre. Merke also auf! Die Gottesfurcht ist sozusagen der Schlüssel zur geistlichen Einsicht, gewissermaßen die Eingangspforte zum Ursprung der inneren Wahrheit, die erforscht werden muß. Wenn von dieser nur ein ganz klein wenig aufgenommen wird, dann wird die Seele gereinigt, die Leidenschaften der Seele werden durch den Schrecken vor dem fürchterlichen, göttlichen Gericht in Schach gehalten, die tieferen, göttlichen Geheimnisse erleuchten den Geist, der vorher durch die Finsternis der Welt verdunkelt war, und so wird dem Feind, der in der eigenen Brust wohnt, ja sogar mit geboren ist, der Kampf angesagt, sobald der Strahl göttlichen Glanzes empfangen ist. Weiter bemessen viele Jungfrauen ebenso wie viele Witwen, wenn sie im Hafen klösterlicher Ruhe gelandet sind, die ersten blühenden Früchte ihrer Bekehrung in der Stille des Friedens, den sie gefunden haben, wobei es für den Frieden doppelten Grund gibt, und zwar nicht so sehr das Gestade großer Ruhe erreicht zu haben, als vielmehr dem Schiffbruch und dem tödlichen Unheil entgangen zu sein. Eine falsche Vorstellung von vollkommener Lebensführung treibt ihren Spott mit denen, die frohlocken, damit sie schon jetzt „in Gemeinschaft mit Christus wären" (Phil 1,23) und, wenn möglich, „schon jetzt vom Fleisch erlöst" (vgl. Phil 1,23) und ohne Kampf gekrönt würden. Sind wir also der Ansicht, daß man die zarte Blüte, die wegen der folgenden Frucht so angenehm, aber auch so unsicher ist, vergleichen kann mit den zahlreichen reifen Früchten derjenigen natürlich, die die heiligen Erstlinge ihrer Bekehrung — was sowohl mit einer vernunftgemäßen Lebensweise als auch mit langem Kampf

dicaverunt comparandum? Minime. Antequam calicem domini duo fratres biberent, regnare voluerunt, ante pugnam
coronari. Nonne: „Unusquisque propriam mercedem accipiet secundum suum laborem"? Nonne: „Si bestia tetigerit
montem, lapidabitur"? Quis autem ad deum conversus in 5
prosperitate sola se cognovit? „Qui autem non est temptatus, quid scit?" Experientia itaque laborum certissima testis
et index est vel patientiae vel praemiorum. Arbuscula cul-
tori suo multo gratior est plena fructibus quam floribus.
Flores primordia conversionis sunt, fructus exercitia la- 10
borum et perseverantia. Scisne, unde quaevis terrae nascentia robora sumant?

T.: Aeris temperie, terrae fecunditate, nunc imbre, nunc
sole, nunc calore, nunc frigore.

P.: Sic homo conversus incrementa sumit iustitiae tran- 15
quillitate vel labore et omnia sanctae voluntati obluctantia
patientiae virtute vertit in praemia. Timor igitur domini
lucerna animae est adducens illuminationem sapientiae,
quia non est accessus ad purum, ad | simplicem et unum, | 243
nisi purgetur anima per unum ad purum. Ubi ergo timor 20
domini in fundamento conversionis et sanctae conversationis ponitur, ibi fructus sapientiae provenire probatur, ibi
virtus contra hostes, robur spiritus contra furias mortis
illectrices, ibi procul noxiae securitatis venena, malae trepi-
dationis inconstantia, ibi suscipiendae veritati praeparatio, 25
formarumque variarum et personarum exterminatio.

zu vergleichen ist — als Opfer dargebracht haben? Keineswegs. Bevor sie den Kelch des Herrn tranken, wollten die beiden Brüder herrschen (Mt 20,20–22), vor dem Kampf wollten sie gekrönt werden. Kennst du nicht das Wort: „Ein jeder wird seinen eigenen Lohn empfangen nach seiner Arbeit" (1 Kor 3,8)? Und kennst du nicht: „Wenn ein Tier den Berg berührt, soll es gesteinigt werden" (Hebr 12,20)? Welcher Mensch aber, der sich zu Gott bekannt hat, hat sich denn allein im Wohlergehen bewährt? „Wer aber nicht in der Versuchung gestanden ist, was weiß der?" (Sir 34,9 Vg.). Deshalb ist die Erfahrung in Mühsal der sicherste Zeuge und Anzeichen für Geduld und Belohnung. Dem Gärtner ist das kleine Bäumchen, das voll von Früchten ist, viel lieber als das voll von Blüten. Die Blüten sind der Anfang der Bekehrung, die Übung in der Mühsal, und das Durchhalten sind ihre Früchte. Willst du wissen, woher die Gewächse in jeder beliebigen Erde ihre Kräfte nehmen?

T.: Von der richtigen Beschaffenheit der Luft, von der Fruchtbarkeit des Erdbodens, bald vom Regen, bald von der Sonne, einmal von der Wärme, dann von der Kälte.

P.: So nimmt der bekehrte Mensch in Ruhe und Mühsal den Zuwachs an Gerechtigkeit an und verwandelt alles, was dem heiligen Willen entgegensteht, in Belohnungen. Darum ist die Ehrfurcht vor dem Herrn das Licht der Seele, das zur Erleuchtung in der Weisheit führt, weil es keinen Aufstieg gibt zu dem Reinen, zu dem Einfachen und Einen, außer wenn die Seele gereinigt wird durch den Einen zum Reinen. Wo darum Gottesfurcht das Fundament für Bekehrung und heiligen Lebenswandel bildet, dort wird die Frucht der Weisheit sicher hervorbrechen, dort bewährt sich die Tapferkeit gegen die Feinde, die Kraft des Geistes gegen die aufreizenden Furien des Todes, dort ist das Gift schuldhafter Sicherheit, die Unbeständigkeit ängstlicher Hast weit entfernt, dort ist die Bereitschaft zur Aufnahme der Wahrheit zu Hause und die Absonderung von immer anderen Bildern und Personen.

T.: Timorem quidem dei squalentis animae purgationem non dubitaverim, sed quomodo diversae uni homini accidant tot personae, per timorem dei eliminandae, non video. Homo enim quivis una persona est, quae suis contenta accidentiis nec in aliam personam individuum suum exce- 5 dendo se transfundit, nec aliam quasi mutuando sibi admittit. Quomodo igitur diversae personae conveniunt uni, quibus eliminandis necessarius est timor domini?

P.: Figuraliter intuendum est, quod diximus, quia multae non possunt in uno homine personae concludi, licet admit- 10 tantur vocabulo substantiali. Ut enim quidam sapiens ait: „Persona est rationabilis naturae individua substantia", ac per hoc geminae personae vocabulum singulo cuique non accidit, sed iuxta qualitatem sive bene seu male operantium figurate persona personae adicitur, sicut dominus ait de 15 Iohanne: „Ipse est Helias", et versa vice: „Dicite vulpi illi", id est Herodi, et in psalmo de vinea domini: „Exterminavit eam aper de silva et singularis ferus depastus est eam", Titum et Vespasianum bestialibus naturis ex severitate singulari aequipperans, et multa in hunc modum reperis, ubi homo 20 personaliter sive rationali seu irrationali animanti per similitudinem coaptatur iuxta quod vel bonum vel malum operatur. Quia igitur „ad imaginem et similitudi|nem dei" facta es, | 244

---

171 Vgl. Boethius, c. Eut. 4 (PL 64,1345C).

T.: Ich möchte wirklich nicht daran zweifeln, daß Gottesfurcht die Reinigung einer wüsten Seele bewirkt, aber
wie einem einzigen Menschen so viele verschiedene Personen begegnen, die durch Gottesfurcht vertrieben werden
müssen, das sehe ich nicht. Denn jeder Mensch, wer es auch
sei, ist eine einzige Persönlichkeit, die zufrieden ist mit
dem, was ihr an Eigenem zugefallen ist, und nicht sich in
eine andere Person überträgt, indem sie ihre eigene Indivi-
dualität aufgibt, und auch nicht eine andere Person in sich
einläßt, indem sie sich gewissermaßen selbst austauscht.
Wie passen also zu der einen die verschiedenen Personen,
zu deren Vertreibung die Gottesfurcht notwendig ist?

P.: Man muß das, was wir gesagt haben, bildlich verstehen, weil in der Tat nicht viele Personen in einem einzigen
Menschen zusammengefaßt werden können, es sei denn,
sie werden zugelassen unter einem Ausdruck, der ihr Wesen bezeichnet. Wie nämlich ein gewisser Weiser sagt: ‚Das
Wesen einer Persönlichkeit von vernünftiger Naturanlage
ist unteilbar‘[171], und deshalb kommt die Bezeichnung der
doppelten Persönlichkeit nicht jedem einzelnen zu, sondern entsprechend der Beschaffenheit von guten und
schlechten Handlungen wird bildlich der Persönlichkeit
eine andere Persönlichkeit hinzugefügt, so wie der Herr es
von Johannes sagt: „Dieser ist Elija" (Mt 11,14), und umgekehrt: „Sagt diesem Fuchs" (Lk 13,32), nämlich dem
Herodes, und im Psalm heißt es über den Weinberg des
Herrn: „Es hat ihn zerwühlt ein Eber aus dem Wald, und
ein einziges, wildes Tier hat ihn kahlgefressen" (Ps 80,14:
Vg. Ps 79,14), wobei Titus und Vespasian aufgrund ihrer
besonderen Grausamkeit mit den wilden Tieren gleichge-
setzt werden, und vieles in dieser Art kannst du finden, wo
ein Mensch in seiner Persönlichkeit mit einem vernünftigen oder unvernünftigen Lebewesen aufgrund einer Ähnlichkeit verglichen wird entsprechend dem, was er an Gutem oder Schlechtem wirkt. Weil du also „nach dem Bild
und in der Ähnlichkeit Gottes" (Gen 1,26) geschaffen bist,

in timore dei simplicitati studendum est, quia: „Vir duplex
inconstans est." Tot formas totque personas in te recipis
quot malitiosorum hominum vitam vel facta imitaris. Tantis furiis exagitatur infelix anima, quanta habuerit inmunda
desideria, tot gradibus sursum levatur, quot piis affectibus 5
erigitur. Denique simplex imago et similitudo dei simplicis
animae statum per timorem in sapientia figit, ne vitiorum
furiis exagitetur, sed si motibus nutantis naturae dominetur.
Quid est enim sancta anima in virtutum exercitio nisi rationalis creatura suo bene respondens principio? Cum enim 10
iustus homo, quae dei sunt, diligenter operatur, dei similitudo in eo videtur. Sicut enim impressa sigillo cera subiectae
materiae imaginem visibiliter exprimit, sic homo cum fide
et opere deum imitatur, per quandam similitudinem deum
quodammodo visibilem ostendit. Quapropter non parvus 15
thesaurus tuus, quem portas, sed timendi sunt praetereun-
tes. Quod pretiosum est, quod labore partum est, arte
custodiendum est. Sed dic mihi. Cur mundi amatores aurum et argentum et, quaecumque habent, sive in vestibus
seu in aliis rebus pretiosiora solent recondere?   20

T.: Hac de causa aestimo, ne vel sordescant frequentata
vel ne auferantur neglecta. Si enim horum desit custodia,
quid restat nisi rerum proditio, quae ponuntur in publico?

mußt du dich in Gottesfurcht um Einfachheit bemühen, weil „ein doppeldeutiger Mann unbeständig ist" (Jak 1, 8). Du nimmst so viele Gestalten und so viele Persönlichkeiten in dir auf, wie du die Lebensweise und die Taten böswilliger Menschen nachahmst. Die unglückliche Seele wird von so vielen bösen Geistern umgetrieben, wie sie unreine Wünsche hegt, und auf so vielen Stufen steigt sie zum Himmel empor, wie sie mit frommen Neigungen sich aufrichtet. Schließlich verankert das einfache Bild und die Ähnlichkeit mit Gott den Zustand der einfachen Seele durch Gottesfurcht fest in der Weisheit, damit sie nicht von den wütenden Lastern umgetrieben wird, sondern damit sie über die Regungen der schwankenden Natur herrscht. Denn was ist eine heilige Seele bei der Ausübung der Tugenden anderes als die vernünftige Schöpfung, die ihrem eigenen Ursprung im Guten antwortet? Wenn nämlich ein gerechter Mensch sorgfältig die Dinge betreibt, die Gottes sind, dann scheint in ihm die Gottesähnlichkeit auf. So wie nämlich Wachs, auf das ein Siegelstempel gepreßt wird, das Bild des unterlegten Gegenstandes sichtbar ausdrückt, so macht auch der Mensch, wenn er in Glauben und Werk Gott nacheifert, in einer gewissen Art von Ähnlichkeit Gott irgendwie sichtbar. Deshalb ist dein Schatz, den du trägst, nicht klein, und darum muß man die fürchten, die vorbeigehen. Was kostbar ist, was mit Mühe erworben ist, das muß man mit Sorgfalt behüten. Aber sag mir: Warum pflegen die Liebhaber der Welt Gold und Silber und das, was sie sonst etwa noch an kostbaren Dingen an ihren Kleidern oder an anderen Gegenständen besitzen, zu verbergen?

T.: Ich denke es mir aus dem Grund, daß sie nicht durch häufigen Gebrauch schmutzig werden oder gar wegen Vernachlässigung abhanden kommen. Wenn nämlich die Aufsicht über diese Dinge fehlt, was bleibt dann anderes übrig als ihre Preisgabe, wenn sie vor den Augen der Öffentlichkeit aufbewahrt werden?

P.: Sic videtur. Ubi igitur arca, clavis et sera, ibi thesauri probati custodia. At si arcae desit clavis et sera?

T.: Nec custodia quidem dicenda est nec tutum erit, quod repositum est. Sed quid in hac similitudine coniectes, ignoro.   5

P.: Dicam. Quid thesauro tuo, id est gloria virginitatis sublimius, quid in donis spiritualibus illustrius et felicius? Quem si in arca beatae conscientiae timor dei et sapientia, quae clave et sera consigna|mus, non clauserint, obnoxium | 245 erit praedae, quod coronae putaveris, et reconpensat dolor 10 in amisso munere, quod possederat amor sine timore.

T.: Merito digna clave seratur, quod tantis donis remuneratur.

P.: Quid si clavis adulterina accesserit, numquid, quod imposueras, illaesum manebit?   15

T.: Gravissimae iacturae rerum huiusmodi clavem cognovi occasionem et rebus sublatis frustratam diligentiam custodientis. Sed quid in hac clave innuas, expecto.

P.: Quod multi sanctitatis specie falluntur vitia studiis spiritalibus indiscreta mente copulantes, et hoc sit per- 20 didisse, quod in arcam conscientiae posuerint, non discernere, quid fecerint. Non est igitur virgini, sponsae domini in dono, quod habet, gloriandum, sed timendum. Timor domini triumphus omnis erroris est. Timor domini

P.: So scheint es. Wo aber Truhe, Schlüssel und Riegel vorhanden sind, dort gibt es auch Schutz für den Schatz, der sich als echt erwiesen hat. Aber was ist, wenn Schlüssel und Riegel für die Truhe fehlen?

T.: Dann kann man allerdings nicht von Wachsamkeit sprechen, und das, was hinterlegt ist, wird auch nicht in Sicherheit sein. Aber ich verstehe nicht, was du mit diesem Vergleich sagen willst.

P.: Ich will es dir sagen. Was ist erhabener als dein Schatz, das heißt die Herrlichkeit der Keuschheit, was ist strahlender und seliger unter den geistlichen Gaben? Wenn Gottesfurcht und Weisheit, die wir unter dem Schlüssel und dem Riegel verstehen, diesen Schatz nicht in der Truhe des guten Gewissens einschließen werden, dann wird das, was du deiner Krone zurechnest, der Beute verfallen, und kein Schmerz über das verlorene Geschenk bringt wieder zurück, was die Liebe besessen hatte, aber ohne Gottesfurcht.

T.: Aus gutem Grund wird mit einem würdigen Schlüssel verschlossen, was sich im Geschenk so großer Gaben zeigt.

P.: Und was ist, wenn ein Schlüssel zur Unzucht auftaucht, wird da denn unversehrt bleiben, was du verwahrt hattest?

T.: Daß ein Schlüssel dieser Art Gelegenheit zum allerschwersten Verlust der Schätze gibt, das habe ich erkannt, und daß alle Sorgfalt des Wächters vergeblich war, wenn die Schätze erst fortgetragen sind. Aber ich bin gespannt, auf was du mit diesem Schlüssel hinweisen willst.

P.: Auch die Tatsache, daß viele sich unter dem Schein der Heiligkeit täuschen lassen, indem sie ohne Unterscheidung Laster mit geistlichen Bemühungen verbinden, kann den Verlust dessen bedeuten, was man in der Truhe des guten Gewissens niedergelegt hat, wenn man nicht unterscheidet, was man getan hat. Es soll darum die Jungfrau, die Braut des Herrn, sich nicht des Geschenkes rühmen, das sie besitzt, sondern sie soll in der Furcht sein. Furcht vor dem Herrn ist der vollkommene Sieg über jeden Irrtum. Furcht vor dem

sanctae humilitatis testimonium est, humilitas locus puri-
tatis et sapientiae, ex quibus omnibus anima purgatur, ocu-
lus intellectualis aperitur, sponsus sponsae suae spirituali
gratia copulatur. Sicut igitur securitas in peccato mors certissima est, sic timor domini vigilans in profectibus conse- 5
quendae vitae in virtute testimonium est. „Qui se existimat
stare", dicit Paulus, „videat, ne cadat." Sancta igitur mens
sui profectus avida sicut operam dat implendae legis iustitiae per dei timorem, sic se etiam ultra praeceptum extendit
per dei amorem, ut plus boni semper velit quam possit, 10
etiamsi non possit, quod voluerit. Quia enim mensuram
supereffluentem spe retinet in se, semper plus habet in
voluntate quam possit in opere. Sed tandem nobis venien-
dum est ad cardinem totius virginalis disciplinae, in quo
summa quaedam versatur monasticae vitae et perfectae vir- 15
tutis, id est castitas spiritus et corporis, patientiae robur | in | 246
observantia evangelicae legis, per quae pervenitur ad gloriam divinae caritatis. De primo gradu sic ait apostolus:
„Virgo domini cogitat, quae domini sunt, ut sit sancta et
corpore et spiritu", de secundo dominus: „In patientia ve- 20
stra possidebitis animas vestras", et in Canticis canticorum:
„Fortis est ut mors dilectio." Itaque in sanctitate utriusque
hominis vera virginitas commendatur, in patientia vera dilectio ad sponsum examinatur, quibus adiuncta perseverantia cursus iste virtutum aeternitatis gratia coronatur. De- 25
nique scala nobis erigenda est, cuius ima draco cautus

Herrn ist ein Zeugnis heiliger Demut. Demut ist der Platz der Reinheit und Weisheit; von diesen allen wird die Seele gereinigt, das Auge des Geistes geöffnet und der Bräutigam mit seiner Braut durch die Gnade des Geistes vereinigt. So wie darum die Sorglosigkeit beim Sünder den sicheren Tod bedeutet, so ist die Gottesfurcht, wachsam im Fortschritt, ein Beweis, daß das Leben in Tugend erreicht werden kann. „Wer glaubt, daß er steht", sagt Paulus, „der soll zusehen, daß er nicht fällt" (1 Kor 10,12). Denn so wie ein frommer Sinn, der immer auf eigenen Fortschritt erpicht ist, sich Mühe gibt, das Gesetz der Gerechtigkeit in Gottesfurcht zu erfüllen, so dehnt er sich auch in Liebe zu Gott über die Vorschrift hinaus aus, so daß sein Wille zum Guten immer größer ist als sein Vermögen, auch wenn er nicht kann, was er wollte. Denn weil er in sich den vor Hoffnung überströmenden Maßstab setzt, bewahrt er bei sich immer mehr an gutem Willen, als er im Werk vermag. Aber schließlich müssen wir noch zum Angelpunkt aller jungfräulichen Ordnung kommen, in dem sich sozusagen die Gesamtheit monastischen Lebens und vollkommener Tugend bewegt, das heißt die Reinheit von Geist und Körper und die Kraft der Geduld in Befolgung des Gesetzes des Evangeliums, durch die man zur Herrlichkeit göttlicher Liebe gelangt. Von dieser ersten Stufe spricht der Apostel so: „Eine Jungfrau des Herrn richtet ihre Gedanken auf die Dinge des Herrn, damit sie unverletzlich an Körper und Geist sei" (1 Kor 7,34), von dem zweiten Schritt sagt der Herr: „In eurer Geduld werdet ihr euer Leben gewinnen" (Lk 21,19), und im Hohenlied heißt es: „Die Liebe ist stark wie der Tod" (Hld 8,6). Deshalb wird in der Heiligkeit von beidem die wahre Keuschheit des Menschen empfohlen, die wahre Liebe zum Bräutigam wird in der Geduld auf die Probe gestellt; wenn man mit diesen beiden die Beharrlichkeit verbindet, dann wird dieser Gang durch die Tugenden von ewiger Gnade gekrönt. Deshalb müssen wir nun eine Leiter aufrichten, an deren unterem Ende ein listiger Drache auf

observat, Aethiops altiora stricto mucrone possidens arcet
ascensum et ad iuvenem in summitate ipsius scalae colloca-
tum, habentem ramos aureolos praemiorum indices acces-
sum. Sed virginum Christi robur et constantia fidei instar
vermis draconem conculcat, tormenta diversa scalae latera 5
ambientia quasi stipulam exsufflat, nigrum Aethiopem
proterit et proculcat et immobili nec mutabili desiderio ad
ramos frondentis oleae properat.

T.: Memini, pater amande, te nonnulla scalae huius vestigia paginae superius impressisse, sed quid ista praetendant, 10
studeas, obsecro, enucleare.

P.: An ignoras: „Artam et angustam esse semitam, quae
ducit ad vitam, et paucos esse, qui inveniunt eam"? Quae
semita quia semper caelestia respicit et ab ea declinare vel
ad dexteram vel sinistram non parvi periculi est, cui melius 15
potest comparari quam scalae de terra ad caelum erectae,
cuius ut altiores gradus apprehenderis, respectus ad ima
inrecuperandi discriminis est, summa vero attigisse lauream aeternitatis promeruisse est? Porro draconis et Ae-
thiopis sicut natura | diversa sic diversa malitiae efficacia. 20 | ♀
Draco hominem veneno interficit, Aethiops facie forma
daemonis appropiantem non tam mucrone quam horrore
confodit. Ex altero spiritalia nequitiae cognosce, in altero
corpus diaboli, quod sanctos in hac vita semper inpugnat,
intellige. Draco versutus mentem quasi spiris virulentis 25

---

[172] Die Gleichsetzung von Äthiopier und Satan ist bereits an früherer
Stelle thematisiert, siehe *Spec. virg.* 3, oben 258,5–8.

[173] Mit dem Adjektiv *aureolus* sind nicht einfach goldene Zweige gemeint,
sondern die Verheißung der Aureole als spezielle Belohnung für Jungfrau-
en und Märtyrer; vgl. dazu HALL/UHR, *Kronenmotiv bei Maria.*

[174] Der Aufstieg auf der Leiter ist zu sehen auf Bild 10, unten nach 716.

der Lauer liegt, den Bereich weiter oben hält der Äthiopier[172] mit gezücktem Dolch besetzt und verwehrt den Aufstieg und den Zugang zu dem Jüngling, der an der Spitze
der Leiter seinen Platz hat und golden glänzende Zweige[173]
als Zeichen der Belohnung bereithält. Aber die Kraft der
Jungfrauen Christi und ihre Beständigkeit im Glauben tritt
den Drachen wie einen Wurm mit Füßen, bläst die verschiedenen Foltern, die die Holmen der Leiter umgeben,
wie einen Grashalm fort, zermalmt und zertritt den
schwarzen Äthiopier und eilt in unerschütterlicher und
unveränderlicher Sehnsucht zu den Zweigen des reich be-
laubten Ölbaumes.

T.: Ich erinnere mich, liebster Vater, daß du einiges, was
diese Leiter kennzeichnet, weiter oben auf die Seite gemalt
hast[174], aber ich bitte dich sehr, daß du dich um weitere
Erklärung bemühst, worauf diese Dinge hinweisen.

P.: Weißt du nicht, „daß der Pfad eng und schmal ist, der
zum Leben führt, und es nur wenige sind, die ihn finden"
(Mt 7,14)? Weil dieser Pfad immer auf die himmlischen
Dinge ausgerichtet ist und weil es nicht geringe Gefahr
bedeutet, von ihm nach rechts oder links abzuweichen, mit
wem könnte darum dieser Pfad besser verglichen werden
als mit der Leiter, die von der Erde zum Himmel aufgerichtet ist? Wenn du die oberen Sprossen erreichen willst, dann
bringt der Rückblick auf die untersten heilloses Unglück,
aber ewigen Lorbeer hast du verdient, wenn du die ober-
sten Sprossen berührt hast. Weiter ist die Natur von Drache
und Äthiopier ebenso verschieden, wie es die Wirkung
ihrer Bosheit ist. Der Drache tötet den Menschen durch
Gift, der Äthiopier durchbohrt mit seinem Gesicht in der
Art eines Dämons den Herankommenden, nicht so sehr
mit seinem Dolch wie mit Schrecken. In dem einen erkenne
den Geist der Verneinung, unter dem anderen verstehe den
Leib des Teufels, der in diesem Leben immer wieder den
Kampf gegen die Heiligen führt. Der gewundene Drache
wendet das Herz gleichsam wie in giftigen Windungen

suggestione pestifera ab altis avertit, malus homo sanctis
hostis apertus inmissus, quod alter sibilo illectrici non va-
luit, vicarius eius vel terrore vel aperto congressu efficere
gestit.

T.: Quaeso te, unde forma scalae huius primum apparuit, 5
cuius misticus ordo tam evidenter eluxit?

P.: Legitur in gestis martirum de quadam virgine Christi
incarcerata scalae huiusmodi figuram in somnis ab angelo
didicisse et victoria caelesti certificatam a domino fuisse,
victis et angelis malis et hominibus sceleratis. Nonne et 10
huiusmodi scalae formam a sancto pastore nostro Benedic-
to habes traditam, cuius observare contendis regulam? Dicit enim latera ipsius scalae typum corporis et animae nostrae gradibus inserta caelestis disciplinae.

Explicit VIII.   15

---

[175] Hier zitiert der Autor offenbar die weitverbreitete *Passio Perpetuae*.
PERPETUA war eine Christin aus vornehmer karthagischer Familie, die
202 den Märtyrertod erlitt. Vorher hatte sie im Gefängnis eine Vision. Sie
sah eine Leiter, aufgerichtet von der Erde zum Himmel und bewacht von

Bild 8: Frucht der drei Stände

Huc usq; de tħ quidem gdib; egim. coniugatoꝝ uiduaꝝ ⁊
uirginũ. unt qs. iā uirgines interris ēē cępint. qđ in celis
quandoq; futurę st̄. His ꝗ ꝑeētis maī erit ꝑmiũ. ꝗꝝ digni
or ordo ł labor ad meritũ. Si enī uirgines ꝑmicuę di ēē ce
perint. ꝗ uiduę ⁊ inmatrimonio continentes. erit ꝑ ꝑmicuā
id ē in secđo ⁊ tertio gradu. Centesimū. sexagesimū. ⁊ tresimū fru
ēꝝ. ꝗmuis de una ūia ⁊ de uno semine. nascitur tam ut nosti
mutuū differt innumero. Triginta referunt̄ adnuptias. Ha
ē ipsa dignitoꝝ id ē pollicis ⁊ indicis comunctio. ⁊ ꝗsi molli
osculo se conplectens ⁊ federans. martiū pingit ⁊
uxorē. sexaginta referuntur aduiduas. eo qđ in angustia
⁊ tibulatione sint posite. Vnde ⁊ supiore digito deꝑmū.
quantoq; maior ē difficultas exꝑę quondā uolup
tatis illecebris abstinere. tantomagis ⁊ ꝑmiū. Porro centeħ
mi numerꝰ asinistra tr̄nsferꝰ ad dexterā. ⁊ hisdē qđē dignis
ſ̄ ꞔ eadē manu q̄b; uleua nuptę significant̄. ⁊ uiduę
circulū faciens. exꝑmit uirginitatis coronā. Ra
tionē quero. ꝗn phos gđlus numeroꝝ dissimiliū merces
de ūinuetꝰ ūꝝ ordiniū istoꝝ. id ē quoniā ł air coniugalib; dis
ciplinis fruct̄ tresimū. uidualib; lx. uirginalib; centesimū in
ratione ꝑmioꝝ obueniat. ⁊ merito: quippe cū eos labor di
spar: ⁊ uita discernat. Iusta inquisitio. S; dic in. Hūgo la
bor duūs pari stabit corona. t̄ Hoc ministerie qđē ꝑximū.
ſquide đs iudex iusꝰ reddit unicuiq; sectm suū laborem.
Merito ꝗ uiduę ł continentes coniugatis. uirgines ꝑferunt
uiduis. ut iuxta mensurā laborū. mercers singuloꝝ ꝑficiat.
Rota repete uideris. cū tecū egeri de solo numo. q ē ingʒ i
b; singulis. Cur ꝗ tresimū ascribitur in ꝑmio coniugatis:
Aꝑt sensū quinariū qui in illa etate se maxime ualet ex
ercere inunctis coniugalib;. Sexies enī quini. t̄ ꝗniꝗes sení.
numerū uident coplere euncte. Porro senari numerꝰ tē
poꝝ uolubilitatē insinuat. in qua maxime quasi rota uol
uunt q carnaliū sensuū instabilitate phęe mundana mo
uita rotant. Precetus enī mundi ꝑceps inperꝰ agit. ꝗs ꞔ

Bild B: Fingerzeichen für die drei Stände

Bild 9: Fleisch und Geist

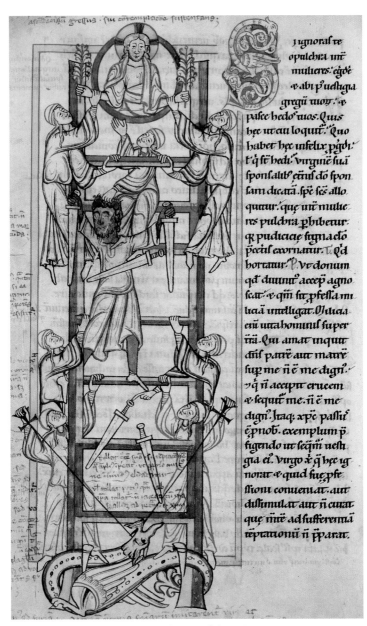

Bild 10: Aufstieg auf der Leiter

durch verderbliche Einflüsterung vom Höchsten ab, der böse Mensch aber, als offener Feind unter die Heiligen gesandt, versucht als sein Stellvertreter durch Schrecken oder offenen Kampf das zu bewirken, was der andere mit schmeichelnder Einflüsterung nicht vermochte.

T.: Ich frage dich, wo das Bild dieser Leiter zuerst auftaucht, deren geheimnisvolle Anordnung so klar aufleuchtet?

P.: In den Märtyrerakten[175] kann man von einer Jungfrau Christi lesen, die ins Gefängnis geworfen wurde und im Traum von einem Engel das Bild dieser Leiter erklärt bekam und die vom Herrn mit dem himmlischen Sieg gewürdigt wurde, nachdem die bösen Geister und die verbrecherischen Menschen besiegt waren. Und hast du das Bild dieser Leiter nicht auch von unserem heiligen Hirten Benedikt überliefert[176], dessen Regel du befolgst? Er bezeichnet nämlich die Holmen dieser Leiter als Verweis auf unseren Leib und unsere Seele, in die die Stufen himmlischer Zucht als Sprossen eingelassen sind.

Es endet das achte Buch.

---

einem dunkelhäutigen Ägypter, der den Aufstieg verwehrt, vgl. DÖLGER, *Kampf mit dem Ägypter;* weitere Literatur bei SEELIGER, *Märtyrerakten* 417 f.
[176] Vgl. REGULA BENEDICTI 7,6–9.

Incipit VIIII. De virtute patientiae et sententia exhortationis. 248

P.: „Si ignoras te, o pulchra inter mulieres, egredere et abi
post vestigia gregum tuorum et pasce haedos tuos." Quis
haec vel cui loquitur? Quo habet haec infelix progredi vel
qui sunt haedi? Virginem suam sponsalibus aeternis deo 5
sponsam dicatam spiritus sanctus alloquitur, quae inter
mulieres pulchra perhibetur, quia pudicitiae signaculo prae
ceteris exornatur.

T.: Quid hortatur?

P.: Ut donum, quod divinitus accepit, agnoscat et quam 10
sit professa militiam, intelligat: „Militia enim vita hominis
super terram. Qui amat", inquit dominus, „patrem aut
matrem super me, non est me dignus, et qui non accipit
crucem et sequitur me, non est me dignus. Itaque Christus
passus est pro nobis exemplum praefigendo, ut sequamur 15
vestigia eius." Virgo Christi, quae haec ignorat et quid suae
professioni conveniat, aut dissimulat aut non curat, quae
mentem ad sufferentiam temptationum non praeparat, sicut scriptum est: „Fili, accedens ad servitutem dei sta in
timore et praepara animam tuam ad temptationem", egre- 20
ditur a sponsi sui familiaritate, quae eius passioni volunta-
riae noluit participare. Qui enim domino suo pugnante fuga
labitur, quo amore caluerit, mentis ignavia testatur. Quid
igitur restat huic perfugae post domini victoriam nisi con-
fusio repositam tollendo coronam? Christi sponsa non ad 25

Es beginnt der neunte Teil über die Tugend der Geduld und den Sinn der Ermahnung.

P.: „Wenn du es nicht weißt, du Schöne unter den Frauen, dann geh hinaus, und folge den Spuren deiner Herden, und weide deine Zicklein" (Hld 1, 8). Wer ist es, der dies spricht, und zu wem? Wohin soll diese Unselige hinausgehen, und wer sind die Zicklein? Der heilige Geist spricht zu der Jungfrau, seiner Braut, die durch ewige Hochzeitsgaben Gott versprochen ist, die als schön gilt unter den Frauen, weil sie mit dem Siegel der Keuschheit vor den anderen geschmückt ist.

T.: Wozu ermahnt er sie?

P.: Daß sie das Geschenk, das sie von Gott empfangen hat, erkennt und daß sie einsieht, welchen Kriegsdienst sie im Gelübde versprochen hat: „Denn das Leben des Menschen auf Erden ist Heeresdienst" (Ijob 7, 1). „Wer Vater und Mutter mehr liebt als mich", sagt der Herr, „der ist meiner nicht würdig, und wer das Kreuz nicht annimmt und mir folgt, der ist meiner nicht würdig" (Mt 10, 37 f). „Denn Christus hat für uns gelitten und uns damit ein Beispiel gegeben, damit wir seinen Spuren folgen" (1 Petr 2, 21). Eine Jungfrau Christi, die dies nicht erkennt und die entweder vernachlässigt oder sich nicht darum kümmert, was sie ihrem Gelübde schuldig ist, und die ihr Herz nicht auf das Ertragen von Prüfungen vorbereitet, so wie geschrieben steht: „Mein Sohn, wenn du zum Dienst Gottes antrittst, dann steh in der Furcht, und bereite deine Seele vor auf die Anfechtung" (Sir 2, 1 Vg.), die verläßt die Vertrautheit mit ihrem Bräutigam, weil sie an seinem freiwilligen Leiden nicht teilhaben wollte. Wer nämlich seinen kämpfenden Herrn in der Flucht im Stich läßt, der zeigt in der Feigheit seines Herzens, in welcher Liebe er erglüht war. Was also bleibt diesem Flüchtling nach dem Sieg seines Herrn außer Verwirrung, wenn er die Krone, die er weggelegt hatte, wieder aufhebt? Denn die Braut Christi ist nicht

quietem, sed ad bella processit, quando monasticis legibus
colla subegit, quando calicem domini aureo Babilonis calici
praeposuit, se suaque deo offerens, mundo mortua deo
hostia vivens. Congressum igitur cum hoste veterano pu-
gnatura iniit, ut victo tyranno coronetur et victis vitiis de 5
triumpho in pace Christi glorietur. Quae haec ignorat,
ignorabitur, et dum exultat perniciosa securitate inter hostes et bella, tot vulnera suscipit inprovisa quot vanae men-
tis ostia hosti | aperuit sine cautela. Menti enim inter hostes | 249
securae mortis sententia praesto est, nec difficilis hosti 10
victoria est, ubi repugnantis sollertia deest. Ista itaque cuius
interna pulchritudo sapienti conscientiae subtrahitur, id est
quae considerare negligit, quid sit, qua re venerit, quid
acceperit, vestigia gregum, animas videlicet pecuales sequitur, quia imitatur irrationabiles in se motus virtute non 15
regendo nec pulchra victoria Christum victorem prose-
quendo.

T.: Stulta securitas inter dracones et Aethiopes remissius
agere, cum utrobique mortis praesentia negligentiae facili
congressu occurrat et negligentem obruat. Sed egressa quo- 20
modo pascit haedos?

P.: Per haedos lascivae mentis motus adverte, quorum
perfacilis ad animam accessus est, quae vitiis viriliter non

---

[177] Nach Jer 51,7 steht der goldene Becher der Hure Babylon für die
Verderbtheit des Volkes, das von Gott abgefallen ist. Auch in Bild 3 vom
Lasterbaum (oben nach 160) hält die Gestalt der Superbia den Kelch in

zum Ausruhen vorangeschritten, sondern zum Kampf, da
sie ja ihren Nacken unter das monastische Gesetz gebeugt
hat, als sie den Kelch des Herrn dem goldenen Kelch Babylons[177] vorgezogen hat, indem sie sich und ihr Besitztum
dem Herrn dargebracht hat, tot für die Welt und lebend als
Sühnopfer für Gott. Darum stürzt sie sich in die Schlacht,
um mit dem alten Feind zu kämpfen, damit sie nach ihrem
Sieg über den Tyrannen gekrönt und nach Überwindung
der Laster aufgrund ihres strahlenden Sieges im Frieden
Christi verherrlicht wird. Wer dies nicht erkennt, der wird
auch nicht erkannt werden, und während er mitten unter
Feinden und Krieg in verderblicher Sicherheit jubelt, empfängt er so viele unvermutete Wunden, wie er vorher Türen
seines eitlen Herzens dem Feind unvorsichtig geöffnet hat.
Denn für ein Herz, das sich unter Feinden sicher fühlt, ist
das Todesurteil schon greifbar, und für den Feind ist der
Sieg dort nicht schwer, wo der Eifer zum Widerstand fehlt.
Deshalb folgt diejenige, deren innere Schönheit es an weiser Einsicht fehlen läßt, das heißt, die es unterläßt zu bedenken, was sie ist, warum sie gekommen ist, was sie empfangen hat, den Spuren der Herden, das heißt natürlich den
Seelen mit ihren tierischen Eigenschaften, weil sie den unvernünftigen Regungen in sich nachgibt und sich nicht von
der Tugend leiten läßt und nicht dem Sieger Christus in
schönem Sieg nachfolgt.

T.: Eine törichte Sicherheit ist das, mitten zwischen Drachen und Äthiopiern so leichtsinnig zu handeln, wo doch
zu beiden Seiten der Tod der Nachlässigkeit entgegenläuft,
bereit zu leichtem Kampf, und den Nachlässigen vernichtet. Aber wie weidet sie denn die Zicklein, nachdem sie
hinausgegangen ist?

P.: Unter den Zicklein kannst du die Regungen eines
zügellosen Gemüts verstehen, für die der Zugang zu einer
Seele sehr leicht ist, die den Lastern nicht beherzt Wider-

---

der Hand, der ausdrücklich als *aureus calix Babilon* bezeichnet wird.

resistendo retro satanan conversa est et ethnico assimilatur,
qui a Christo fide et operibus dissimilatur. Audi Theodora.
Cum primum iustitiae vivere incipis, contra mortem bellum geris, qua devicta fructus erit iustitiae, quicquid affert
vincenti laus victoriae. Neque enim semen pietatis radicem 5
figere poterit, nisi primo spina vitiorum radicitus aruerit.
Equidem nihil medium inter vitam et mortem, inter bonum
et malum. Porro pulchrior est triumphus debellare cupidi-
nem quam hostem. Hic te ipsum, illic alienum superasti.
Igitur ubi homo vicerit se ipsum, non est cui inferat bellum. 10
Ad hoc tamen mundus cum suo principe in sanctos mirabiliter saevire permittitur, ut domino mirabilia sua in eis
operante mirabiliter superetur iuxta illud: „Mirabiles ela-
tiones maris, mirabilis in altis dominus." Ne ergo sub in-
trante negligentia torpeamus, apostolus ait: „Confortamini 15
in domino et in potentia virtutis eius. Induite vos armatu-
ram dei, ut possitis stare adversus insidias diaboli, quia non
est nobis colluctatio adversus carnem et sanguinem, sed
adversus principes et potestates, contra spiritalia nequitiae
in caelestibus", et cetera, quae sequuntur in eadem lectione, 20
ubi aperte bellum nobis contra hostem indicitur, | his prae-　| 250
cipue, quorum vita vel professio ceteris eminentior esse
probatur. Item Paulus: „Semper nos, qui vivimus, in mortem
tradimur propter Iesum, ut et vita Iesu manifestetur in carne
nostra mortali. Propter quod non deficimus. Licet enim is, 25

stand leistet, sich nach rückwärts dem Satan zuwendet und dem Heiden angleicht, der sich von Christus in Glauben und Werk vollkommen unterscheidet. Höre, Theodora! Sobald du anfängst, für die Gerechtigkeit zu leben, führst du Krieg gegen den Tod, und wenn dieser besiegt ist, wird das, was der Ruhm des Sieges dem Sieger zuträgt, die Frucht der Gerechtigkeit sein. Denn der Samen der Frömmigkeit wird keine Wurzel schlagen können, wenn nicht zuerst die Dornen der Laster mit der Wurzel ausgetrocknet sind. Es gibt nämlich nichts in der Mitte zwischen Leben und Tod, zwischen Gut und Böse. Weiter ist der Sieg darüber, die Begierde niederzukämpfen, herrlicher als der Sieg über den Feind. Hier hast du dich selbst überwunden, dort einen anderen. Denn wo der Mensch sich selbst überwunden hat, da gibt es nichts mehr, dem er den Krieg ansagen müßte. Dabei ist es jedoch der Welt mit ihrem Fürsten in wunderbarer Weise erlaubt, gegen die Heiligen zu wüten, damit die Welt, da der Herr in den Heiligen Erstaunliches wirkt, auch erstaunlich überwunden wird, entsprechend jenem Wort: „Erstaunlich sind die Wogen des Meeres, erstaunlich ist der Herr in der Höhe" (Ps 93, 4: Vg.G Ps 92, 4). Damit wir aber nicht träge werden infolge der Nachlässigkeit, die sich heimlich einschleicht, sagt der Apostel: „Seid stark im Herrn und in der Macht seiner Stärke. Zieht euch die Rüstung Gottes an, damit ihr fest stehen könnt gegen die Listen des Teufels. Denn wir haben nicht zu kämpfen gegen Fleisch und Blut, sondern gegen Fürsten und Mächte, gegen die Geister der Verneinung im Himmel" (Eph 6, 10–12), und so weiter, was dann in derselben Lesung noch folgt, wo uns offen der Kampf gegen den Feind angezeigt wird, vor allem aber denen, deren Lebensweg und Gelübde deutlich vor den anderen hervorragt. Ebenso äußert sich Paulus: „Denn immer sind wir, die wir leben, um Jesu willen in den Tod gegeben, damit auch das Leben Jesu an unserem sterblichen Fleisch sich deutlich zeigt" (2 Kor 4, 11). „Darum werden wir nicht müde. Denn wenn auch dieser unser

qui foris est, homo noster corrumpatur, tamen is, qui intus
est, renovatur de die in diem. Id enim, quod in praesenti est
momentaneum et leve tribulationis nostrae supra modum
in sublimitate aeternum pondus gloriae operatur in nobis,
non contemplantibus nobis, quae videntur, sed quae non 5
videntur." Verum tamen qui „bella domini proeliatur", id
est qui spiritu carnalia vincere conatur, duas res cavendas
sibi noverit, id est praesumptivam de propriis viribus con-
fidentiam et, si infirmior fuerit, de divino auxilio diffidentiam. In altero ruinosa altitudo bellantem decipit et deicit, 10
in altero desperatio victoriam proeliantis impedit. Itaque
virgo Christi fortitudinem suam ad deum custodiat hosti
repugnando et triumpho ditabitur non praesumendo nec
per diffidentiam hosti turpiter terga vertendo. „Non sunt
condignae passiones huius temporis ad futuram gloriam, 15
quae revelabitur in nobis. Spe ergo salvi facti sumus. Quod
enim videt, quis quid sperat? Si autem, quod non videmus,
speramus, per patientiam expectamus. Spiritus autem ad-
iuvat infirmitatem nostram." Et longe inferius: „Nemo",
ait, „moveatur tribulationibus istis. Ipsi enim scitis, quod 20
in hoc positi sumus. Regnum caelorum vim patitur, et
violenti rapiunt illud." Venit enim dominus „non mittere
pacem, sed gladium". Qua re? Quia: „Omnia tempus habent. Tempus belli et tempus pacis." Tempus nunc laboris, post quietis. Ascensus enim gravis ad tempus breve 25

äußerliche Mensch aufgerieben wird, wird dennoch der innerliche Mensch erneuert von Tag zu Tag. Denn das, was in der Gegenwart nur augenblickliche und leichte Betrübnis für uns ist, das schafft in uns über alles Maß hinaus in der Erhabenheit ein ewiges Gewicht an Herrlichkeit, da wir nicht das betrachten, was man sieht, sondern das, was man nicht sieht" (2 Kor 4, 16–18). Aber dennoch muß der, „der des Herrn Kriege führt" (1 Sam 18, 17), das heißt, der versucht, die fleischlichen Dinge durch den Geist zu besiegen, lernen, sich vor zwei Dingen zu hüten, nämlich vor einem vorweggenommenen Zutrauen in die eigenen Kräfte und, falls er zu schwach ist, vor einem Mangel an Vertrauen auf göttliche Hilfe. In dem einen Fall täuscht und stürzt verderblicher Hochmut den Kämpfenden, im anderen Fall verhindert der Kleinmut einen Sieg des Kriegers. Deshalb soll eine Jungfrau Christi ihre Stärke auf Gott gründen und bewahren, indem sie dem Feind Widerstand leistet, und sie wird mit dem Sieg beschenkt werden, wenn sie sich nicht überhebt oder durch Mißtrauen dem Feind in schändlicher Weise den Rücken zukehrt. „Die Leiden unserer gegenwärtigen Zeit sind nichts wert im Vergleich zur künftigen Herrlichkeit, die sich an uns offenbaren wird" (Röm 8, 18). „Denn wir sind gerettet durch die Hoffnung. Wer könnte nämlich auf etwas hoffen, das er sieht? Wenn wir aber auf das hoffen, was wir nicht sehen, so erwarten wir es in Geduld. Der Geist aber hilft unserer Schwachheit auf" (Röm 8, 24–26). Und weiter unten: „Niemand soll sich", sagt er, „durch diese Trübsal verwirren lassen. Denn ihr wißt selbst, daß wir dazu bestimmt sind" (1 Thess 3, 3). „Das Himmelreich leidet Gewalt, und die Gewalttätigen reißen es an sich" (Mt 11, 12). Denn der Herr ist gekommen, „nicht den Frieden zu bringen, sondern das Schwert" (Mt 10, 34). Warum? Weil „alle Dinge ihre Zeit haben" (Koh 3, 1). „Es gibt eine Zeit des Krieges und eine Zeit des Friedens" (Koh 3, 8). Jetzt ist eine Zeit der Anstrengung, danach eine Zeit der Ruhe. Denn ein schwerer Aufstieg in kurzer Zeit ist den

Christi virginibus proponitur, magnus magno praemio reconpensatur. Gaude igitur de ascensu, time de lapsu.

T.: Resolve, quaeso, quomodo regnum caelorum vim 251 patiatur. Violentorum est non sua diripere, manum alienis vel innocentibus inferre sicque pacis gratiam violando vio- 5 lenter irrumpere.

P.: Cum sit regnum caelorum locus iustorum, quis locum istum habere poterit, nisi quem iustitiae virtus eo provexerit? Quis autem iustus esse poterit, nisi qui de malo bonus fuerit? Porro bonitas malitiae non succedit, nisi paeniten- 10 tiae vis, quod in homine malum et perversum est, fregerit. Cum igitur forti paenitentia homo consurgere nititur ad alta, nonne quodammodo rapere temptat aliena? An non putas caelo manum inferri, cum violento labore publicani et meretrices ascendunt, qui sine paenitentia nec caelum 15 quidem respicere meruerunt? Totiens ad caeli ianuam fortiter pulsas, quotiens omne, quod in te vitiosum est, forti animadversione diiudicas. Ad quod ostium ante Christi adventum sancti etiam per labores, per hostias, per divinae legis observationes diu pulsaverunt, nec tamen intrare qui- 20 verunt. Sed divites huius saeculi, quia pulsare nolunt, non intrabunt. Qui enim in hoc saeculo praeferunt potentiam iustitiae, id est qui prius volunt esse potentes quam iusti, tunc carebunt praemio iustitiae, cum finis incipit esse totius temporalis gloriae vel potentiae. Ubi vero potentiam 25 praecesserit aequitas, iustitiam subsequetur aeterna potestas. Hic igitur iustis labor et pugna, illic requies et corona.

Jungfrauen Christi aufgetragen, aber der große Aufstieg
wird auch mit einer großen Belohnung wieder aufgewogen.
Darum freue dich über den Aufstieg, und fürchte den Fall.

T.: Erkläre mir, ich bitte dich, wie das Himmelreich
Gewalt leidet. Es ist Brauch bei den Gewalttätigen, nicht
eigenes Gut zu rauben, sondern Hand anzulegen an Fremde oder Unschuldige und so die Gnade des Friedens durch
Gewaltanwendung gewalttätig zu brechen.

P.: Wenn das Himmelreich der Ort der Gerechten ist,
wer könnte dann diesen Ort besetzt halten, wenn nicht der,
den die Tugend der Gerechtigkeit dorthin befördert hat?
Wer aber könnte gerecht sein, wenn nicht der, der sich vom
Bösen zum Guten gewandelt hat? Weiter folgt keine Güte
der Bosheit, wenn nicht die Kraft der Reue das zerbrochen
hat, was im Menschen böse und verkehrt ist. Wenn darum
der Mensch sich in starker Reue anstrengt, sich in die
Höhe zu erheben, versucht er dann nicht irgendwie, Fremdes an sich zu reißen? Oder glaubst du nicht, daß an den
Himmel Hand angelegt wird, wenn Zöllner und Huren in
ungestümer Anstrengung aufsteigen, die ohne Reue nicht
einmal den Anblick des Himmels verdient hätten? So oft
klopfst du mutig an die Pforte des Himmels, wie du in
tapferer Selbsterkenntnis alles verurteilst, was in dir la-
sterhaft ist. An diese Pforte klopften auch die Heiligen vor
der Ankunft Christi in Mühen, in Opfern, in der Befolgung des göttlichen Gesetzes lange Zeit an, und dennoch
konnten sie nicht eintreten. Aber die Reichen dieser Welt
werden nicht eintreten, weil sie nicht anklopfen wollen.
Diejenigen nämlich, die in dieser Welt die Macht der Gerechtigkeit vorziehen, das heißt, die lieber mächtig sein
wollen als gerecht, werden dann den Lohn der Gerechtigkeit entbehren, wenn das Ende aller zeitlichen Herrlichkeit und Macht beginnt. Wo aber Gleichheit des Rechts
der Macht vorangeschritten ist, da wird ewige Macht der
Gerechtigkeit folgen. Hier also ist den Gerechten Mühe
und Kampf bestimmt, dort Ruhe und eine Krone. Willst du

Visne de humilitate vel labore Pauli maximo quaedam ad-
vertere?

T.: Utrumque desidero.

P.: „Tamquam purgamenta", inquit, „facti sumus huic
mundo, omnium peripsima. De tribulatione vero supra 5
modum", ait, „gravati sumus supra virtutem, ita ut taederet
nos etiam vivere." Audi Theodora. In omnibus caelestibus
disciplinis patientia pernecessaria est a | dei filio primum | 252
suscepta et in exemplum ecclesiae suae perseverantissima
caritate transfusa. Christus adversus hostem veteranum pu- 10
gnaturus patientia comite nascitur, patitur, moritur, resur-
git, elevatur. Magna tibi, o virgo, gloria habere in virtutibus,
quod filius dei habuit, ut suppleas in corpore tuo, „quae
desunt passionibus Christi". Christus patientia lanceae mi-
litis latus perforandum praebuit, mutavit hostem in ami- 15
cum, futurum in sanctis suis stabili patientia dedicando
martirium. Dic ergo: „Quis nos separabit a caritate Christi? Tribulatio an angustia an persecutio an fames an nudi-
tas an periculum an gladius? Certus sum enim quia neque
mors neque vita", et cetera. Respice filia, quid in antiquo 20
saeculo sanctorum patientia plantaverit, quos fructus long-
animitatis posteritati transmiserit. Abel fratris tyrannicae
malitiae non reluctatur, Noe fides in archa discutitur, Abrahae conscientia de morte unici interrogatur, Ysaac et Iacob
longa peregrinatione vexantur, Ioseph a domesticis et pere- 25

aber nicht deine Aufmerksamkeit auf einige Dinge richten, die von der Demut und außerordentlichen Mühe des Paulus handeln?

T.: Nach beidem habe ich großes Verlangen.

P.: „Wie zum Unrat für die Welt sind wir gemacht", sagt er, „für alle ein Abschaum" (1 Kor 4,13). „Wir sind wahrlich von Trübsal über die Maßen beschwert worden", sagt er, „so sehr über unsere Kraft hinaus, daß wir sogar am Leben verzagten" (2 Kor 1,8). Höre, Theodora! In allen himmlischen Ordnungen ist Geduld die allernotwendigste Tugend, die vom Gottessohn zuerst geübt und zum Vorbild für seine Kirche in nie versiegender Liebe ausgegossen wurde. Christus, der sich anschickt, gegen den alten Feind zu kämpfen, ist geboren, hat gelitten, ist gestorben, wieder auferstanden und zum Himmel erhoben worden mit der Geduld als Gefährtin. Große Herrlichkeit ist dir, du Jungfrau, zuteil geworden, daß du in den Tugenden das hast, was der Gottessohn hatte, so daß du in deinem Körper zu ergänzen vermagst, „was an den Leiden Christi fehlte" (Kol 1,24). Christus bot in Geduld seine Seite der Lanze des Soldaten zum Durchbohren dar, hat den Feind in einen Freund verwandelt und damit das zukünftige Martyrium seiner Heiligen durch seine standhafte Geduld eingeweiht. Sprich also: „Wer wird uns scheiden von der Liebe Gottes? Trübsal oder Angst oder Verfolgung oder Hunger oder Blöße oder das Schwert? Ich bin nämlich sicher, daß weder Tod noch Leben" (Röm 8,35.38), und so weiter. Sieh zurück, Tochter, was die Geduld der Heiligen in alten Zeiten gepflanzt hat und welche Frucht an Langmut sie der Nachwelt übermittelt hat. Abel widersetzte sich nicht der Bosheit seines herrschsüchtigen Bruders (vgl. Gen 4,1–12), Noachs Glaube wurde in der Arche erprobt (vgl. Gen 7,7 bis 8,11), Abrahams Gewissen im Tod seines einzigen Sohnes auf die Probe gestellt (vgl. Gen 22,1–10), Isaak (vgl. Gen 26,1–22) und Jakob wurden von langer Wanderschaft gepeinigt (vgl. Gen 28,10; 29,1), Josef von Herren zu Hause

grinis dominis probatur, Moyses in populo contradictionis
per XL annos examinatus terram repromissionis ex levi
diffidentia perdidit, Iob amissis rebus in sterquilinio nudus
exercetur, Tobias fide plenus excaecatur. Huc patientia David in filio et Saule persequentibus in eo iustitiam, et pro- 5
phetarum, de quibus Iacobus: „Accipite exemplum patientiae prophetas", qui laboribus et aerumnis attenuati
pressuris gravissimis confecti sunt. Omnis autem disciplina
in praesenti quidem videtur non gaudii, sed maeroris, postea autem pacatissimum exercitatis per eam reddit fructum 10
iustitiae. Taceo de apostolis, de martyrum tortionum gene-
ribus inauditis et multifariis, sufficiat haustus calicis, quem
in pace nunc omnis bibit | ecclesia et agnus, quem comedit | 253
„cum lactucis agrestibus". Meliora sunt bella sancta quam
pax pessima.   15

Quid dominus? „Sicut", inquit, „misit me pater et ego
mitto vos", non ad delicias, sed ad aerumnas, non ad
gaudia, sed ad obprobria, ad persecutiones, non ad carnis
voluptates, quia quos hic contigerit pro Christo laborare,
illic oportet in Christo quiescere. „Mulier cum parit, tri- 20
stitiam habet, cum autem peperit puerum, iam non me-
minit pressurae propter gaudium. Tempus flendi et tempus ridendi." Qua re fletum proposuit? Quia sicut nox

und in der Fremde auf die Probe gestellt (vgl. Gen 37, 18–28; 39, 1–21), Mose (vgl. Apg 7, 30.36) wurde vierzig Jahre lang unter dem Volk des Widerspruchs Prüfungen unterzogen und hat schließlich wegen eines geringfügigen Zweifels das Land der Verheißung verfehlt (vgl. Num 20, 12; Dtn 34, 1–4), Ijob wurde nackt auf dem Misthaufen der Heimsuchung ausgesetzt (vgl. Ijob 2, 8), nachdem er sein Hab und Gut verloren hatte, Tobit, obgleich er voll des Glaubens war, verlor sein Augenlicht (vgl. Tob 2, 10). Hinzu kommt die Geduld Davids gegenüber seinem Sohn und Saul, die in ihm die Gerechtigkeit verfolgten und die Geduld der Propheten (vgl. 1 Sam 18, 10–30; 2 Sam 12, 15–23), von denen Jakobus sagt: „Nehmt euch ein Beispiel an der Geduld der Propheten" (Jak 5, 10), die schon geschwächt durch Anstrengung und Mühsal von den schwersten Drangsalen aufgerieben wurden. In der Gegenwart scheint jedes Einfügen in eine Ordnung in der Tat nicht eine Sache der Freude, sondern des Schmerzes zu sein, später aber gibt es in vollkommenem Frieden denen die Frucht der Gerechtigkeit zurück, die sich in ihr geübt haben. Ich schweige von den Aposteln, von den unerhörten und vielfältigen Arten von Folterung bei den Märtyrern, genügen möge allein das Leeren des Kelches, den jetzt die gesamte Kirche in Frieden trinkt, und das Lamm, das sie ißt „mit bitteren Kräutern" (Ex 12, 8). Besser sind heilige Kriege als ein schlimmer Friede.

Was sagt der Herr? „So wie mein Vater mich geschickt hat", sagt er, „so schicke auch ich euch" (Joh 20, 21), nicht zu Vergnügungen, sondern zu Mühsal, nicht zu Freuden, sondern zu Beschimpfungen und Verfolgungen, nicht zur Lust des Fleisches, weil denen, denen es hier beschieden ist, sich für Christus zu mühen, dort gebührt, in Christus zu ruhen. „Wenn eine Frau gebiert, so ist sie traurig, wenn sie aber das Kind geboren hat, so denkt sie nicht mehr an ihre Bedrängnis aus Freude" (Joh 16, 21). „Denn es gibt eine Zeit zu weinen und eine Zeit zu lachen" (Koh 3, 4). Warum hat er das Weinen vorangestellt? Denn so wie die Nacht dem

diem sic in hac vita semper tristia laeta futura praecurrunt.
In peregrinatione sumus, a timore domini „concipimus et
spiritum salutis parturimus", in tristitia et gemitu patriae
nostrae recordamur, „panem doloris cum sudore et labore
in via manducamus", paenitemus, ut poenas evadamus. 5
Qua re primum nati fletum vagitu signavimus? Quia luce
paradysi amissa mundi tenebras caeci intravimus. Condi-
tionem nescii testabamur et in ipso ortu vitae mortem
futuram singultu causabamur. Quid ergo? Quamdiu hic
vivimus, laboramus, et quicquid respirationis est, sola con- 10
fert patientia, sine qua cuncta virtutum cedunt argumenta.
Porro quicquid sudoris nunc temporis est in nobis, si
conferas agoniae praecedentium, ludus et requies est. Cum
hoste ad bellum exercitato manum conserere paecedentes
praesumpsere, patrimonia distrahunt, in petras offensio- 15
nis hostes, videlicet suos impegerunt, carceres, cruces, ca-
tenas, laminas ignitas, eculeum, ignem, pontum, praecipi-
tia, verbera, exilia, bestias, ungulas, tridentes, catastas et
omnium mortium genera gratis subierunt et spe futuro-
rum regna vicerunt. Quo auxiliante? Illo, de quo dicitur: 20
„Et quod erat contra|rium, tulit de medio affigens cruci, | 254
exspolians principatus et potestates traduxit libere, pa-
lam triumphans illos in semet ipso." In eo igitur hostem
vincere poterant, quem victum virtute crucis noverant. At

Tag vorangeht, so laufen in diesem Leben die traurigen Dinge immer den kommenden Freuden voraus. Wir sind auf Wanderschaft, von der Furcht des Herrn „haben wir empfangen und gebären den Geist des Heils" (Jes 26,18 Vg.), in Traurigkeit und Seufzen erinnern wir uns an unser Vaterland, „wir verzehren unterwegs das Brot der Schmerzen mit Schweiß und Mühsal" (Ps 127,2: Vg. Ps 126,2), wir bereuen, um der Strafe zu entgehen. Warum haben wir das erste Weinen eines neugeborenen Kindes mit Wimmern bezeichnet? Weil wir blind in die Finsternis der Welt eingetreten sind, nachdem das Licht des Paradieses verloren war. Ohne es zu wissen, haben wir Zeugnis von unserer Entstehung gegeben und uns schon am Beginn des Lebens durch Schluchzen über unseren zukünftigen Tod beklagt. Was also? Solange wir hier leben, mühen wir uns, und was uns etwa an Aufatmen gewährt wird, das bringt allein die Geduld bei, ohne die alle Beweismittel der Tugenden verschwinden. Weiterhin ist das, was uns in der Jetztzeit an Mühsal auferlegt ist, Spiel und Ruhe, wenn du es mit dem Kampf unserer Vorgänger vergleichst. Unsere Vorgänger haben es vorgezogen, sich mit einem Feind einzulassen, der zum Krieg gerüstet war, sie haben ihr Erbgut zerstreut, sie haben die Feinde, nämlich ihre eigenen, an die Felsen des Anstoßes (vgl. Jes 8,14; 1 Petr 2,8) gejagt, haben sich Kerker, Kreuz und Ketten, glühenden Brettern, Pferdefolter, Feuer, Gefahren des Meeres, Herabstürzen, Schlägen und Ausweisung, wilden Tieren, Krallen, Dreizack, Marterbett und allen anderen Todesarten freiwillig unterzogen und haben in Hoffnung auf die Zukunft Königreiche besiegt. Mit wessen Hilfe? Mit Hilfe dessen, von dem gesagt ist: „Und was uns feindlich war, das hat er aus der Mitte aufgehoben und ans Kreuz geheftet, und er hat die Mächte und Gewalten entwaffnet und freiwillig öffentlich überführt, indem er über jene triumphierte in sich selbst" (Kol 2,14f). Darum konnten sie in ihm den Feind besiegen, von dem sie wußten, daß er durch die Tugend des Kreuzes besiegt worden

nos mutamur de solo verbo, trepidamus, ut scriptum est,
de moto flante vento folio et motam contra nos festucam
mundi ruinam suspicamur. Impatientia, non ex iudicio vel
ratione metimur, quicquid adversi nobis irrogatur. Verum
tolerantia adversitatis libertatem futuram promittit, por- 5
tum post tempestatem, post laborem requiem. Porro tunc
bene laboras, tunc fructuose ploras, cum semina tua flendo
portas. Si enim hic cum labore severis semen iustitiae,
aeternitatis fructu ditaberis in quiete. Quod enim messis
tempore tolluntur graves manipuli, hoc debetur primum 10
bene iacto semini. Temptationibus probaris, non damnaris.
„Qui non est temptatus, quid scit?" Aurum quidem videtur, quod aurum sit, sed non quale nisi ignis accesserit, sic
virtus in quieto homine nisi temptatio affuerit, pondus
suum nescit. „Tene", virgo, „quod habes, ne alius accipiat 15
coronam tuam", ne quasi longo lassata labore, si in media
via defeceris, nec hoc quidem prosit, quod bene cucurreris.

„Exhibe te hostiam vivam, sanctam, deo placentem, ra-
tionabile obsequium tuum." Non verbis, sed rebus fides
examinatur in nobis et quaeritur, et quo magis diligimur, 20
dilecti temptationibus erudimur, ut sciamus, non quid ae-
stimemur, sed quid simus. Ubi vera virginitas, vera, necesse

war. Aber wir ändern unsere Haltung durch ein einziges
Wort, wir trippeln ängstlich hin und her, wie geschrieben
steht, auf die Bewegung eines Blattes hin, wenn der Wind
weht, und wir argwöhnen das Ende der Welt in einem
Grashalm, der sich gegen uns bewegt. In Ungeduld, nicht
nach Urteil und Überlegung bemessen wir, was uns an
Unglück zuerkannt ist. In der Tat verspricht das Ertragen
von Unglück Freiheit in der Zukunft, einen sicheren Hafen
nach dem Sturm, Ruhe nach der Anstrengung. Weiterhin
mühst du dich dann richtig und klagst dann mit Gewinn,
wenn du unter Weinen deinen Samen trägst. Wenn du
nämlich hier unter Mühen den Samen der Gerechtigkeit
gesät hast, dann wirst du mit der Frucht der Ruhe in
Ewigkeit beschenkt werden. Und wenn dann zur Zeit der
Ernte die schweren Garben aufgehoben werden, ist dies
vor allem dem Samen zu danken, der gut ausgeworfen
wurde. Durch Versuchungen wirst du auf die Probe gestellt, nicht verdammt. „Wer nicht in der Versuchung steht,
was weiß der?" (Sir 34, 9 Vg.). Was Gold ist, kann man zwar
sehen, aber von welcher Beschaffenheit es ist, das erkennt
man nur, wenn es ins Feuer gebracht wird, genauso ist es
mit der Tugend; wenn bei einem Menschen in Ruhe nicht
die Versuchung hinzukommt, erkennt der Mensch nicht ihr
Gewicht. „Halte, Jungfrau, was du hast, daß nicht ein
anderer deine Krone bekommt" (Offb 3, 11), damit dir
nicht, wenn du von der langen Mühe gleichsam erschöpft
mitten auf dem Weg ermattet bist, sogar das nichts mehr
nützt, was du in gutem Lauf schon erreicht hast.

„Bringe dich selbst zum lebendigen Opfer dar, heilig
und Gott wohlgefällig, das ist deine angemessene Nachfol-
ge" (Röm 12, 1). Nicht in Worten, sondern in Taten wird
unsere Treue erprobt und gesucht, und damit wir um so
mehr geliebt werden, werden wir als Geliebte durch Prüfungen erzogen, damit wir wissen, nicht wie hoch wir
eingeschätzt werden, sondern was wir sind. Wo wahre
Keuschheit wahrhaftig herrscht, da ist es notwendig, daß

est, ut sit patientia et caritas, quae tantae fortitudinis est, ut
ipsam mortem absorbeat et mortua vivat. Dicit enim Paulus: „Vivo autem iam non ego, vivit vero in me Christus."
Et item: „Mortui enim estis et vita vestra abscondita est cum
Christo in deo." At si cum hoste pugnare non vis, qua re 5
processisti | ad bellum? Si Christum nudum voluntaria | 255
paupertate secuta es, quid vel cibis lautioribus, indumentis
cultioribus delectaris, quasi hoc sit mundo renuntiasse deliciarum in claustro fomenta quaesisse? Sic ad bellum mater
domini cum Tecla et ceteris laureatis virginibus non prae- 10
cessit, sic nec amazones abiectis peltis suis cum virili sexu
dimicarunt. Omnis professio certis disciplinis ordinatur et
ornatur, ut fructum sui iuris consequatur. Nonne legisti,
quid lex prisca ad bella procedentibus indixerit? Formido-
losos vineis plantandis, domibus aedificandis, sponsis de- 15
ducendis sollicitos reditum iubet, ne si ad bella procedant
et occubuerint, perdant, quod amant.

Lex tibi, virgo Christi, ista praecinuit, qui dum te sibi in
sponsam elegit, contra spiritalia nequitiae pro se pugnatu-
ram posuit. Si diffidentia trepidas, spiritalibus carnalia, 20
mansuris caduca praeponis. Revertere, deficies enim in ipso
certamine. Amor non fictus, sed solidus lauream consignat
victoribus. Omnis virtus in hac vita victoriae fert insignia

---

[178] THEKLA, eine schöne und vornehme Jungfrau aus Anatolien, begegnet
Paulus und folgt ihm nach. Sie erleidet um ihres Glaubens willen alle
möglichen Martern, übersteht sie aber jeweils unbeschadet. Darum eignet
sich ihre Vita in besonderem Maße als Exempel für Geduld. THEKLA stirbt
eines natürlichen Todes, sie wird in der Ostkirche als Erzmärtyrin verehrt;
vgl. RÖWEKAMP, *Thekla-Akten* 589 f.

auch Geduld und Liebe herrscht, die von so großer Stärke ist, daß sie sogar den Tod verschlingt und im Tod lebendig bleibt. Denn Paulus sagt: „Aber ich lebe schon nicht mehr, sondern Christus lebt in mir" (Gal 2,20). Und ebenso: „Denn ihr seid gestorben, und euer Leben ist verborgen mit Christus in Gott" (Kol 3,3). Aber wenn du nicht mit dem Feind kämpfen willst, warum bist du dann ausgerückt zum Krieg? Wenn du dem nackten Christus in freiwilliger Armut gefolgt bist, was erfreust du dich dann sogar an üppigen Mahlzeiten und feinen Kleidern, gleichsam als bedeute es, der Welt eine Absage erteilt zu haben, wenn man im Kloster den wärmenden Genuß von Vergnügungen gesucht hat. So ist nicht die Mutter des Herrn zum Kampf ausgezogen zusammen mit Thekla[178] und weiteren lorbeergeschmückten Jungfrauen, so haben auch die Amazonen nicht mit dem männlichen Geschlecht gekämpft, nachdem sie ihre leichten Schilde abgelegt hatten. Jedes Gelübde ist nach bestimmten Ordnungen eingerichtet und durch sie geschmückt, damit es Frucht nach seinem eigenen Recht erlangt. Hast du nicht gelesen, was das alte Gesetz denen verkündete, die zum Krieg ausrückten? Es befiehlt nämlich Rückkehr denen, die ängstlich sind und beunruhigt wegen der Pflanzung ihrer Weinberge, des Baus ihrer Häuser, der Heimführung ihrer Braut (vgl. 1 Makk 3,56), daß sie nicht, wenn sie zum Krieg ausrückten und den Tod erlitten, das zugrunde richteten, was sie liebten.

Das Gesetz hat dir, du Jungfrau Christi, folgendes im voraus verkündet: Dieser (sc. Christus) hat, indem er dich zu seiner Braut erwählte, bestimmt, daß du für ihn gegen die Geister der Verneinung kämpfen sollst. Wenn du aus Mangel an Vertrauen ängstlich hin und her läufst, dann setzt du die fleischlichen Dinge vor die geistigen, das Vergängliche vor das, was bleiben wird. Kehre um, denn im Kampf selbst wirst du versagen. Nicht vorgetäuschte, sondern fest gegründete Liebe verbürgt den Siegern den Lorbeer. Alle Tugend in diesem Leben trägt die Zeichen des

de sola patientia. Beata virgo, cuius cordi vulnus infligit
caritas Christi. Quanto magis enim aestuat amore aeternorum, tanto magis torquetur dolore praesentium. Et ista
quidem sagitta potentissima est, qua spiritalis homo occi-
ditur, ut resurgat, moritur, ut vivat, et dum vitiis moriendo 5
reviviscit, omnium mortium genera recte moriens occidit.

T.: Bella quidem indicis contra spiritalia nequitiae, sed
maior mihi pugna est ab homine malo quam a diabolo.

P.: Vere nec hostis visibilis malitia te attereret, si instiga-
tus ab invisibili hoste non esset et potestatem ab illo, qui 10
omnia iuste permittit, non accepisset. Cum te igitur perver-
sus homo affligit, non repugnes, sed ad illum leva mentem,
unde malus te affligendi potestatem accepit. Si malus in te
peccat, qui tui in malitia sua dominatur, deus in te non
peccat, a quo istud non iniuste | permittitur. Nihil autem 15 | 2
magis impedit in tribulatione divinum auxilium quam libido vindictae in proximum. Deus iudex „extendit manum
suam in retribuendo", tu ne perdas meriti fructum patientiam amplectendo. Sed dic mihi, quae videris avida prosperitatis, adversitatis impatiens. Unde trahunt incrementa 20
quaevis terrae nascentia?

T.: Puto ex aeris temperie, id est nunc imbre, nunc sole,
frigore et calore, interdum simul ex utroque.

---

[179] Nahezu gleichlautend in Frage und Antwort ist der Gedanke über die
Bedingungen pflanzlichen Wachstums in *Spec. virg.* 8, oben 704,13f,
formuliert. Das kann als Hinweis auf das Verfahren des Autors zur
Textkomposition dienen.

Sieges allein von der Geduld. Selig die Jungfrau, in deren Herzen die Liebe zu Christus eine Wunde schlägt. Je mehr sie nämlich vor Liebe zu den ewigen Dingen brennt, desto mehr wird sie vom Schmerz über die gegenwärtigen gequält. Und dieser Pfeil ist allerdings außerordentlich mächtig, mit dem der geistliche Mensch getötet wird, damit er aufersteht, durch den er stirbt, damit er lebt, und indem er zu neuem Leben gelangt, weil er für die Laster stirbt, alle Arten von Tod tötet, indem er richtig stirbt.

T.: In der Tat kündest du Krieg gegen die Geister der Verneinung an, aber für mich ist der Kampf größer, der von einem schlechten Menschen droht, als der vom Teufel.

P.: Wahrlich, auch ein sichtbarer Feind könnte dir nicht mit Bosheit hart zusetzen, wenn er nicht vom unsichtbaren Feind angestachelt wäre und wenn er seine Macht nicht von jenem empfangen hätte, der alles richtig erlaubt. Wenn also ein schlimmer Mensch dich angeht, dann leiste keinen Widerstand, sondern erhebe dein Herz zu jenem, von dem auch der Schlechte die Macht empfangen hat, dich übel zuzurichten. Wenn ein Schlechter, der dich in seiner Bosheit tyrannisiert, gegen dich sündigt, dann sündigt nicht Gott gegen dich, von dem eben dies nicht zu Unrecht zugelassen wird. Nichts aber verhindert in der Trübsal mehr die göttliche Hilfe als die Begierde, sich am Nächsten zu rächen. Denn Gott ist der Richter, „der seine Hand ausstreckt im Zurückgeben" (Ps 54, 21 Vg.G), du aber sieh zu, daß du nicht die Frucht des Verdienstes zugrunde richtest, und liebe die Geduld. Aber du, die du begierig scheinst nach Glück und ungeduldig im Unglück, gib mir Antwort: Woher beziehen denn die Pflanzen in jeder beliebigen Erde ihre Fähigkeit zum Wachstum?

T.: Ich denke, von der ausgeglichenen Beschaffenheit der Luft, das heißt, bald vom Regen, bald von der Sonne, bald von der Kälte, bald von der Wärme, zuweilen auch von beidem gleichzeitig.[179]

P.: Nihil verius. Sic omnis in disciplina caelesti positus,
prosperis et adversis, nunc pace, nunc pressura per temporum intervalla dispositis, ad virtutum incrementa perduci-
tur. Granum frumenti in terra missum, homo est iactus in
agrum domenicum. Nunc laetis, nunc tristibus exercetur, 5
nunc pressuris, interdum solatio relevatur sicque alternante
pace cum bello temperatur alterum ab altero, immo utrumque ab alterutro, sicque fit, ut qui magnus et pulcher videbatur prosperitatis flore, maior pulchriorque reddatur adversitatis labore vel meriti perfectione. Omnis nunc 10
temporis laetitia sic est quasi solis splendor in spissa pluvia.
Ipsa enim iocunditas adversitate mixta est.

T.: Non adeo miror rerum alternantium varietate mutari
hominem, de quo scriptum est: „Numquam in eodem statu
permanet", sed quod suo malo stultus alludentibus prospe- 15
ris potest erigi, quem constat mutatis rebus velut aura mox
ex adversis periclitari.

P.: An ignoras nos homines esse quavis rerum sive habitus seu loci mutatione? Vestigia naturae nostrae non facile
delentur, quamvis ipsa natura spiritu sancto adiuvante in- 20
terdum se ipsam excedere cogatur. Proinde maximus testis
est praemiorum bona conscientia. Sine qua et si floreas
exterius ut arbuscula, frustra sperabis solis virtutibus praemia reposita. Vascula lutea nihil prosunt nisi igne decocta,

P.: Nichts ist wahrer. So ist jeder Mensch in eine himmlische Ordnung gestellt und wird durch Glück und Unglück, die im Lauf der Zeiten in Friede und Drangsal verteilt sind, zu einem Zuwachs an Tugenden geführt. Das Getreidekorn wird in die Erde gelegt, der Mensch ist in den Acker des Herrn geworfen. Er wird bald durch frohe Ereignisse, bald durch traurige, bald durch Drangsal auf die Probe gestellt, bisweilen durch Trost erleichtert. Während so Frieden und Krieg miteinander wechseln, erfährt das eine vom anderen Mäßigung, in der Tat jedes vom jeweils anderen. So geschieht es, daß, wer groß und schön erschien in der Blüte seines Glücks, sich als noch größer und schöner erweist durch Anstrengung im Unglück und schließlich vollkommenem Verdienst. Denn Freude in der Zeitlichkeit ist wie der Glanz der Sonne im dichten Regen. Das Vergnügen selbst ist nämlich gemischt mit Ungemach.

T.: Ich wundere mich nicht so sehr, daß aufgrund des Wechsels sich ändernder Umstände der Mensch sich ändert, von dem geschrieben steht: „Niemals bleibt er in demselben Zustand" (Ijob 14,2), sondern vielmehr darüber, daß der Törichte aus seinem eigenen Übel wieder aufgerichtet werden kann, sobald das Glück sein Spiel mit ihm treibt, von dem doch feststeht, daß er durch Unglück bald wieder in Gefahr gerät, wenn die Dinge sich ändern wie ein Lufthauch.

P.: Weißt du nicht, daß wir als Menschen jeder beliebigen Veränderung unterworfen sind, sei es an Vermögen, an Aussehen, an Aufenthaltsorten? Die Spuren unserer natürlichen Anlage lassen sich nicht leicht löschen, obwohl die Natur sogar zuweilen mit Hilfe des heiligen Geistes gezwungen wird, über sich selbst hinauszuwachsen. Deshalb ist der wichtigste Zeuge der Auszeichnung das gute Gewissen. Ohne dieses wirst du, auch wenn du äußerlich wie ein kleiner Baum blühst, vergeblich auf die Auszeichnungen hoffen, die allein für die Tugenden zurückgelegt sind. Gefäße aus Lehm nützen nichts, wenn sie nicht im Feuer gebrannt sind,

sic cor tuum non proficit ad fidei meritum, nisi gratia sancti
spiritus dederit ei robur et incrementum. Merito igitur prae
| ceteris clarius fulgebunt aeternaliter in caelis, qui splendo- | 257
re virtutum prae ceteris temporaliter claruerunt in terris,
quorum vita speculum quoddam alienae vitae fuit et de 5
nocte diei ortum fecit. Quia de virtute patientiae agimus,
visne scire, quo virginem sacram prosperitas diuturna per-
ducat?

T.: Etiam.

P.: Lenta prosperitas menti securitatem, securitas torpo- 10
rem, torpor negligentiam adducit. Hinc desidia praecurrente desideria noxia suscitantur, concupiscentiae noxiae frena
laxantur, sicque aversae menti a vera luce fovea secundae
mortis aperitur. At temperata adversitas fidem excitat sicut
in Petro, orationes ad deum parat sicut in omnibus fide et 15
spe currentibus, mentem erudit, inter hostes et amicos cau-
tum facit. „In die bonorum ne inmemor sis malorum, et in
die malorum ne inmemor sis bonorum." Timor assit in
prosperitate, confidentia in temptatione, constantia in labore, quia magis provocas hostem persequentem fuga quam 20
fiducia, magis titubando turbata quam tibi constando con-
fisa. Voluntarie oportet nos ingruentia mala sufferre, quia
merces voluntaria est. Prudens virgo non laboriosa, sed vo-
luptuosa, non aspera, sed blanda timebit. Haec animo, quod

so wird auch dein Herz nicht den Fortschritt im Glauben verdienen, wenn nicht die Gnade des heiligen Geistes ihm Stärke und Wachstum verleiht. Mit Recht werden darum vor den anderen diejenigen um so heller in Ewigkeit im Himmel strahlen, die vor den anderen durch den Glanz ihrer Tugenden in der Zeitlichkeit auf Erden leuchteten, deren Leben gewissermaßen Spiegel für ein fremdes Leben gewesen ist und aus der Nacht den Aufgang des Tages gemacht hat. Aber weil wir uns mit der Tugend der Geduld beschäftigen, willst du da nicht wissen, wohin eine Glückseligkeit, die Tag für Tag andauert, die heilige Jungfrau führt?

T.: Ja sicher.

P.: Lang andauernde Glückseligkeit gibt dem Gemüt Sicherheit, Sicherheit führt Erschlaffung herbei, Erschlaffung Nachlässigkeit. Wenn daher Müßiggang vorangeht, werden schuldhafte Sehnsüchte geweckt, die Zügel schädlicher Begierde lockergelassen und so für das Gemüt, das sich vom wahren Licht abgewandt hat, die Grube des zweiten Todes geöffnet. Aber Unglück in Maßen regt den Glauben an wie bei Petrus, es hilft, Gebete zu Gott zu schicken, so wie bei allen, die ihren Weg in Glaube und Hoffnung gehen, es erzieht das Gemüt und gibt ihm Sicherheit zwischen Feinden und Freunden. „An den Tagen, an denen es dir gut geht, vergiß nicht die schlechten Tage, und an den Tagen, an denen es dir schlecht geht, vergiß nicht die guten" (Sir 11, 27 Vg). Im Glück soll Furcht gegenwärtig sein, Vertrauen in der Anfechtung, Standhaftigkeit in der Mühsal, weil du den Feind durch Flucht mehr zur Verfolgung reizt als durch Zutrauen, mehr durch Schwanken, wenn du verwirrt bist, als wenn du dir treu bleibst und Zutrauen hast. Es ziemt sich für uns, die anfallenden Übel freiwillig zu ertragen, da auch unser Lohn aus freiem Willen kommt. Eine kluge Jungfrau wird nicht die mühsamen Dinge fürchten, sondern die ergötzlichen, nicht die harten, sondern die weichen. Denn diese Dinge dienen dem Geist, was ziemlich

peius est, illa corpori, quod levius est, officiunt. „Despondi
vos", ait Paulus, „uni viro virginem castam exhibere Christo, timeo autem, ne sicut serpens Evam seduxit, ita cor-
rumpantur sensus vestri et excidant a simplicitate sua."
Itaque sapientia est, quae dei sunt, sapere et bonum ineffu- 5
gabile per mundi labores iuste sitire. Ante omnia stude
caelesti sponso in hilaritate servire. Melius est enim deo
servire in libertate quam necessitate, melius est piae volun-
tatis officium quam coactitiae servitutis impensum. Alterum insolubile vinculum caritatis mentibus piis in deum 10
astringit, alterum servile iugum timoris innectit. In altero
gaudium | de tribulatione contrariorumque perpessio vo- | 258
luntaria est, in altero molestia ingratae persecutionis fructum patientiae tollit. Sancta enim mens in divino servitio
cum hilaritate sic est quasi purpurata regina astans coram 15
rege, qui non solum forma, sed etiam habitus eius honora-
tur praestantia. Ad habitum igitur refer opus sanctum, ad
formam ipsum opus voluntarium. Si servis domino deo tuo
taediosa, habitu quidem ornata es, non formosa. Iunge
utrumque et placebis ex utroque. Sanctae virginis maximus 20
ornatus pudicitia est. Qua abiecta etiam in bysso et purpura
nuda est. Verum quia de diversis corporis et animae passionibus agimus, hoc tibi, virgo Christi, providendum est, ne
sint tibi steriles passiones, hoc est quas ipsa feceris, ex
quibus, quia sunt infructuosae, nullum praemium conse- 25
queris. Sunt enim causae efficientes morborum et corporis

schwierig ist, jene dem Körper, was wesentlich leichter ist.
„Ich habe euch einem einzigen Mann verlobt", sagt Paulus,
„damit ich Christus eine reine Jungfrau zuführe, ich fürchte aber, daß, so wie die Schlange Eva verführt hat, eure
Gedanken verdorben werden und sich abwenden von der
Einfachheit" (2 Kor 11, 2 f). Deshalb ist es Weisheit, zu wissen, was die Dinge Gottes sind, und nach dem Guten, das
nicht vertrieben werden kann, in den Mühen der Welt richtig zu dürsten. Vor allem bemühe dich, in Fröhlichkeit
deinem himmlischen Bräutigam zu dienen. Denn besser ist
es, Gott aus freiem Willen zu dienen als unter Zwang, besser
ist der Dienst aus frommem Willen als der kostspielige
Dienst in erzwungener Knechtschaft. Denn das eine bindet
als unlösliche Fessel der Liebe die frommen Herzen an
Gott, das andere knüpft in Furcht ein Joch der Knechtschaft. Im einen besteht Freude über die Trübsal und ein
freiwilliges Erdulden von Feindschaft, im anderen hebt das
Stöhnen über die ungeliebte Verfolgung die Frucht der Geduld wieder auf. Denn ein heiliges Herz, das mit Fröhlichkeit den göttlichen Dienst versieht, ist wie eine Königin, in
Purpur gekleidet, die vor ihrem König steht, dem nicht nur
ihre Schönheit, sondern auch ihre vorzügliche Kleidung zur
Zierde dient. Auf die Kleidung beziehe also das heilige
Werk, auf die Schönheit selbst die Freiwilligkeit des Werks.
Wenn du dem Herrn, deinem Gott, verdrießlich dienst, bist
du zwar mit einem Gewand geschmückt, aber du bist nicht
schön. Verbinde beides, und du wirst aufgrund von beidem
Gefallen finden. Aber der höchste Schmuck einer heiligen
Jungfrau ist ihre Keuschheit. Wenn sie diese abgelegt hat,
dann ist sie nackt, auch wenn sie in Leinen und Purpur geht.
Aber weil wir ja nun die verschiedenen Leiden von Körper
und Seele behandeln, mußt du, Jungfrau Christi, dafür sorgen, daß diese Leiden nicht unfruchtbar für dich sind, das
heißt, daß du nicht selbst die herbeiführst, von denen du
keinen Gewinn ziehen wirst, weil sie unfruchtbar sind. Es
gibt nämlich Dinge, die ursächlich Krankheiten von Körper

et animae, quas qui gratis admiserit, quomodo fructus in eo
patientiae stabit? Cum enim deo permittente temptationes
sustines vel ad correctionem vel probationem, patientia
certum praemii sui meretur honorem; host<is> vero, quem
suscitaverit stultitia tua, totum de manu extorquet, quod 5
sperabas in gloria.

T.: Breviter, obsecro te, pater, de his rationem redde, quae
sint passiones infructuosae, de quibus gravis labor, nullus
honor.

P.: Quia verbum quaeris breviatum, accipe de his breve 10
responsum. Omnes animae passiones certas habent materi-
as. Verbi gratia, vanitatis et stultitiae superbia fundamen-
tum est, invidiae vana gloria materia est, venter plenus et
ebrietas causa libidinis, et sic intellige de ceteris. Matres
occide et filias non timebis. Efficientes vitiorum amputa 15
causas et omnes passiones tuas habebis propter Christum
fructuosas.

T.: Quia igitur vitia sui generis causas habent efficientes,
quae est, rogo, causae efficientis materia?

P.: Non inanis inquisitio tua.   20   25

T.: Dic ergo.

P.: Aversio ab intima luce veritatis causa efficiens totius
humani defectus est, ac per hoc in spiritalibus profectibus
elatio totius fructus virtutum exinanitio est.

T.: Quis haec omnia tam subtili indagine queat perscruta- 25
ri, ut numquam velit nec possit sine fructu temptari?

P.: Audi Theodora. Quotiens anima dei sui recordatur,
totiens ad intuendam veritatis et mendacii differentiam
purgatur. Est autem mendacium, cum homo finem operis

---

[180] Alle Hss überliefern hier den Akkusativ *hostem,* der so keinen Sinn
ergibt.

und Geist veranlassen; wer diese freiwillig zuläßt, wie wird bei dem die Frucht der Geduld Bestand haben? Denn wenn du mit der Zustimmung Gottes Versuchungen aushältst, sei es zur Besserung, sei es zur Prüfung, dann verdient sich die Geduld sicher die Ehre eigener Auszeichnung; der Feind[180] aber, den deine Torheit aufgeweckt hat, entwindet aus deiner Hand alles, was du in Herrlichkeit erhofftest.

T.: Ich bitte dich, Vater, gib in kurzen Worten Rechenschaft darüber, welches diese unfruchtbaren Leiden sind, aus denen schwere Mühe entsteht, aber keine Ehre.

P.: Weil du nach einem kurzen Wort verlangst, empfange auch eine kurze Antwort darüber. Alle Leiden des Geistes haben ihre bestimmten Ursachen. Zum Beispiel ist für Eitelkeit und Torheit Hochmut die Grundlage, für den Neid die Ruhmsucht, ein voller Bauch und Trunkenheit sind die Ursache für Lüsternheit, und so verstehe es auch bei den übrigen Eigenschaften. Töte die Mütter, und du wirst die Töchter nicht fürchten müssen. Entferne die Ursachen, die die Laster entstehen lassen, und du wirst alle deine Leiden um Christi willen als Fruchtbringende ertragen.

T.: Weil also die Laster ihre wirksamen Ursachen eigener Art haben, frage ich, was denn nun die Grundlage für die Wirkursache ist?

P.: Deine Frage ist nicht unbegründet.

T.: Darum sprich.

P.: Die Abkehr vom innersten Licht der Wahrheit ist die Wirkursache für alles menschliche Versagen, und deshalb ist der Stolz über geistlichen Fortschritt die Aushöhlung jedes Erfolgs in den Tugenden.

T.: Wer könnte all diese Dinge in so eingehender Untersuchung erforschen, daß er niemals ohne Erfolg versucht werden wollte oder könnte?

P.: Höre, Theodora! So oft die Seele sich ihres Gottes erinnert, so oft macht sie sich in Reinheit bereit, um den Unterschied zwischen Wahrheit und Lüge wahrzunehmen. Es ist aber Täuschung, wenn der Mensch als Endziel für sein

sui vel mercedem vel laudem humanam vel quodcumque
transitorium ponit et, quod facit, non ideo facit, ut beatus
sit, sed ut ex facto magnus aestimari possit. Vere filia, tunc
primum fovea cavenda est praecipitii, cum apud homines
incipis magna haberi vel pro magno aestimari. Cum enim 5
proponis secundum deum vivere, magis ex tolerantia quam
ex laude hominum gradus et robur crescit animae. Aeternos
honores numquam recte intellexisse probatur, qui de ordine, de gradu, de laude temporali extollitur. Equidem aeternorum intuitus temporalium despectus est. Quicquid pro 10
Christo et in Christo agis, in eodem actu in multa non
dividaris. Tota in opere, tota sis in lectione, tota in sancta
oratione, tota in divinae legis meditatione, quia mens, quae
dividitur in multa, minor est ad singula. Porro pigra mens
in opere suo sic est quasi plaustrum haerens in luto. „Sis 15
calida vel frigida. Si neutrum fueris, domino tuo nausia
eris." Considera scripturae veritatem, quae ait: „Melior est
iniquitas viri quam benefaciens mulier."

T.: Locum istum scripturae divinae mihi meique simili-
bus telum phalaricum dixerim, quod suscepisse occubuisse 20
est, nisi forte „spiritus vivificet, quos littera occidit", et
spiritalis intelligentia consoletur, quos littera in hoc loco
contristare videtur. Quid enim | feminae in via domini | 260
quantulumcumque cucurrisse proderit, si currentem mas-
culus stando vel sedendo praecedit? Si praestantior iniquitas 25

---

[181] PHALARIS war ein wegen seiner Grausamkeit berüchtigter Tyrann von
Agrigent. Er röstete seine Feinde in einem glühenden Stier aus Erz, daher
bezeichnete man die mit brennendem Werg umwickelten Pfeile als *phala-
ricae sagittae;* vgl. PATZEK, *Phalaris.*

Werk entweder Lohn oder menschliches Lob oder sonst
etwas Vergängliches festsetzt und das, was er tut, nicht
darum tut, daß er selig sei, sondern daß er aufgrund seiner
Tat für groß gehalten werde. Wahrlich, Tochter, sobald du
anfängst, bei den Menschen als groß zu gelten und hoch
eingeschätzt zu werden, dann besonders mußt du dich vor
dem Sturz in die Grube hüten. Denn wenn du den Vorsatz
faßt, gottgemäß zu leben, dann wächst deiner Seele mehr
Rang und Kraft aus der Duldung zu als aus dem Lob der
Menschen. Denn der hat wirklich niemals richtig Einsicht
in die ewigen Ehren gehabt, der sich aufgrund von Stand,
Rang und zeitlichem Lob erhebt. Denn die Einsicht in die
ewigen Dinge ist gleichbedeutend mit der Verachtung der
zeitlichen. Was immer du für Christus und in Christus tust,
du sollst dich bei eben diesem Handeln nicht in viele Richtungen zersplittern. Ganz sollst du beim Werk sein, ganz
bei der Lesung, ganz beim heiligen Gebet, ganz bei der
Betrachtung des göttlichen Gesetzes, weil ein Geist, der
sich in viele Richtungen zersplittert, für die einzelnen Dinge geringere Kraft hat. Weiter ist ein Herz, das bei seinem
Werk träge ist, wie ein Wagen, der im Schlamm stecken-
bleibt. „Du sollst warm oder kalt sein. Wenn du keins von
beidem bist, wirst du deinem Herrn ein Brechmittel sein"
(vgl. Offb 3,15f). Bedenke die Wahrheit der heiligen
Schrift: „Besser ist die Ungerechtigkeit eines Mannes als
eine Frau, die Gutes tut" (Sir 42,14 Vg.).

T.: Diese Stelle der heiligen Schrift möchte ich für mich
und für die, die mir ähnlich sind, einen brennenden Pfeil[181]
nennen, den empfangen zu haben Tod bedeutet, wenn nicht
gerade „der Geist die lebendig machte, die der Buchstabe
getötet hat" (2 Kor 3,6), und die geistliche Einsicht diejenigen tröstet, die die Schrift an dieser Stelle zu betrüben
scheint. Denn was wird es einer Frau nützen, auf dem Weg
des Herrn auch nur ein kleines Stück vorangelaufen zu sein,
wenn ein männliches Wesen der Laufenden immer vorangeht, auch wenn es steht oder sitzt? Wenn Ungerechtigkeit

iustitia, quis transitus ad vitam de via? Si sexus fortior
crimen excusat, quid infirmior ultra pro colligendis virtutum fructibus sudat? Comparatio ista si littera conversa
mutaretur et peius meliori postponeret dicens: „Melius esse
benefactum mulieris malo viri", quis refragaretur litterae 5
cursu legitimo procedenti? An aliquem sensum misticum
littera celat et aliter intelligendum demonstrat?

P.: In defensionem tuam non frustra moveris, quae meliora et viciniora saluti pro laboris tui sudoribus speras.
Spiritus sanctus in hoc loco mollitiae vili solutam et in 10
opere dei desidem pro muliere posuit animam, quae licet
rectis intendat operibus, nihil tamen mercedis fere consequitur, studiis suis pigritia quadam fluitantibus. Bonum quidem videtur, quod agit, sed eidem operi suo
robur et effectum spiritalis disciplinae non adicit. Qui 15
mollis et dissolutus est in opere suo, frater est sua opera
dissipantis. Porro virum animum vult intelligi virilem et
sensum rationabilem, qui dum fervido spiritalis exercitii
semper cursu movetur, interdum in ipso recti studii zelo
et si modicum offendere cogitur, quae offensio quasi quae- 20
dam in caelestibus exercitiis macula iniquitatis nomen accepit. Sed haec offensio praefertur accediosae animae, operi bono licet ingrato, quia ut alia exempla omittam, ex

vorzüglicher ist als Gerechtigkeit, welchen Übergang zum
Leben gibt es dann von diesem Weg? Wenn das stärkere
Geschlecht Entschuldigungsgrund für Verbrechen ist, was
müht sich dann das schwächere Geschlecht im Schweiß
noch weiter, um Früchte der Tugenden einzusammeln?
Wenn dieser Vergleich umgedreht und die Aussage ver-
tauscht würde, und das Schlechtere dem Besseren hintan-
gesetzt würde mit dem Satz: „Besser ist die gute Tat einer
Frau als die schlechte eines Mannes" (vgl. Sir 42, 14), wer
würde da gegen die heilige Schrift stimmen, die in rechtmä-
ßigem Gang voranschreitet? Oder verhüllt die heilige
Schrift irgendeinen geheimnisvollen Sinn und zeigt, daß die
Stelle anders verstanden werden muß?

P.: Nicht vergeblich rührst du dich zu deiner Verteidi-
gung, die du dir vom Schweiß deiner Mühe bessere Dinge
erhoffst, die dem Heil näher sind. Der heilige Geist hat an
dieser Stelle die Seele, die sich in billiger Verweichlichung
zerfließen läßt und träge ist im Werk für Gott, an die Stelle
einer Frau gesetzt, die sich zwar um das richtige Werk
bemüht, aber dennoch fast nichts an Lohn erreicht, weil
ihr Bemühen sich verzettelt aufgrund einer gewissen Trägheit. Es erscheint zwar gut, was sie tut, aber sie fügt diesem
ihrem Werk nicht die Kraft und Wirkung geistlicher Zucht
hinzu. Wer verweichlicht und zerfahren ist in seinem
Werk, ist ein Bruder dessen, der sein Gut verschwendet.
Weiter will diese Aussage unter dem Mann ein mutiges
Herz und einen vernünftigen Sinn verstanden wissen, der
sich zwar in eifrigem Lauf geistlicher Übung ununterbro-
chen vorwärtsbewegt, aber bisweilen im Eifer seiner Bemühung um das Richtige notwendigerweise einen Fehler
macht, auch wenn es nur ein geringer ist, und dieser Fehler
erhält dann gewissermaßen wie ein Makel bei den himmlischen Übungen den Namen der Ungerechtigkeit. Aber
dieser Fehler wird immer noch einem trägen Gemüt vorgezogen, einem guten Werk, das aber in Undank geschieht,
weil ja, um andere Beispiele zu übergehen, das Verdienst

fervore sanctae fidei, qua Petrus in Christo aestuabat, maior
erat eius merces ex praesumptione, qua Christum petebat
in fluctu furentis procellae, quam delictum diffidentiae, iam
vicino mortis discrimine. Collateralem tuam in servitio
divino ex cantu assiduo raucizantem tibi gratiorem credi- 5
derim quam eam, quae in laudibus divinis nec tacet nec
cantat quasi quae nec currit nec vacat nec dormit nec vigilat.

T.: Ut vulgari utar proverbio, saxum cor meum premen- 261
tem amovisti, qui hoc, unde digne movebar, resolvisti.

P.: Necesse est, filia, ut saepe lassitudinem incurrat, qui 10
multum currit et laborat, sic qui per angustae viae clivosa
Christum adire conatur, saepe lassatur, in paupertate virtus
eius infirmatur, qui vero mollitiae fragilis vitae delectatur,
et si ambulat in iustis operibus, cedente fervore solus torpor
obstat meritorum fructibus. Verum: „Mulier sensata et ta- 15
cita non est inmutatio eruditae animae. Gratia super gratiam mulier sancta et pudorata. Omnis ponderatio non est
digna continentis animae. Sol oriens mundo in altissimis
dei, sic mulieris bonae species in ornamentum domus illius. Columnae aureae super bases argenteas et pedes firmi 20
super plantas stabilis mulieris. Fundamenta aeterna super
petram solidam et mandata dei in corde mulieris sanctae.
Pars bona mulier bona in parte bona timentium deum

des Petrus aufgrund seines heiligen Eifers im Glauben, mit dem er für Christus glühte, immer noch größer war wegen des Vertrauens, mit dem er Christus in der Flut des wütenden Sturmes um Hilfe bat (vgl. Mt 14,27–31), als das Vergehen seiner Verleugnung (vgl. Joh 18,15–27), als das Unheil des Todes schon nahe war. Darum möchte ich glauben, daß deine Mitschwester, die beim Gottesdienst an deiner Seite sitzt und wegen des andauernden Chorgesangs eine krächzende Stimme hat, dir angenehmer ist als die, die beim Gotteslob weder schweigt noch singt, gleichsam wie eine, die weder läuft noch eine Pause macht, die weder schläft noch wacht.

T.: Um ein gebräuchliches Sprichwort zu benutzen: Du hast den Stein weggewälzt, der auf meinem Herzen lag, weil du mich von dem erlöst hast, von dem ich berechtigterweise beunruhigt war.

P.: Es ist notwendig, Tochter, daß es bei dem, der viel läuft und sich anstrengt, auch häufig zu einer Ermattung kommt. So ermattet oft auch der, der auf engem Pfad in steilem Gelände versucht, zu Christus zu gelangen. In ärmlichen Verhältnissen wird die Kraft dessen geschwächt, der sich in der Tat an der Weichheit des vergänglichen Lebens ergötzt, und es steht, wenn der Eifer nachläßt, allein schon die Trägheit dem verdienten Erfolg im Wege, auch wenn er in gerechten Werken wandelt. Wirklich: „Eine einfühlsame und schweigsame Frau ist nicht zu tauschen mit einem noch so gebildeten Gemüt. Gnade über Gnade ist eine heilige und keusche Frau. Kein Preis ist würdig einer Seele, die sich beherrscht. Die Sonne erstrahlt bei ihrem Aufgang in den Höhen Gottes, so dient die Schönheit einer guten Frau zum Schmuck seines Hauses. Goldene Säulen auf silbernen Basen sind wie feste Füße auf den Fußsohlen einer verläßlichen Frau. Eherne Fundamente auf festem Stein sind wie die Aufträge Gottes im Herzen einer heiligen Frau" (Sir 26,18–21.23 f Vg.). „Eine gute Frau ist eine gute Gabe, zum guten Teil derer, die Gott fürchten, wird sie dem

dabitur viro pro factis bonis", et cetera, quae in laude
sanctae virginis vel viduae scribuntur. Vidisti rosam paradysi, adtende nunc spinam deserti. „Non est caput nequius
super caput colubri, et non est malum super iram mulieris.
Commorari leoni et draconi placebit quam habitare cum ₅
muliere nequam. Nequitia mulieris immutat faciem eius et
obcaecabit vultum suum tanquam ursus et quasi saccum
ostendet in medio proximorum eius. Brevis omnis malitia
super malitiam mulieris. Mulieris ira, irreverentia et confu-
sio magna", et cetera. „Omnis", ait Paulus, „amaritudo et ₁₀
ira et indignatio et clamor et blasphemia", quae propriae
mulieris malitiosae sunt, „tollatur a vobis cum omni malitia. Estote autem invicem benigni", et cetera.

T.: Vere, pater, spinam Ydumaeae et rosam paradysi spi- ₂₆₂
ritus sanctus exposuit breviter, et quod nihil in omnibus, ₁₅
quae deo minus sunt, bonae vel malae mulieri comparari
possunt. Tantum differre video inter bonam mulierem et
malam quantum inter vitam et mortem.

P.: Bonum et malum contraria sunt, immediata sunt.
Quorum alterum qui amat, necesse est, ut alterum exhor- ₂₀
reat. Duo enim omnino sibi contraria simul habere, diffi-
cile est. Bonus esse non potest, qui cum malis ubique
concordat, nec malus esse potest, qui bonorum actus non
declinat. Denique quocumque te verteris, bonos mores et
malos commanentium repperis, quid eligas, tu videris. ₂₅
Quicquid diligis in altero, necesse est, ut vel habeas aut
esse velis in te ipso. Equidem similis similem quaerit et

Mann für seine guten Taten gegeben" (Sir 26, 3 Vg.), und so
weiter, was geschrieben ist zum Lob der heiligen Jungfrau
und Witwe. Du hast die Rose des Paradieses gesehen, achte
jetzt auch auf die Dornen der Wüste: „Kein Kopf ist so
listig wie das Haupt der Schlange, und es gibt kein Übel,
das größer ist als der Zorn einer Frau. Besser ist es, sich bei
Löwen und Drachen aufzuhalten, als zusammenzuwohnen
mit einer nichtsnutzigen Frau. Die Bosheit einer Frau verwandelt ihr Angesicht und verdunkelt ihre Miene wie ein
Bär, und sie zeigt sich wie ein schwarzer Sack in der Mitte
ihrer Nächsten. Alle Bosheit ist kurz gegenüber der Bosheit einer Frau. Der Zorn einer Frau ist Verachtung und
große Verwirrung" (Sir 25, 22–24.26.29 Vg.), und so weiter.
„Alle Bitterkeit", sagt Paulus, „Zorn, Wut, Geschrei und
Lästerung", die alle Eigenschaften einer bösen Frau sind,
„soll von euch genommen sein mit allem Bösen. Seid aber
gütig zueinander" (Eph 4, 31 f), und so weiter.

T.: Wirklich, Vater, der heilige Geist hat den Dornenstrauch von Palästina und die Rose des Paradieses in kurzen
Worten erklärt, und weil nichts geringer ist in allen Dingen,
die Gott zugehören, können sie einer guten oder einer
schlechten Frau verglichen werden. Und ich sehe, daß der
Unterschied zwischen einer guten und einer schlechten
Frau so groß ist wie der zwischen Leben und Tod.

P.: Gut und Böse sind Gegensätze, sie sind unvereinbar.
Wer das eine von diesen beiden liebt, muß notwendigerweise vor dem anderen zurückschrecken. Denn zwei einander
so vollkommen entgegengesetzte Dinge gleichzeitig zu besitzen, ist schwierig. Wer mit dem Bösen in allem übereinstimmt, kann nicht gut sein, und schlecht kann der nicht völlig
sein, der die Handlungen der Guten nicht abweist. Wohin
auch immer du dich letztlich wendest, du findest gute und
schlechte Sitten bei deinen Mitmenschen, und du erscheinst
als das, was du auswählst. Was immer du beim anderen liebst,
das mußt du notwendigerweise entweder in dir selbst besitzen oder sein wollen. Denn gleich und gleich gesellt sich gern,

amorem amantis idem amor colligit idem. Audi filia. In
multitudine positam patienter oportet te tolerare, quicquid
non poteris vel cavere vel vitare. Ipsa enim impatientia
poenam necessario subeundam auget, non minuit. Omnis
patientia, licet horae brevissimae, loco tamen virtutis as- 5
sumpta deo sacrificium est. Nulla enim sine retributione
deo virtus offertur. Itaque sicut patientis animae quior
sufferentia laudem et gloriam, ita meretur impatientia confusionem et poenam. Virginalis vitae propositum tranquilli
et quietis animi quasi margarito gravi decoratur, quae gratia 10
permaxime scripturarum meditatione vel aeternorum desiderio vivatur. Haustum enim aeternae dulcedinis vix in hac
vita praelibat, quem strepitus negotiorum et praelationis
appetitus delectat. Alterum impedimentum alterius est.
Laus omnium virtutum patri, qui per suave iugum et oneris 15
levitatem imperat nobis quietem, ut abdicatis curis vanis
transeamus de requie in requiem, de sabbato ad sabbatum,
et haec pacis gratia pignus est dandae nobis aeternitatis. Sed
ad haec quid nos maxime provocat? Verbi divini dulcedo,
qua vel ad | modicum praegustata sordes videbuntur mundi 20 | 26
pretiosa. Porro granum caelestis sapientiae mundi cordis
agrum quaerit. Semen enim sacri eloquii illic fructum facit,
ubi in virgine cor castum, humile, quietum timoratumque
repperit. Ubi enim congruit terra cum serente vel semine,

und gleiche Liebe sucht die Liebe dessen zu gewinnen, der
das Gleiche liebt. Höre, Tochter! Es ziemt sich für dich, die
du in eine Gemeinschaft von vielen gestellt bist, geduldig
zu ertragen, was du weder vermeiden noch verhindern
kannst. Die Ungeduld nämlich vermehrt selbst noch die
Pein, der man sich notwendigerweise unterziehen muß, sie
vermindert sie nicht, und jede Geduld, und sei sie auch nur
für eine ganz kurze Stunde durchgehalten, wird dennoch
anstelle von Tugend als Opfer für Gott angenommen. Denn
keine Tugend wird Gott ohne Vergeltung dargebracht. So
wie die ruhigere Genügsamkeit einer duldsamen Seele
nämlich Lob und Preis verdient, so verdient die Ungeduld
Verwirrung und Strafe. Der Vorsatz eines stillen und ruhi-
gen Geistes zum jungfräulichen Leben wird wie von einer
gewichtigen Perle geschmückt, und diese Gnade wird vor
allem durch die Betrachtung der heiligen Schrift und die
Sehnsucht nach den ewigen Dingen belebt. Denn einen
Schluck aus dem Quell der ewigen Süße wird in diesem
Leben derjenige kaum vorher kosten, den der Lärm der
Geschäfte erfreut und das Verlangen nach herausgeho-
bener Stellung. Das eine ist Hinderungsgrund für das andere. Das Lob aller Tugenden gebührt dem Vater, der uns
in süßem Joch und leichtem Gewicht der Last Ruhe befiehlt, damit wir den eitlen Sorgen Absage erteilen und
danach von Ruhe zu Ruhe schreiten, von Sabbat zu Sabbat, und dies Geschenk des Friedens ist Unterpfand für die
Ewigkeit, die uns geschenkt werden soll. Aber was ist es,
was uns am meisten hierzu ruft? Es ist die Süße des göttlichen Wortes; wenn wir von dieser auch nur in Maßen
vorher gekostet haben, so werden uns die Kostbarkeiten
der Welt als Schmutz erscheinen. Weiter sucht das Weizen-
korn himmlischer Weisheit den Acker eines reinen Herzens. Denn das Samenkorn der heiligen Schrift bringt
dort Frucht, wo es in der Jungfrau ein reines, demütiges,
stilles und gottesfürchtiges Herz findet. Denn wo die
Erde in Einklang steht mit dem Sämann und dem Samen,

laeta camporum ubertas surgit in opimo germine, sic verbum dei pio cordi commissum semper multiplicatur in
fructu virtutum. Recte igitur divinae sapientiae mens illa
capax efficitur, quae mundo suisque concupiscentiis recte
moritur. Cum ergo in verbo dei sine intermissione versa- 5
mur, „pane vitae et intellectus" satiamur. Itaque merito
lacunam corporis fastidit, cui cibus iste dulcescit: „Habet
enim in ore sapientis omne delectamentum et omnem saporem suavitatis." Ubi igitur omne delectamentum sensus
rationabilis haurit interius, nihil dulce relinquitur exterius. 10

T.: Scio equidem, quod omnis homo bonum indifferen-
ter optat, sed hoc ea sapientia, quam praemisisti, quaerere
aut non vult aut ignorat. Quorum alterum criminis, alterum
erroris est.

P.: O sapientiae pulchritudo. Quid hac, rogo, iocundius 15
quidve potentius? Haec in homine fidei lumen accendit,
mores componit, vitam exornat, caritatem ordinat, nihil
foeditatis admittit, omnem rectitudinis statum adducit. In
hac: „Invisibilia dei per ea, quae facta sunt, intellecta conspi-
ciuntur" mentis caecitas illuminatur, vetusta hominis per 20
spiritum renovantur, arefacta revirent et arida florent. O decus
verae sophiae prorsus incomparabile, qua creatura rationalis
adornatur et altior omni mundo creatorem intuendo invisibilibus communicare probatur. In hac sapientia mens erecta,
cum delectari coeperit luce incorporea, tunc primum cerne- 25
re valet, quanta vanitas | sit in hac luce corporea, tunc | 264

da erhebt sich in üppiger Fruchtbarkeit voller Freude das
Wachstum der Felder, so wie das Wort Gottes, das einem
frommen Herzen anvertraut ist, sich immer vervielfältigt
in der Frucht der Tugenden. Darum erweist sich jener Geist
erst richtig fähig, die göttliche Weisheit zu fassen, der für
die Welt und ihre Begehrlichkeiten aufrecht stirbt. Wenn
wir uns also ohne Unterbrechung mit dem Wort Gottes
beschäftigen, dann werden wir satt „vom Brot des Lebens
und der Einsicht" (Sir 15, 3 Vg.). Deshalb verschmäht der
zu Recht den Abgrund seines Körpers, dem diese Speise
süß ist: „Denn sie hat im Mund des Weisen jede Erquickung
und jeden Geschmack von Süße" (vgl. Weish 16, 20 Vg.).
Wo darum der vernünftige Sinn alle Erquickung innerlich
trinkt, da bleibt äußerlich nichts Süßes übrig.

T.: Ich weiß allerdings, daß jeder Mensch ohne Unterschied das Gute wünscht, aber entweder will er nicht oder
er ist nicht in der Lage, es in eben der Weisheit zu suchen,
die du vorgestellt hast. Von diesen beiden ist das eine
verbrecherisches Verhalten, das andere Verblendung.

P.: O Schönheit der Weisheit! Was ist, frage ich, angenehmer oder was mächtiger als diese? Sie entzündet im Menschen das Licht des Glaubens, sie ordnet die Sitten,
schmückt das Leben, gibt der Liebe ihren Platz, läßt nichts
Schändliches zu und bringt alles in seinen rechten Zustand.
In diesem Wort: „Das Unsichtbare Gottes wird durch die
Dinge, die geschaffen sind, verstanden und einsichtig"
(Röm 1, 20), wird die Blindheit des Geistes erleuchtet, der
alte Mensch erneuert, das Vertrocknete wieder grün, und
das Verdorrte beginnt zu blühen. O Zierde wahrer Weisheit, vollkommen unvergleichlich, durch die die vernünftige Kreatur ausgezeichnet ist und, im Anschauen ihres
Schöpfers aller Welt überlegen, gewürdigt wird, an den
unsichtbaren Dingen teilzunehmen. Sobald der Geist, aufgerichtet in dieser Weisheit, begonnen hat, sich am unkör-
perlichen Licht zu erfreuen, ist er in der Lage zu sehen,
wieviel leerer Schein im körperlichen Licht liegt. Dann

primum limitem transgreditur infantilis imperitiae, ut iuxta
Pauli vocem: „Virum ad omne opus perfectum" utilem in
se possit ostendere et rebus illud approbare: „Cum essem
parvulus, sapiebam ut parvulus, cum autem factus sum vir,
evacuavi, quae erant parvuli." Itaque cui ultra lineam sui 5
ordinis quodcumque sub hoc sole pretiosum est, non vir,
sed parvulus est, in humili, non in eminentiori via graditur,
totque colligit animi sordes quot transitoriae rei fovet in se
delectationes. Fontem igitur veritatis qui mente purgata
praelibarit, differentiam praesentis vitae et futurae co- 10
gnoscit. Sed scisne, quibus sapientia gradibus invisibilibus
moveatur?

T.: A te audiam.

P.: Primum in ea: „Dei imago et similitudo est", deinde
ipsius imaginis cultus et veri dei cognitio, in cognitione 15
dilectio. Hinc sacrae dilectionis et conscientiae splendor in
fructu operum ostenditur et in dulci dei memoria festiva
spiritualium deliciarum convivia excollatis divinitus beneficiis celebrantur. Non enim ingratus supernis beneficiis
esse poterit, qui novit, quis vel quid sit, unde venerit, quo 20
iturus sit. Sapientis animus excepta natura semper idem est.
Neque enim facile naturalis plaga ligatur. Proinde sapiens
anima facile laqueos hostis evadit, quae circumspectionem
dei semper attendit. Eo enim quo iustitiae meritum sperat,
si profecerit, eo iudicium poenarum metuit, si defecerit. 25

zuerst überschreitet er die Grenze kindlicher Unerfahrenheit, so daß er nach dem Wort des Paulus an sich zeigen kann, daß „ein vollkommener Mann" (vgl. Eph 4, 13) zu jedem Werk nützlich sei und durch seine Taten jenes Wort bestätigen kann: „Als ich ein Kind war, da dachte ich wie ein Kind, als ich aber zum Mann wurde, da legte ich ab, was an mir kindlich war" (vgl. 1 Kor 13, 11). Wem deshalb über die Schranken seines Standes hinaus irgendetwas unter dieser Sonne kostbar ist, der ist nicht ein Mann, sondern ein Kind, der wandelt auf niederem Pfad, nicht auf herausgehobenem Weg, der sammelt so viel geistigen Schmutz, wie er Vergnügen an vergänglichem Gut in sich hegt. Wer aber mit gereinigtem Herzen schon vorher aus dem Quell der Wahrheit gekostet hat, der erkennt den Unterschied zwischen dem gegenwärtigen Leben und dem zukünftigen. Aber weißt du nicht, mit welch unsichtbaren Schritten die Weisheit sich bewegt?

T.: Von dir will ich es hören.

P.: Zuerst in dieser Aussage: „Er ist Gottes Bild und Ebenbild" (vgl. Gen 1, 26), dann ist es die Verehrung seines Bildes und die Erkenntnis des wahren Gottes und die Liebe in der Erkenntnis. Von hier aus zeigt sich im Erfolg der Werke der Glanz heiliger Liebe und heiliger Überzeugung, und in süßem Gedächtnis an Gott werden heitere Gastmähler geistlicher Freuden aufgrund der vom Himmel gespendeten Wohltaten gefeiert. Denn einer, der gelernt hat, wer und was er ist, woher er kam und wohin er gehen wird, wird nicht undankbar gegenüber den göttlichen Wohltaten sein können. Der Geist eines Weisen ist immer derselbe, sieht man von der natürlichen Anlage ab. Denn eine angeborene Wunde läßt sich auch nicht leicht verbinden. Daher entgeht eine verständige Seele, die immer aufmerksam den Blick auf Gott richtet, auch leicht den Fallstricken des Feindes. Je mehr sie auf Lohn für ihre Gerechtigkeit hofft, wenn sie Fortschritte gemacht hat, desto mehr fürchtet sie die Strafe des Gerichts, wenn sie versagt hat.

Sapientis est uti frequentius aure quam lingua. In altero
duplex commodum, in altero periculum est. Denique pul-
cherrimum sapientis animae studium est, ubi lectionem
manus ostendit, id est ubi facit homo, quod didicit, ubi
lectio laborem levigat et lectioni labor obtemperat. Itaque 5
sapienti magis docta agere quam agenda docere convenit.
Spiritualium enim intelligentia pudicae animae fercula gra-
ta sunt, quibus digne referta, quo magis ampliatur in desiderio ad ea, quae sunt super se, eo minoratur ad ea, quae
sunt infra se. Sicut enim | dulcis poculi saporem impedit uva 10 | 2
praegustata, sic cum praelibas, et si cum dolore, quod aeternum est, omne temporale sordescit.

T.: Stultitia non inmerito detestanda est, ubi tantus de
sapientia fructus est.

P.: Attende filia. Multi sapientes esse volunt, sed qualiter 15
ipsa sapientia quaeri debeat, nesciunt. Quaerunt enim extra
se, quod magis est intra se. Infra te quod sapit est, ac per
hoc interius verae sapientiae annitendum est. Tanto igitur
sapientior eris quanto respectu aeternorum subtilior, immo
sublimior. At tunc desipis, cum infra te descenderis. Purae 20
conscientiae fons sapientiae propinatur, dum magis aeternum quam caducum amatur. Plurima vero studens scire
tantum, ut scias, non ut, quod scis, facias, curiositatis vitium est, non philosophiae disciplina. Porro ultra vires tuas
sapere velle, stultitiae testimonium est.   25

Charakteristisch für einen Weisen ist, das Ohr häufiger zu gebrauchen als die Zunge. Im einen liegt doppelter Vorteil, im anderen Gefahr. Schließlich zeigt sich dort der schönste Eifer einer verständigen Seele, wo die Hand auf eine Lesung in der Schrift hinweist, das heißt, wo der Mensch tut, was er gelernt hat, wo die Lesung die Arbeit leicht macht und die Arbeit der Lesung folgt. Deshalb kommt es einem Weisen mehr zu, nach der Lehre zu handeln als das Handeln zu lehren. Denn Einsicht in die geistlichen Dinge ist für die keusche Seele ein willkommener Tisch, würdig gedeckt mit diesen Dingen, und je mehr die Seele sich in Sehnsucht nach dem, was über ihr ist, weitet und öffnet, desto kleiner wird in ihr das, was unter ihr ist. Denn so wie es den Geschmack aus dem süßen Becher beeinträchtigt, wenn man schon vorher von der Traube gekostet hat, so wird auch alles Zeitliche schmutzig, wenn du schon vorher, und sei es auch unter Schmerzen, von dem, was ewig ist, gekostet hast.

T.: Mit vollem Recht muß die Torheit verdammt werden, wo die Frucht aus der Weisheit so groß ist.

P.: Achte darauf, Tochter. Viele wollen weise sein, aber wie man die Weisheit selbst suchen muß, das wissen sie nicht. Denn sie suchen außer sich nach dem, was vor allem in ihnen liegt. In dir liegt das, was weise ist, und deshalb mußt du dich um die wahre Weisheit innerlich bemühen. Denn du wirst um so viel weiser sein, je feinfühliger, ja erhabener dein Blick auf die ewigen Dinge ist. Wenn du aber in dir hinabsteigst, dann handelst du unverständig. Der Quell der Weisheit bietet dem reinen Gewissen den Trank an, wenn das Ewige mehr geliebt wird als das Vergängliche. Es ist aber nicht eine Lehre der Philosophie, sondern ein Fehler aus Neugierde, wenn du dich nur darum um viel Wissen bemühst, damit du weißt, nicht damit du das, was du weißt, auch tust. Weiter ist es aber auch ein Zeichen von Torheit, über das Maß deiner Kräfte hinaus weise sein zu wollen.

T.: Spiritus sancti quidem opus est, quod et homo recte
sapit et recte vivit, quae gemina gratia illos exornat praecipue, quos professio una subdit monasticae disciplinae. Sed
de his quid rogo dicendum est, qui levato supercilio de linea
generis inter alias sorores socialis gratiae limitem excedunt 5
condicionem dividentes ac per hoc naturae communi de
privato gloriando detrahentes?

P.: Superius tecum nonnulla de patientia, de sapientia,
quae sunt sibi comites individuae iuxta illud: „Sapientia viri
per patientiam cognoscitur", tecum contuli, restat nunc 10
sive de nobilitate falsa vel vera seu generali vel profectu vel
defectu animae morales exhortati unculas quasdam ponere,
ut quaqua versum oculos paginae inieceris, aedificationis
sit, quod videris. De nobilitate igitur pauca ponenda sunt.
Sicut differentia magna est inter carnem et spiritum, inter 15
| Adam veterem et novum sic inter falsam et veram nobi- | 266
litatem. Maxima nobilitas hominis nobilis animus est, cultor virtutum, vitiorum hostis. Quod si carnem respicias,
mira nobilitas est, mira generis claritudo, ubi vermis de
verme nascitur et putredo de pulvere laudatur. Audi 20
apostolum: „Non multi", inquit, „sapientes secundum carnem, non multi potentes, non multi nobiles, sed quae stulta
sunt mundi, elegit deus, ut confundat sapientes, et infirma,
ut confundat fortia, et ignobilia et contemptibilia mundi et
ea, quae non sunt, ut ea, quae sunt, destrueret, ut non 25

T.: Es bedarf allerdings des heiligen Geistes, daß der Mensch sowohl richtig weise ist als auch richtig lebt, was als doppelte Gnade besonders jene auszeichnet, die ein und dasselbe Gelübde der klösterlichen Ordnung unterwirft. Aber was soll man über die sagen, frage ich dich, die mit hochgezogenen Augenbrauen den Stolz auf ihre vornehme Herkunft kultivieren und so unter den anderen Schwestern die Grenze der gemeinschaftlichen Gnade überschreiten, weil sie ihren Stand absondern und dadurch die gemeinschaftliche Natur ihres Lebens verleumden, daß sie sich ihrer Besonderheit rühmen?

P.: Ich habe weiter oben mit dir einiges besprochen über die Geduld und über die Weisheit, die einander untrennbare Gefährtinnen sind, entsprechend jenem Wort: „Die Weisheit eines Mannes erkennt man an seiner Geduld" (Spr 19, 11 Vg.), jetzt bleibt noch übrig, über den falschen und wahren Adel oder allgemein über Fortschritt oder Versagen der Seele einige moralische Ermahnungen auszusprechen, damit, wohin auch immer du deine Augen in der heiligen Schrift wendest, der Erbauung dient, was du sehen wirst. Über den Adel muß man aber nur weniges feststellen. So wie ein Unterschied besteht zwischen Fleisch und Geist, zwischen dem Alten Adam und dem Neuen, so auch zwischen falschem und wahrem Adel. Der höchste Adel eines Menschen ist der Adel im Geist, ein Verehrer der Tugenden, ein Feind der Laster. Wenn du das Fleisch betrachtest, so ist sein Adel verwunderlich, verwunderlich ist der Glanz seiner Abstammung, wo der Wurm vom Wurm geboren und Fäulnis aus Staub gepriesen wird. Höre den Apostel: „Nicht viele sind weise", sagt er, „nach dem Fleisch, nicht viele mächtig, nicht viele vornehm, sondern das, was töricht ist in der Welt, hat Gott auserwählt, damit es die Weisen zuschanden macht, und das Schwache hat er auserwählt, damit es das Starke zerstört; und das Unedle und Verachtete vor der Welt und das, was nichts ist, hat er auserwählt, damit es niederreißt, was etwas ist, damit sich

glorietur omnis caro in conspectu eius." Generosus igitur
animus est, qui ex generis sui linea nobilitatem suam audit,
non sentit. Omnis enim mundanae propaginis nobilitas
magis vetusto homini quam novo, magis carnaliter nato
quam spiritualiter regenerato asscribitur. Ex quo conficitur 5
maxime nobilitatis claritudinem infra, non extra nos esse.
Magis igitur vera nobilitas in animo quam in parentum
gloria metienda est. Itaque regis aeterni se vel filiam vel
sponsam ignorat, quae de stirpe carnali florem suum citius
periturum exaltat. Porro secundum carnem sapere vel in- 10
flari mortis vinculum est. „Ubi autem spiritus domini, ibi
libertas. Quis ergo scit hominum, quae sunt hominis, nisi
spiritus hominis, qui in ipso est? Sic et quae dei sunt, nemo
scit nisi spiritus dei. Nos autem non spiritum huius mundi
accepimus, sed spiritum, qui ex deo est", et alibi: „Animalis 15
homo non percipit, quae sunt spiritus." Cur haec apostolus
de spiritu vel libertate prosequitur, nisi quod alius est spiritus carnis de nobilitate generis in caecitatem impellens,
alius de libertate filiorum dei occulta mentis illuminans?
Nobilitas carnis compago vitiorum est, virtutum gloria 20
novi hominis dignitas.

T.: Quantis magni meriti sanctis laus virtutibus eorum
annotatur nobilitatis, adeo ut etiam enarrata de linea generis gloria meritum praeveniat et fiat quodammodo sanctitatis testimonium titulus de laude parentum.   25

nicht alles Fleisch rühmt vor seinem Angesicht" (1 Kor 1, 26–29). Edelmütig ist darum das Herz, das von seiner vornehmen Abstammung aufgrund der Reihe seiner Vorfahren hört, aber den Adel nicht zum Ausdruck bringt. Denn jeder Adel weltlicher Abstammung ist mehr dem alten Menschen zuzuordnen als dem neuen, mehr dem im Fleisch geborenen als dem, der im Geist wiedergeboren ist. Daraus wird deutlich, daß der Glanz des Adels vor allem in uns liegt, nicht außer uns. Also muß man den wahren Adel mehr im Herzen als am Ruhm der Eltern messen. Wer darum groß tut aufgrund der Blüte seiner leiblichen Herkunft, die schnell verderben wird, der weiß nicht, daß er Tochter und Braut des ewigen Königs ist. Weiter ist es eine Fessel des Todes, im Fleisch weise zu sein und sich stolz aufzublähen. „Wo aber der Geist des Herrn herrscht, dort ist Freiheit" (2 Kor 3, 17). Denn wer von den Menschen weiß, was die Dinge des Menschen sind, wenn nicht der Geist des Menschen, der in ihm ist? So weiß auch niemand, was die Dinge Gottes sind außer dem Geist Gottes. „Wir aber haben nicht den Geist dieser Welt empfangen, sondern den Geist, der aus Gott ist" (1 Kor 2, 12), und an anderer Stelle: „Der irdische Mensch erfaßt nicht, was die Dinge des Geistes sind" (1 Kor 2, 14). Warum verfolgt der Apostel diese Gedanken über den Geist und die Freiheit, wenn nicht darum, weil der eine Geist des Fleisches ist, der aus leiblich vornehmer Abstammung in die Blindheit treibt, der andere aber, der sich aus der Freiheit der Söhne Gottes herleitet, die Geheimnisse des Herzens erleuchtet? Adel nach dem Fleisch ist ein Gerüst für die Laster, die Würde des neuen Menschen ist der Glanz der Tugenden.

T.: Bei wie vielen Heiligen von großem Verdienst wird ihre vornehme Abstammung als zusätzliches Lob zu ihren Tugenden noch dazu vermerkt, so daß der Ruhm, der von ihrer vornehmen Abstammung berichtet, ihr Verdienst noch übertrifft und ihr Rang aufgrund des Ansehens ihrer Eltern gewissermaßen zum Beweis für ihre Heiligkeit wird.

P.: Quamvis in laude sanctorum etiam generis dignitas ₂₆₇
interdum ponatur, ad laudem dei tamen laus ista refertur,
cuius amor omni mundanae gloriae a sanctis praefertur.
Probatio enim divini amoris contemptus nobilitatis est, ac
per hoc dum titulus nobilitatis laudibus sanctorum additur, 5
virtus animi ex contemptu prosapiae carnalis declaratur.
Igitur nobilitatem veram non caro, sed sapientia ostendit,
qua pulcher animus fabricatur et ad virtutes informatur. Ad
veram nobilitatem labor optimus animos nutrit, desidia
degeneres reddit. Filia Syon, „ne declines ad dexteram sive 10
sinistram!" Ad sponsum verum sive de regum prosapia seu
rusticani generis linea descenderis, venisti, una eademque
permaneas. „Nobilis in portis vir" animae sanctae, quid ait?
„Glorificantes", inquit, „me glorificabo, qui autem con-
temnunt me, erunt ignobiles. Qui spiritu dei aguntur, hi filii 15
dei sunt, qui non ex sanguinibus neque ex voluntate carnis,
sed ex deo nati sunt."

T.: Sufficiat haec conclusio mundanae nobilitati remotius
exsufflandae, quia: „Quod natum est de carne, caro est, et
quod natum est de spiritu, spiritus est." 20

P.: „Spiritu igitur ambulate et desideria carnis non perfi-
cietis."

T.: „Velle quidem adiacet mihi, perficere autem bonum
non invenio." Sanctae voluntati vitiis obnoxia natura re-
fragatur et nisibus sanctis, quod peius est, obluctatur. 25

P.: Obwohl beim Lobpreis der Heiligen bisweilen auch die Würde ihrer vornehmen Abstammung angeführt wird, bezieht sich dennoch dieser Lobpreis auf den Lobpreis Gottes, dessen Liebe die Heiligen aller weltlichen Herrlichkeit vorziehen. Denn die Zustimmung zur Liebe Gottes bedeutet die Verachtung der adligen Herkunft, und darum wird die Tugend des Herzens in der Geringschätzung der leiblichen Sippe besonders deutlich gemacht, wenn der Adelstitel dem Lobpreis der Heiligen hinzugefügt wird. Darum zeigt nicht das Fleisch den wahren Adel, sondern die Weisheit, durch die eine schöne Seele geschaffen und für die Tugenden ausgebildet wird. Zu wahrem Adel erzieht nur höchste Anstrengung die Gemüter, Trägheit läßt sie dagegen verkümmert zurück. Tochter Zion, „weiche nicht ab, weder zur rechten Seite noch zur linken" (Jos 1,7). Denn zu dem wahren Bräutigam bist du gekommen, sei es daß du aus einer Sippe von Königen herabgestiegen bist, sei es aus bäuerlichem Geschlecht, und ein und dieselbe sollst du bleiben. „Vornehm ist der Mann an den Toren" (Spr 31,23 Vg.). Was sagt er der heiligen Seele, was sagt er? „Die mich ehren", sagt er, „die will ich auch ehren, die mich aber verachten, die werden ohne Ehre sein" (1 Sam 2,30). „Die im Geist Gottes handeln, sind Gottes Söhne" (Röm 8,14), „die nicht aus Blut und nicht aus dem Willen des Fleisches, sondern aus Gott geboren sind" (Joh 1,13).

T.: Diese Zusammenfassung mag genügen, um den Rang des Adels, der in der Welt Geltung hat, weit wegzublasen, weil „was vom Fleisch geboren ist, Fleisch ist, was aber vom Geist geboren ist, das ist Geist" (Joh 3,6).

P.: „Deshalb geht im Geist, und ihr werdet den Verlockungen des Fleisches nicht erliegen" (Gal 5,16).

T.: „Das Gute zu wollen ist bei mir schon vorhanden, aber es zu vollbringen, das vermag ich nicht" (Röm 7,18). Denn die natürliche Anlage, die den Lastern gegenüber willfährig ist, widerstrebt dem heiligen Willen und stemmt sich, was noch schlimmer ist, sogar den heiligen Anstrengungen ent-

„Caro concupiscit adversus spiritum et spiritus adversus carnem."

P.: Attende Theodora. Si peccaveris, correptionem non verearis, correctioni tota inclineris. Maximum superborum vitium est, quod | pudet eos ex lapsu corripi et piget corrigi, 5 | 26 quorum alterum temeritatis, alterum mortiferi languoris indicium est. In altero poena peccati alterius est, ut qui nolunt argui de culpa, non possint corrigi nec respirare de venia. Desideria nociva in te locum non habeant. Quicquid enim male desideraveris, malo tuo male cupitum habebis. 10 Effectus iniqui desiderii mors virtutum est. Sicut enim evaginatus gladius si lactenti praebeatur infantulo, statim illectus splendore metalli apprehendit gladium et, unde visu delectatur, vulneratur, sic qui pravis desideriis aguntur, ad proprium vulnus excitantur et ex eo laetale malum accipi- 15 unt, quod quid ament sensu parvuli, non discernunt.

T.: O flos mundi marcide et fructu pio cariture, qui dum caecam animam malesuado decore illicis, more apis in ipsa dulcedine vulnus infligis.

P.: Constat verissime. At malum desiderium bono deside- 20 rio semper mutandum est. Omnes enim animae motiones ad bonum unum aeternum intuendum creatae sunt, sed ordine mutato reflectit infelix homo bonum ad malum, id est nati-

gegen. „Denn das Fleisch begehrt auf gegen den Geist und der Geist gegen das Fleisch" (Gal 5, 17).

P.: Paß auf, Theodora! Wenn du gesündigt hast, dann scheue dich nicht vor Tadel, beuge dich ganz der Zurechtweisung. Es ist der größte Fehler der Stolzen, daß sie sich schämen, aufgrund eines Vergehens getadelt zu werden, und daß es sie ärgert, sich verbessern zu lassen, wovon das eine Zeichen von Unbesonnenheit, das andere von tödlicher Lässigkeit ist. In dem einen liegt die Strafe für die andere Sünde beschlossen, so daß diejenigen, die sich nicht der Schuld anklagen lassen wollen, auch nicht zurechtgewiesen werden können und darum auch nicht auf Verzeihung hoffen können. Schuldhafte Begierden sollen in dir keinen Platz haben. Denn was immer du in schlechter Weise begehrt hast, das wirst du zu deinem Schaden als üblen Wunsch in dir haben. Die Wirkung unrechten Begehrens ist der Tod der Tugenden. Denn ebenso wie ein Schwert, wenn man es aus der Scheide zieht und einem Kleinkind darbietet, das noch gesäugt wird, dieses sofort, durch den Glanz des Metalls verlockt, nach dem Schwert greift und von dem verletzt wird, durch dessen Anblick es ergötzt wird, so werden diejenigen, die sich von falschen Begierden treiben lassen, zu ihrer eigenen Verwundung getrieben und empfangen von dort das tödliche Übel, weil sie nicht unterscheiden, was sie mit kindlichem Gemüt lieben.

T.: O Blüte der Welt, welk und ohne fromme Frucht, die du nach Art der Biene der blinden Seele mitten im Geschmack der Süßigkeit eine Wunde zufügst, indem du sie mit schmeichelnden Reizen verlockst.

P.: Das steht eindeutig fest. Es muß aber immer die schlimme Begierde in eine gute Begierde umgewandelt werden. Denn alle Regungen der Seele sind geschaffen, um das eine einzige, ewige Gute anzuschauen, aber wenn die rechte Ordnung geändert ist, dann verwandelt der unselige Mensch das Gute in Böses, das heißt, die angeborenen

vas virtutes ad vitia et, quod est quodque futurus est, ob-
scurat oblivione nefanda. Dic ergo. Fortiter exclama:
„Quam dilecta tabernacula tua, domine, concupiscit et deficit anima mea in atria domini." Quis ductor ad haec atria?
Quis ianitor aeterni palatii? Nonne pudicae sponsus ani-   5
mae, verbum dei, castimonia vel humilitate proficienti so-
ciatus? Neque enim unquam gratia gratis collata dulcescit,
nisi cui spiritus humilis oculos rationabilis sensus aperue-
rit. Avida mens divini verbi audiendi illum habebit, quem
verbi dulcedine quaerit. Vult enim deus quaeri, vult et   10
inveniri. Quo adepto, quid ultra quaeratur, non | erit: „Quia | 269
deus omnia in omnibus erit." Interim in bello positi, inter
mores commanentium perversos et daemones erudimur ad
praemia, quae triumphantem, non pugnantem expectant,
quia totum perseverantiae debetur, quod pugnanti propo-   15
nitur.

T.: Quia igitur inter daemones et homines malignos laboramus, differentiam eorum, quaeso, paucis agnoscamus.

P.: Audi. Inter daemonem et hominem peccati persuaso-
res hoc interest, quod alter suggestione laqueos tendit, alter   20
aperto malo proximum necare contendit. Molitur insidias
uterque, non tam malitiae suae explendae avidi quam ut homo
ruat suadendo parati. Homo itaque in medio daemonis et

Tugenden in Laster und verdunkelt in unsäglichem Vergessen, was er ist und was er sein wird. Sprich also, rufe mutig aus: „Wie lieb sind mir deine Wohnungen, Herr, meine Seele begehrt und schmachtet in den Vorhöfen des Herrn" (Ps 84,2f: Vg. Ps 83,2f). Wer ist der Führer zu diesen Vorhöfen? Wer ist der Türhüter des ewigen Palastes? Ist es nicht der Bräutigam der keuschen Seele, das Wort Gottes, ihr verbunden, die in Reinheit und Demut voranschreitet? Denn niemals entfaltet die Gnade, die ohne Gegenleistung gesammelt wurde, ihre Süße, wenn nicht der Geist der Demut die Augen vernünftiger Einsicht geöffnet hat. Das Herz, das begierig ist, Gottes Wort zu hören, wird den haben, den es in der Süße des Wortes sucht. Denn Gott will gesucht werden, er will auch gefunden werden. Wenn du ihn gefunden hast, wird es darüber hinaus nichts mehr geben, was gesucht werden muß: „Denn Gott wird alles in allem sein" (1 Kor 15,28). Inzwischen sind wir in den Kampf gestellt, mitten zwischen den schlimmen Sitten unserer Mitmenschen und den bösen Geistern werden wir ausgebildet für die Belohnungen, die den Sieger, nicht den Kämpfer erwarten, weil man der Ausdauer das vollkommen schuldet, was dem Kämpfenden aufgetragen ist.

T.: Weil wir uns also abmühen zwischen bösen Geistern und böswilligen Menschen, bitte ich dich um eine kurze Erklärung, damit wir den Unterschied zwischen diesen erkennen.

P.: Höre! Zwischen dem bösen Geist und dem Menschen als Versucher zur Sünde ist dies der Unterschied, daß der eine seine Netze durch Einflüsterung auslegt, der andere sich beeilt, mit offener Bosheit seinen Nächsten zu töten. Einen Hinterhalt hat jeder von beiden ausgelegt, wobei sie nicht so sehr darauf aus sind, ihrer eigenen Bosheit Genüge zu tun, als daß sie sich bereit machen, durch Überredungskunst den Menschen zu Fall zu bringen. Deshalb wird der Mensch, der mitten zwischen bösen Geist und schlechten

perversi hominis positus, cuius parti cesserit, eius domina-
tu non carebit. Sed vae illi, qui suadendo peccatum figuram
in se trahit daemonum.

T.: Ut rebus et verbis coniecto, inter virtutes et vitia
persona media est, cui imminet altrinsecus aut foeda servi- 5
tus aut libertas.

P.: Quid causamur de malesuasoribus, cum ipsa malitia
in nobis nullo compellente proficiat, adeo ut „quae nolu-
mus, illa faciamus", et nihil facilius quam effici malum, et
si nullus suadeat, nemo cogat, bonum autem fieri difficilli- 10
mi et perardui gradus sit, quem gradum licet provocatus
ascenderis, res occurrat magni discriminis, si quod restat,
supremo gradu non firmaveris? Procliviores igitur semper
ad casum quam ad statum videmur.

T.: Unde hoc?   15

P.: Quia plerumque tempora diuturnae vitae prolixiora
metimur, et dum ad vitia praecipiti rotatu dilabimur quasi
debita morosae aetati reddere videmur. Sed cursum vitae
tuae per exemplum atten|de. Sicut globus solaris, quamvis | 270
intuentibus immobilis et fixus stare videatur, concitatissi- 20
mo tamen cursu semper in anteriora rotatur sic vita hominis
super terram agitur. Licet enim iuxta quendam sui status
ordinem momentum aliquod temporis habeat, incredibili
tamen decursu numquam in eodem statu permanens termino suo appropinquat. Non sic unda praeceps aestuantis 25
diluvii prono alveo decurrit, quomodo humana natura ad

Menschen gestellt ist, nicht die Oberherrschaft der Seite
vermeiden können, der er nachgibt. Aber wehe jenem, der
durch Überredung zur Sünde das Bild böser Geister auf
sich zieht.

T.: Wie ich aus Ereignissen und Worten schließe, ist die
Person des Menschen mitten zwischen Tugenden und Laster gestellt, der von der einen oder anderen Seite entweder
schimpfliche Knechtschaft oder Freiheit bevorsteht.

P.: Was beklagen wir uns aber über die bösen Ratgeber,
wo doch das Übel in uns selbst voranschreitet, ohne daß
irgendjemand sonst uns dazu antriebe, so sehr, daß „wir
jene Dinge tun, die wir nicht wollen" (vgl. Röm 7, 19), und
nichts leichter ist, als böse zu werden, selbst wenn keiner
dazu rät, niemand einen zwingt? Gut zu werden ist dagegen ein sehr schwieriger und beschwerlicher Schritt; wenn
du diese Stufe erreicht hast, auch wenn du dazu berufen
bist, droht dir doch noch große Gefahr, wenn du nicht das,
was noch übrigbleibt, mit dem letzten Schritt bewältigst.
Denn offenbar neigen wir immer mehr zum Fall als zum
festen Stand.

T.: Warum das?

P.: Weil wir meistens eine ziemlich lange Spanne an
Lebenszeit durchmessen und, indem wir uns kopfüber in
die Laster stürzen, gewissermaßen die Schulden für das
hohe Alter abzustatten scheinen. Aber achte auf den Lauf
deines Lebens an einem Beispiel: So wie der Sonnenball,
obwohl er für die, die ihn betrachten, unbeweglich und fest
zu stehen scheint, sich dennoch immer in außerordentlich
schnellem Lauf nach vorne bewegt, so wird das Leben des
Menschen über die Erde hin fortgetrieben. Denn selbst
wenn es nach irgendeiner Regel seiner Beschaffenheit über
einen gewissen Abschnitt an Zeit verfügt, bleibt es dennoch niemals in demselben Zustand, sondern nähert sich
in unglaublich schnellem Ablauf seinem Ziel. Die Welle
schwellender Flut stürzt im steilen Flußbett nicht so
schnell hinab wie die menschliche Natur, die nur eine

modicum parens ad finem destinatum contendit. Virginis
Christi sapiens intellectus ista pertractans ad virginitatis
palmam exerceatur et, quod longum videtur, breviatur.

T.: Multa bona sive in sapientiae gratia seu supernae
nobilitatis linea vel virginitatis praemio Christi virginibus 5
proposuisse videris, sed ista vel audire vel quaerere vel
imitari non eadem mens omnibus.

P.: Nec idem praemium omnibus.

T.: Quam multas enim videmus in monasteriis iam ad-
ultas sacri voti paenituisse, quod cura parentum vel mona- 10
stica disciplina tenere probatur aetati indixisse. Quae quia
frustra male volunt, quod non possunt, quia mente ingrata
deo serviunt, quem rogo tandem fructum laboris habebunt?

P.: De bono sumamus exemplum. Crede Theodora, quam- 15
vis: „Melius sit non vovere quam post votum non reddere“,
melius est tamen, ut animae in his votis salventur invitae
quam laxata libertate damnentur, melius est cogi statum in
nolente quam cedere casui in volente. Talibus tamen sola
debetur, si tamen vel in fine paenituerint, misericordia, spon- 20
taneis autem mentibus certissima in agno sequendo corona.
Audi Debboram prophetissam: „Qui sponte obtulistis animas vestras domino Israel, benedicite dominum.“ Et infra:
„Nova bella elegit dominus“, quae pertinent ad carnem et

kurze Zeit lang erscheint, ihrem vorbestimmten Ende entgegeneilt (vgl. Jak 4,14). Die kluge Einsicht der Jungfrau Christi möge sich um die Palme der Jungfräulichkeit bemühen, indem sie diese Dinge bedenkt, und es mag sich das als kurz erweisen, was lang erscheint.

T.: Viele Güter, sei es in der Gnade der Weisheit, sei es im Rang ewigen Adels, scheinst du den Jungfrauen Christi besonders zur Belohnung für die Jungfräulichkeit vor Augen gestellt zu haben, aber es herrscht nicht bei allen derselbe Geist, auf diese Dinge zu hören, sie zu suchen oder nachzuahmen.

P.: Es gibt auch nicht für alle dieselbe Belohnung.

T.: Denn wie viele sehen wir in den Klöstern, die, kaum sind sie erwachsen, ihr heiliges Gelübde bereut haben, das sie festhalten sollten nach dem Auftrag, den elterliche Fürsorge und klösterliche Zucht ihrer Jugend erteilt hatten. Weil diese nun vergeblich das Schlechte wollen, was sie nicht können, weil sie mit undankbarem Herzen Gott dienen, welchen Lohn werden sie dann schließlich, so frage ich, für ihre Mühe haben?

P.: Laß uns ein Beispiel von der guten Seite nehmen. Glaube, Theodora, auch wenn „es besser ist, nicht zu geloben, als hinterher das Gelübde nicht zu erfüllen" (Koh 5,4), ist es dennoch besser, wenn die Seelen in ihrem Gelübde auch gegen ihren Willen bewahrt werden, als wenn sie in die Verdammnis gestoßen werden durch Lockerung der Freizügigkeit; besser ist, daß das Verharren im Stand erzwungen wird bei einem, der nicht will, als dem Untergang nachzugeben, so wie er will. Dennoch wird solchen, wenn sie etwa am Ende doch noch bereuen sollten, allein Barmherzigkeit geschuldet, die Krone dagegen ist nur denen gewiß, die aus freiwilligem Herzen dem Lamm folgen. Höre auf die Prophetin Debora: „Die ihr freiwillig eure Herzen dem Herrn von Israel dargebracht habt, lobet den Herrn" (Ri 5,2 Vg.). Und weiter unten: „Neue Kriege hat der Herr ausgewählt" (Ri 5,8 Vg.), was sich auf Fleisch und

spiritum. | Quantas animas ecclesiasticus rigor deo con- | 271
servat, quae si suo arbitrio dimitterentur, quid restat nisi
ut praecipitarentur? Sicut enim dictum est: „Compelle
intrare", id est cogantur, si noluerint, sic e converso dici
potest, constringantur ad statum, qui exire, immo qui 5
perire voluerint. Regnum caelorum aperiat infirmo custodia, quod claudi potest voluntate prava vel remissa. Caro-
lus rex sororium habuisse legitur adeo sibi contrarium, ut
eius pervicatia vel improbitate status regni saepissime qua-
teretur et avunculus cum regni principibus aliquotiens 10
turbaretur, coactus tamen regali dignitate vel consanguini-
tate hosti propinquo parcere cogeretur, ut si non ratione
regis tamen patientia publici hostis ausus temerarius flec-
teretur. Quid multa? Bellica captus tandem condicione, in
vincula iniectus effossis oculis monastico claustro, vita, 15
aetate, divitiis, sanguine coactitiae professioni obluctan-
tibus, intrusus est. Faciens igitur in hoc duello de necessitate virtutem prudens, ut salvus esset, in ómni fidei devo-
tione et morum honestate perseveravit in finem. Infinita
de hoc sensu suppetunt exempla, sed non est nunc locus 20
hic disserendis, quia nec pagina nec tempus sufficeret
edisserendis. Sed gravissima virginitatis iactura videtur,

---

[182] In die folgende Episode sind offenbar zwei Überlieferungen, die um
KARLS DES GROSSEN unehelichen Sohn PIPPIN und um seinen Neffen
BERNHARD, eingeflossen; vgl. dazu EINHARD, *Karol.* 20 (25 f HOLDER-EG-
GER).

Geist bezieht. Wie viele Seelen hat der Eifer der Kirche für Gott bewahrt, was wäre für diese außer dem Sturz ins Verderben übriggeblieben, wenn sie nach ihrem eigenen Entschluß aus der Pflicht entlassen worden wären? Denn so, wie gesagt ist: „Treibe sie an, einzutreten" (Lk 14,23), das heißt, sie sollen gezwungen werden, wenn sie nicht wollen, so kann umgekehrt gesagt werden, daß man diejenigen in ihrem Stand fest binden soll, die hinausgehen, oder, besser gesagt, zugrunde gehen wollen. Durch Wachsamkeit soll man dem Schwachen das Himmelreich öffnen, das verschlossen werden kann, wenn man seiner unrechten Absicht nachgibt. Es wird erzählt, daß König Karl einen Neffen gehabt habe[182], der ihm ein so erbitterter Gegner war, daß der Zustand des Reiches durch seinen Eigensinn und seine Hartnäckigkeit immer häufiger ins Wanken geriet und der Onkel zusammen mit den Fürsten des Reichs mehr als einmal in Not geriet; aber veranlaßt durch die königliche Würde und die Blutsverwandtschaft, sah er sich gezwungen, den Verwandten, der sein Feind war, zu schonen, damit die freche Kühnheit des Staatsfeindes, wenn schon nicht durch die vernünftigen Vorstellungen des Königs, so doch durch seine Geduld, niedergezwungen werde. Was weiter? Unter den Bedingungen des Krieges wurde er schließlich gefangengenommen, in Fesseln geworfen und, nachdem ihm die Augen ausgestochen waren, in Klosterhaft gegeben, obwohl Lebensführung, Alter, Reichtum und blutsmäßige Abstammung einem Gelübde unter Zwang im Wege standen. Aber er machte in dieser Auseinandersetzung verständig aus der Not eine Tugend und hielt bis zu seinem Ende in vollkommener Hingabe an den Glauben und in ehrenhaften Sitten aus, so daß er gerettet wurde. Beispiele ohne Ende stehen in diesem Sinn zur Verfügung, aber es ist jetzt nicht der Ort, sie hier zu erörtern, weil weder das Blatt noch die Zeit ausreichen würden für das, was auseinanderzusetzen wäre. Aber der schwerste Verlust der Jungfräulichkeit scheint der zu sein,

postquam deo dicata fuerit, si vel sola mente nupserit virgo,
cum sacrae virginis haec apostolica diffinitio sit: „Ut sit
sancta et corpore et spiritu" in Christo Iesu. Licet enim
indisciplinatum mentis excessum in ea reprimat vel disciplina vel verecundia, sponsum tamen eliminat de domo sua 5
iam maculata conscientia. Sed dic mihi. Si conversa ad deum
femina carnalis copulae legem experta tota mentis contri-
tione paenituerit amissae virginitatis, et virgo velata mente
quaesierit iura thori matrimonialis, quam cui praeferendam
existimas? 10

T.: Si conscientiae soli merces disponitur iuxta illud 272
apostoli: „Testimonium reddente illis conscientia ipsorum
et inter se invicem cogitationum accusantium aut etiam
defendentium in die, qua iudicabit deus occulta hominum",
viduam virgini praeferendam existimo, licet quod volunt, 15
non adipiscantur.

P.: Recte omnino. Conscientia enim humana aut damna-
tionis aut remunerationis locus est.

T.: Quid si virgo de malo mentis conceptu paenituerit?

P.: Fructus verae paenitentiae testis est in omni peccato 20
verae indulgentiae, quantomagis, si virgo Christi de solo
mentis excessu paenituerit, pristinos aeterni sponsi mere-
bitur amplexus et iuxta modum paenitentis erit ad sponsum
accessus? Proinde Christi virginibus expertae nuptias indif-
ferenter sociantur, ut in earum amissi pudoris paenitentia 25

wenn eine Jungfrau, nachdem sie sich Gott geweiht hat,
heiratet, auch wenn es nur im Geist ist, da dies die Defini-
tion des Apostels für eine heilige Jungfrau ist, „daß sie
heilig sei im Körper und im Geist" (1 Kor 7, 34) in Christus
Jesus. Denn auch wenn Zucht oder Schamgefühl den
zuchtlosen Ausbruch ihres Geistes wieder unterdrückt,
vertreibt sie dennoch schon durch ihr beflecktes Gewissen
ihren Bräutigam aus ihrem Haus. Aber sag mir: Wenn eine
Frau, die nach dem Gesetz der Ehe fleischliche Erfahrung
gemacht hat, sich Gott zuwendet und in vollkommener
Zerknirschung des Herzens ihre verlorene Keuschheit bereut, eine Jungfrau dagegen, die den Schleier genommen
hat, im Herzen die Vorrechte des ehelichen Schlafgemachs
herbeisehnt, wem glaubst du, muß man da vor wem den
Vorzug geben?

T.: Wenn der Lohn allein nach dem Gewissen zugeteilt
wird entsprechend jenem Wort des Apostels: „Da ihr Gewissen Zeugnis ablegt von ihnen und ihren gegenseitigen
Gedanken, die sich anklagen oder auch verteidigen an dem
Tag, an dem der Herr richten wird über die verborgenen
Dinge der Menschen" (Röm 2, 15 f), so glaube ich, daß man
der Witwe den Vorzug geben muß vor der Jungfrau, auch
wenn sie nicht erreichen, was sie wollen.

P.: Vollkommen richtig. Denn das menschliche Gewissen ist der Ort seiner Verdammung oder seiner Erlösung.

T.: Was aber ist, wenn eine Jungfrau Reue empfindet
über die schlimme Empfängnis im Geist?

P.: Der Lohn wahrer Reue ist Zeuge für die wahre Verzeihung bei jeder Sünde, um wieviel mehr wird eine Jungfrau Christi, wenn sie allein die Ausschweifung im Geist
bereuen wird, wieder der alten Umarmungen ihres ewigen
Bräutigams würdig werden und der Aufstieg zu ihrem Bräutigam sich nach dem Maß ihrer Reue richten? Weiter werden
auch die, die Erfahrung in der Ehe haben, unterschiedslos
mit den Jungfrauen Christi in einer Gemeinschaft vereinigt,
damit durch deren Reue über ihre verlorene Keuschheit die

virgines Christi cautiores reddantur in integritatis gratia conservanda. Porro si beatae viduae ad deum conversae non poterunt assequi, quod in nuptiis amiserunt, tamen pietatis studio illum invenire possunt, quem sui neglectu neglexerunt.   5

T.: Perfectionis summam quandam in virgine sacra monstrasti, cui „nec morte, nec vita, nec ab homine, nec ab angelo" potest praeripi, quod semel dicatum esse probatur omnium virginum principi.

P.: Quid quod ipsa virginitas aeternae dei sapientiae com- 10 paratur et quandam trahit a creatore similitudinem, quia se ipsam excedit per castitatis amorem?

T.: Quae in carne posita extra carnem est, non iniuria per aliquam similitudinem confertur ei, qui super omnia est. Confer igitur creaturam creatori similitudine, quia non 15 poteris aequalitate.

P.: Fertur ab his, qui de naturis rerum subtiliora rimari noverunt, id est phisicis, quod virgo formae elegantis venatores callidissi|mos arte praecedat, adeo ut rinocerotem, | 273 bestiam indomabilem et ferocissimam decipiat, in qua ca- 20 pienda omnis venantium industria cessat.

T.: Quod licet aliquotiens me audisse contigerit, et hic annotari, obsecro, grave non sit.

---

[183] Die Geschichte vom Einhorn, das sich im Schoß einer reinen Jungfrau zähmen läßt, wird im *Physiologus* 22 (78–82 SBORDONE) berichtet. Sie hat vielfache bildliche Ausprägung in nahezu allen mittelalterlichen Kunstgattungen gefunden als beliebte Metapher für die Reinheit Mariens. Der Autor gebraucht unterschiedslos *rinoceros* und *unicornis* für das Einhorn

Jungfrauen Christi um so vorsichtiger werden, das Gnadengeschenk der Unversehrtheit zu bewahren. Wenn auf der anderen Seite aber die seligen Witwen, die sich zu Gott bekannt haben, nicht erreichen konnten, was sie in der Ehe verloren haben, können sie doch in frommem Eifer jenen finden, den sie durch eigene Nachlässigkeit vernachlässigt haben.

T.: Du hast gewissermaßen die Summe der Vollkommenheit bei der heiligen Jungfrau aufgezeigt, der „weder im Tod noch im Leben, weder vom Menschen noch vom Engel" (vgl. Röm 8,38) geraubt werden kann, was anerkanntermaßen einmal dem Herrn aller Jungfrauen geweiht worden ist.

P.: Was aber bedeutet dies, daß die Jungfräulichkeit selbst der ewigen Weisheit Gottes verglichen wird und gewissermaßen eine Ähnlichkeit vom Schöpfer auf sich zieht, weil sie in der Liebe zur Keuschheit über sich selbst hinauswächst?

T.: Wer in das Fleisch gestellt und dennoch außerhalb des Fleisches ist, der wird nicht zu Unrecht in einer gewissen Ähnlichkeit dem verglichen, der über allem ist. Vergleiche also das Geschöpf mit dem Schöpfer aufgrund der Ähnlichkeit, weil du es nicht kannst aufgrund der Gleichheit.

P.. Es wird von Leuten, die die Natur der Dinge, das heißt ihre physische Beschaffenheit, genauer zu erforschen verstehen, berichtet, daß eine Jungfrau von feiner Gestalt selbst außerordentlich geschickte Jäger so sehr an Fähigkeit übertraf, daß sie das Rhinozeros, dieses unzähmbare und äußerst wilde Tier, zu täuschen vermochte, bei dessen Fang alle Erfindungskunst der Jäger versagt.[183]

T.: Auch wenn ich diese Geschichte schon mehr als einmal gehört habe, bitte ich doch, daß es dir nicht zu mühsam sei, sie hier noch einmal anzufügen.

---

und vermischt auch im weiteren Kontext Charakteristika der beiden unterschiedlichen Tiere; vgl. BRANDENBURG, *Einhorn* 840–862.

P.: Bestia rinoceros non magni quidem corporis, sed
tantae ferocitatis, inquietudinis et fortitudinis est, ut insuperabilis videatur et nulla venantium arte capiatur. Nam ut
omittam bestias minores aut viribus aequales, singulare
certamen habet cum elefante, quem interdum cornu in 5
ventre traiectum prosternit, et dum minor a maiore posset
in momento devorari, victoria potitur in natura incompa-
rabiliter praestantiori.

T.: Quid ergo? Qua arte tanta fortitudo compescitur?

P.: Elegantis formae puella decenter ornata praeparatur 10
et in eo loco, ubi frequens eius discursus est, collocatur.
Qua visa mox indomita fera accurrit, deposita feritate man-
suescit et in sinum virginis caput insanum membris collectis
deponit. Itaque praeparatis venantium insidiis bestia capi-
tur, nec aliquid mali tamen virgo experitur. 15

T.: Non lateat nos, quaeso te, huius rei significatio, quia
vix crediderim naturam istam fore sine magno misterio.

P.: Virginem istam tipum esse divinae sapientiae intellige,
bestiam vero formam habere principum mundi cognosce.
Quis autem patriarcha, quis sermo prophetalis rabiosam 20
eorundem principum crudelitatem vincere, quis mitigare
praevaluit, donec dei sapientia in latitudine mundani campi
vel in silvis gentium incarnata apparuit? Quis Romani regni
quasi rinocerotis ferocitatem indomabilem flectere, quis

---

[184] Hier berichtet der Autor des *Spec. virg.* über das Nashorn. Elefanten
und Nashörner galten als natürliche Feinde in der Antike. Im Zirkus
wurden beide Arten gezwungen, gegeneinander zu kämpfen; vgl. z.B.
PLINIUS DER ÄLTERE, *nat.* 8,71 (2,102 IAN/MAYHOFF).

P.: Das Rhinozeros ist ein Tier, das nicht einmal einen so großen Körper hat, aber eine solche Wildheit, Angriffslust und Stärke, daß es unüberwindlich scheint und mit keiner List der Jäger gefangen werden kann. So besteht es, um die kleineren oder an Stärke gleichen Tiere zu übergehen, mit dem Elefanten einen einzigartigen Kampf; es wirft diesen bisweilen zu Boden, indem es ihm sein Horn in den Bauch jagt, und während eigentlich das kleinere Tier von dem größeren in einem Augenblick verschlungen werden könnte, erlangt es doch den Sieg, weil seine natürlichen Kräfte unvergleichlich stärker sind.[184]

T.: Was also? Durch welchen Kunstgriff kann eine so große Stärke gezähmt werden?

P.: Ein junges Mädchen von feiner Gestalt wird mit zierlichem Schmuck zurechtgemacht und an einen Ort gesetzt, wo der Weg des Tieres häufig vorbeiführt. Das unbezwingbare, wilde Tier kommt alsbald herbeigelaufen, wenn es aber das Mädchen gesehen hat, legt es seine Wildheit ab, wird sanft und birgt mit angezogenen Gliedern sein wütendes Haupt im Schoß der Jungfrau. Dann wird das Tier im vorbereiteten Hinterhalt von den Jägern gefangen, und dennoch geschieht dabei der Jungfrau überhaupt kein Leid.

T.: Ich bitte dich darum, daß uns der Verweis auf den Sinn dieses Geschehens nicht verborgen bleibt, denn ich kann kaum glauben, daß diese Naturanlage nicht ein großes Geheimnis in sich birgt.

P.: Du mußt wissen, daß diese Jungfrau der Hinweis auf die göttliche Weisheit ist, in dem Tier aber kannst du das Bild der Fürsten dieser Welt erkennen. Denn welcher Patriarch, welche Rede der Propheten war in der Lage, die grausame Wut eben dieser Fürsten zu besiegen, wer konnte sie besänftigen, bis schließlich die Weisheit Gottes, Fleisch geworden, erschienen ist in den weiten Feldern dieser Welt und in den Waldgebirgen der Heiden? Wer konnte die unbezwingbare Wildheit der römischen Herrschaft, dem Rhinozeros gleich, brechen, wer konnte sie

vincere potuit, donec Christus, hac decora virgine tipicatus
laqueos vel retia apostolicae doctrinae huic insanae bestiae
tetendit? Mundus igitur, ut Christum agnovit, ad eum hu-
miliatus sine mora properavit, feritatem mentis cum elatio-
ne deposuit et in sinum virginis, hoc est in secretum divinae 5
sapientiae sopita crudelitate mentem quasi caput inclinavit.
Sic unicornis cessit virgini, qui | vel humanae vel bestiali | 274
cedere noluit arti vel fortitudini. Denique multis et aliis
documentis satis dignitas virginalis posset ostendi, si non
contingeret nos ab incepto longius evagari. Sed ut de littera 10
huius rei aliquid in exemplum trahamus, attende, quomodo
bestialis atrocitas in aspectu virginis infirmatur, ubi insana
mens hominum interdum in amorem perversum excitatur,
ut timor sit sensatae virgini minor quoddammodo commanentia canis aut bestiae quam animantis, utentis ratione.   15

T.: Stultus vere, qui solum hoc attendit, quod in peccatum allicit, quod peccantem morti committit. Sed: „Cor-
rumpunt bonos mores colloquia mala."

P.: „Qui tetigerit picem, inquinabitur ab ea." Si forma
pulchra nos allicit hominis, Christus sponsus noster „spe- 20
ciosus forma prae omnibus hominum filiis". Si cognati, si
noti, si divites, si amici, Christus pater noster, „frater,
soror et mater est, in quo sunt omnes thesauri sapientiae
et scientiae reconditi", in quo licet „nihil habeamus, omnia
possidemus". Attende Theodora. Cum in domino cuncta 25

besiegen, bis Christus, auf den in dieser zierlichen Jungfrau
verwiesen ist, die Netze und Stricke der apostolischen
Lehre für dieses wütende Tier auslegte? Die Welt also,
sobald sie Christus erkannt hatte, eilte demütig ohne Zau-
dern zu ihm, legte die Wildheit des Herzens zusammen mit
der Überheblichkeit ab, besänftigte die Grausamkeit und
neigte den Sinn, gleich wie ein Haupt in den Schoß der
Jungfrau, das heißt in das Geheimnis göttlicher Weisheit.
So hat sich das Einhorn, das weder der List des Menschen
noch der Stärke eines Tieres nachgeben wollte, einer Jungfrau überlassen. Schließlich könnte aber die jungfräuliche
Würde noch mit vielen anderen Belegen deutlich genug
gemacht werden, wenn wir dabei von unserem Vorhaben
nicht zu weit abschweifen würden. Aber um für unsere
Frage noch ein Beispiel aus der Schrift anzuführen, achte
darauf, wie tierische Wildheit durch den Anblick einer
Jungfrau gemäßigt wird, wo doch der unvernünftige Sinn
der Menschen sich bisweilen zu verkehrter Liebe aufsta-
cheln läßt, so daß für eine vernünftige Jungfrau der Schrek-
ken in Gegenwart eines Hundes oder wilden Tieres gewissermaßen geringer ist als in Gegenwart eines Ent-
schlossenen, der seinen Verstand gebraucht.

T.: Töricht ist wirklich der, der nur auf das achtet, was
ihn zur Sünde verführt, was den Sünder dem Tod überant-
wortet. Denn: „Böse Gespräche verderben gute Sitten"
(1 Kor 15, 33).

P.: „Wer Pech anfaßt, der besudelt sich damit"(Sir 13, 1).
Wenn die schöne Gestalt eines Menschen uns verlockt, so
ist doch Christus, unser Bräutigam, „schön von Gestalt vor
allen Söhnen der Menschen" (Ps 45, 3: Vg. Ps 44, 3). Wenn
da die Verwandten sind, die Bekannten, die Reichen, die
Freunde, so ist doch Christus unser Vater, „Bruder, Schwester und Mutter (Mt 12, 50), in dem alle Schätze der Weisheit
und der Erkenntnis verborgen sind (Kol 2, 3), in dem wir,
auch wenn wir nichts haben, doch alles besitzen" (vgl. 2 Kor
6, 10). Achte darauf, Theodora. Wenn du im Herrn alles

possideas, nihil in mundo habeas, necesse est, ut isti placeas,
illi vilescas. Indubitanter accipe, quod cum in deo proficis,
nihil in hoc mundo, nisi ut a mundo contemnaris, mereris.
Sicut autem rosam pulchram et odoram gignit humilis spina, et sicut virgulae graciles fundunt balsama prima, sic 5
fructum vitae profert mundo despecta pro Christo persona,
et quos superbia mundana exsufflat ex habitu, caelestis
gratia commendat ex actu. Omnis igitur homo consideran-
dus est in eo, non quid habeat, sed quid faciat. Numquam
accidieris de scripturis vel discere vel meditari, in quibus 10
perfecte invenis te. | Equidem nolle scire te peccatricem | 275
esse, nihil aliud est nisi irretito corpori laqueum, quo gravius stranguleris, annectere. In foveam itaque notam caeca
cadis, cum dissimulas in te vestigia scire peccatricis.

Si vere virgo Christi sequella Christi probaris mente et 15
corpore, studiis spiritalibus semper exercearis iuxta illud
apostoli: „Negotium vestrum agite et operemini manibus
vestris, et ut honeste ambuletis ad eos, qui foris sunt, nullius
aliquid desiderantes." Vult igitur apostolus tam opere ma-
nuum quam fervore spiritalium disciplinarum Christi dis- 20
cipulum occupari, quia sicut ferrum nitens et acutum, si
negligenter et incuriose tractetur, ferrugineis sordibus exas-
peratur et hebetatur, sic mentis rationalitas nisi studiis sapientiae, nisi fervore spiritalis disciplinae iugiter exerceatur,

besitzt, in der Welt aber nichts hast, dann mußt du notwendigerweise jenem gefallen, dieser aber gering gelten. Vernimm ohne Zweifel, daß du, wenn du in Gott Fortschritte machst, nichts in dieser Welt verdienst, außer daß du von der Welt verachtet wirst. Denn so wie ein bescheidener Dornenstrauch eine schöne und duftende Rose hervorbringt, und so wie gerade schwache Zweige den ersten Balsam verströmen, so bringt jemand, der um Christi willen von der Welt verachtet wird, die Frucht des Lebens hervor, und diejenigen, die die Welt in ihrem Hochmut wegen ihrer äußeren Erscheinung verabscheut, empfiehlt die Gnade des Himmels wegen ihres Handelns. Darum muß jeder Mensch nicht nach dem beurteilt werden, was er hat, sondern nach dem, was er tut. Niemals sollst du müde werden, aus der Schrift, in der du dich vollkommen wiederfindest, zu lernen und darüber nachzudenken. Wenn du allerdings nicht wissen willst, daß du eine Sünderin bist, so ist das nichts anderes, als den Strick an deinem Körper, der bereits gefangen ist, festzubinden, damit du um so stärker stranguliert wirst. Deshalb fällst du blind in die bekannte Grube, wenn du leugnest, von den Spuren der Sünderin in dir zu wissen.

Wenn du, Jungfrau Christi, dich in Wahrheit als Nachfolgerin Christi in Geist und Körper bewähren willst, dann sollst du dich immer in geistlichen Studien üben, entsprechend jenem Wort des Apostels: „Tut eure Arbeit, und schafft mit euren Händen, und damit ihr ein rechtschaffenes Leben vor denen führt, die draußen sind, wünscht von keinem irgendetwas" (1 Thess 4, 11 f). Der Apostel will also, daß der Jünger Christi ebenso von seiner Hände Arbeit wie von glühendem Eifer für geistliche Studien eingenommen sei, weil ebenso wie ein glänzendes und scharfes Schwert von Schmutz und Rost rauh und stumpf wird, wenn es nachlässig und ohne Sorgfalt behandelt wird, es so auch dem Geist der Vernunft ergeht: Wenn er nicht durch das Studium der Weisheit, wenn er nicht beständig durch glühenden Eifer in geistlicher Zucht erzogen wird, dann

acies eius naturalis corporalium rerum imaginibus obscu-
ratur et retunditur. Lima igitur sanctorum studiorum ex-
acue rationis aciem, et dei in te magis magisque videbis
imaginem. Numquam deum toto corde quaereres, nisi ab
ipso, quem quaeris, inveniendi spem haberes. Qui ergo 5
tribuit, ut quaeratur, vires subministrat, ut inveniatur. Itaque quaerendo lassescere noli, quia desperatio inventionis
defectus itinerantis est. Sicut qui lucem amat tenebras, sic
cultor dei vitia detestatur. Porro mens quieta sine fructu
desidia est, inquieta vero et strepitu gaudens nihil spirituali 10
exercitio confert, sed detrahit.

Audi filia. De Sodoma mundi existi, ne respicias, obsecro, et duritia aversionis tuae fiat aliis ut uxor Loth in
exemplo. Sed et in monte circumspecta sis. Loth in valle
Sodomitica positus peccato abstinuit, in monte peccavit. 15
Conversis ad dominum bella statim occurrunt, quibus si
non resistitur, in pace mundi victores occum|bunt. Verum- | 276
tamen felix homo, quem semper novis bellis hostis aggre-
ditur. Si enim semel vicisset, victorem recidiva proelia rursus in arma non excitarent. Igitur virgini Christi in vario 20
certamine tot crescunt victoriae quot pugnae, tot coronae
quot victoriae. Loth et Noe vino inebriantur, quorum alter
denudatur, alter in peccato sopitur. Vinum enim inmodera-
te sumptum semper libido sequitur, ut mala praecedentia

verdunkelt sich seine natürliche Schärfe durch Bilder von körperlichen Dingen und wird schließlich stumpf. Mit der Feile heiliger Studien schärfe darum die Schneide der Vernunft, und du wirst das Bild Gottes mehr und mehr in dir erblicken. Niemals würdest du Gott aus ganzem Herzen suchen, wenn du nicht von ihm, den du suchst, die Hoffnung haben würdest, ihn zu finden. Wer also zugesteht, daß er gesucht wird, der verleiht auch die Kräfte, daß er gefunden wird. Darum sollst du nicht müde werden beim Suchen, weil das Nachlassen beim Wandern gleichbedeutend ist mit dem Aufgeben der Hoffnung, zu finden. So wie der, der das Licht liebt, die Finsternis verflucht, so der, der Gott verehrt, die Laster. Weiter ist ein ruhiger Geist ohne Frucht Müßiggang, ein unruhiger aber, der sich am Lärm freut, trägt auch nichts bei zur geistlichen Erziehung, sondern nimmt ihr etwas weg.

Höre, Tochter! Du bist weggegangen aus dem Sodom der Welt, schaue nicht zurück, ich bitte dich, und die Standhaftigkeit deiner Abkehr möge anderen wie Lots Weib (vgl. Gen 19, 26) zum Vorbild dienen. Aber auch auf dem Berg sollst du umsichtig sein. Als Lot im Tal von Sodom weilte, enthielt er sich der Sünde, auf dem Berg hat er gesündigt (vgl. Gen 19, 1–10). Denen, die sich zum Herrn bekannt haben, begegnen sofort Kämpfe, wenn denen nicht Widerstand geleistet wird, sterben sie als Sieger im Frieden der Welt. Gleichwohl ist der Mensch glücklich, den ein Feind in immer neuen Kämpfen angreift. Wenn er nämlich einmal gesiegt hätte, dann würden die neu auflebenden Kämpfe den Sieger nicht wieder zu den Waffen rufen. Deshalb wachsen der Jungfrau Christi in verschiedenen Kämpfen so viele Siege zu, wie sie vorher Schlachten geschlagen hat, so viele Siegeskronen wie Siege. Lot (vgl. Gen 19, 30–36) und Noach (Gen 9, 21–24) wurden vom Wein trunken, der eine von ihnen lag nackt in seiner Blöße, der andere ist eingeschlafen in der Sünde. Denn auf unmäßig genossenen Wein folgt immer die Begierde der Lust, so daß dem vorangegangenen

peiora subsequantur. Infelicem igitur virginem dixerim, cui
perversa securitas et potatio de proposito non timorem, sed
tumorem generat. Amissura est thesaurum, quo onustatur,
quia sola coram latrunculis multis gloriatur. Pretiosa tegen-
da sunt et servanda, ne vel sordescant vel pereant. Inter 5
insidiantes graderis, restat uni pugnare cum pluribus. Vas
fictile est, in quo margaritum istud nobile reponitur, facile
perit utrumque nisi custodiantur. Latro non mattulas, non
pannos vulgares, sed purpuram et aurum maxime quaerit.
Quid est hoc? Hostis inveteratus non carnales, sed spirita- 10
les illecebris suis impetit, non subiectos, sed rebellantes
invadit, non errantibus, sed in via domini gradientibus retia
nectit. „Vas electionis", Paulus incentivorum aculeis pungi-
tur, „videns aliam legem in membris suis repugnantem legi
mentis suae", et cetera, et sexus fragilis licentiosa securitate 15
dissolvitur. Sed putas te ex hoc securiorem, quia virorum
absentia omnem peccandi vel peccati suspicionem tollit et
locum. Nonne perit et in corde virginitas? Concupiscentia
noxia sine opere virginitatis praemia tollit et pactum aeterni
regis et sponsi nomenque resolvit. Omni igitur custodia 20
sicut corpus ita archana cordis observa, ne quod hominibus
altum est, abominabile sit apud deum, et iuxta gloriam tuam
multiplicetur ignominia tua, et fias Babylonis filia post

Übel ein noch schlechteres nachfolgt. Unselig möchte ich darum die Jungfrau nennen, bei der verkehrte Sicherheit und Trinkerei nicht Furcht wegen ihres Gelübdes erzeugt, sondern Aufgeblasenheit. Sie ist im Begriff, den Schatz, mit dem sie beschenkt wurde, zu verlieren, weil sie sich allein vor vielen Wegelagerern rühmt. Kostbare Gegenstände muß man bedeckt halten und verwahren, damit sie nicht Schmutz ansetzen oder verlorengehen. Du wanderst zwischen Wegelagerern, dir bleibt nur übrig, allein mit vielen zu kämpfen. Es ist ein zerbrechliches Gefäß, in dem diese edle Perle verwahrt wird, leicht geht beides zugrunde, wenn es nicht bewacht wird. Ein Räuber sucht nicht nach Nachtgeschirr, nicht nach ordinären Lappen, sondern vor allem nach Purpur und Gold. Was ist das? Der alte Feind fällt mit seinen Versuchungen nicht das fleischliche Wesen an, sondern das geistige, er geht nicht gegen die Unterwürfigen vor, sondern gegen die, die aufbegehren, nicht für die Irrgläubigen knüpft er seine Netze, sondern für die, die des Herrn Wege gehen. Paulus, dieses „Gefäß der Auserwählung" (Apg 9,15), wird von den Stacheln der Versuchung durchbohrt, „indem er ein anderes Gesetz in seinen Gliedern kämpfen sah gegen das Gesetz seines Geistes" (Röm 7,23), und so weiter, so wird auch das schwache Geschlecht durch freizügige Sicherheit zunichte gemacht. Aber glaubst du etwa, daß du darum sicherer bist, weil die Abwesenheit von Männern jeden Verdacht zu sündigen und sogar jede Möglichkeit zur Sünde aufhebt? Kann denn Jungfräulichkeit nicht auch im Herzen zugrunde gehen? Schuldige Begierde hebt auch ohne Tat die Belohnung für die Keuschheit auf und löst den Vertrag mit dem ewigen König und Bräutigam und seinen Namen. Darum bewahre mit aller Sorgfalt die geheimen Kammern deines Herzens ebenso wie deinen Körper, damit nicht das, was bei den Menschen hoch angesehen ist, bei Gott verachtenswert sei, und damit nicht deine Schande deinem Ruhm entsprechend vervielfältigt werde, und du zur Tochter Babylons wirst nach Braut-

aeterni summique regis thalamos et sponsalia. Primum igi-
tur | ut senseris in te fomitem carnalis illecebrae, precibus, | 277
gemitu lacrimisque festina restringuere, quia qui parva neg-
lexerit, magnis cito malis opprimitur. Vilescat etiam tibi
vilium laus personarum, quia numquam te pure laudant, 5
nisi in te pravitatis suae vestigia recognoscant. Vere filia, cui
placet plurium magis familiaritas quam paucorum, ista magis cultrix vitiorum quam virtutum est. Equidem vitia multorum virtutes paucorum sunt. Sanctas igitur amicitias
quaere, unde possis adiuvari, si te constiterit aliqua adver- 10
sitate pulsari. Compedem pedibus suis innectit, qui se in
amicitiam alterius, cuius mores ignorat, sine consideratione
transfundit. Itaque morosa deliberatione morem eius et
vitam, quae eligenda est, praecurre et sic probatam amici-
tiae admitte. Quae enim intemperata est ad amicitias, 15
promptior erit ad inimicitias. Porro si deliciis praesentis
vitae superfluo uti volueris, vivens mortem consciscis. Cum
enim sit adolescentia vana, sicut scriptum est, nativae vanitati vanitatem subministrat, qui delicias iuventuti parat.
Simplex ignis adolescentiae duplicatur deliciarum adiectio- 20
ne. Babilonicus caminus nappa pice ad incendium urgetur,
quando corpus mortale et dignum praesenti confusione
deliciosius enutritur.

T.: Quamvis mistica significatio camini huius satis aperta
sit, adice, obsecro, quid ipsa flammae materia sit. 25

P.: Quae nam materia?

gemach und Hochzeitsgaben des ewigen und höchsten Königs. Darum beeile dich zuerst, wenn du in dir den Zunder der Verlockung im Fleisch spürst, ihn mit Gebet, Seufzen und Tränen zurückzudrängen, weil der, der Geringes vernachlässigt, schnell von großen Übeln erdrückt wird. Es soll dir aber auch das Lob minderwertiger Leute gleichgültig sein, weil sie dich niemals in reiner Absicht loben, wenn sie nicht in dir Spuren ihrer eigenen Verworfenheit wiedererkennen. Wahrlich, Tochter, die, der die Vertrautheit mit vielen mehr gefällt als die mit wenigen, ist mehr eine Verehrerin der Laster als der Tugenden. Denn die Laster der Vielen sind die Tugenden der Wenigen. Suche darum Freundschaften in Heiligkeit, von denen du Hilfe erwarten kannst, wenn sich erweisen sollte, daß du von irgendeinem Unglück bedrängt wirst. Wer sich ohne Überlegung auf die Freundschaft mit einem anderen einläßt, dessen Sitten er nicht kennt, der bindet seine eigenen Füße mit einer Fessel. Deshalb gehe in ausdauernder Prüfung Sitte und Lebenslauf derjenigen durch, die ausgewählt werden soll, und laß nur die so Geprüfte zu einer Freundschaft mit dir zu. Wer nämlich unmäßig ist in bezug auf Freundschaften, der ist auch schneller geneigt zu Feindschaften. Wenn du aber weiter die Genüsse des gegenwärtigen Lebens im Überfluß genießen willst, dann erkennst du dir im Leben den Tod zu. Da nämlich die Jugend an sich eitel ist, wie geschrieben steht, fügt derjenige der eingeborenen Eitelkeit weitere Eitelkeit hinzu, der für die Jugend Genüsse bereitet. Einfach ist das Feuer der Jugend, es wird verdoppelt, wenn man Genüsse hinzufügt. Der Feuerofen von Babylon (vgl. Dan 3,14–23) wird durch Öl und Pech zum Brand angefacht, wenn der sterbliche Leib, der schon jetzt zur Verwirrung neigt, mit noch mehr süßen Wonnen gefüttert wird.

T.: Obwohl die geheimnisvolle Bedeutung dieses Feuerofens deutlich genug offen liegt, füge doch bitte hinzu, was der eigentliche Stoff für dieses Feuer ist.

P.: Welcher Stoff denn?

T.: Nappam dico, unde suscitatur ipse caminus.

P.: Istud melius esset nescire quam cursum exhortationis
interrumpi hac inquisitione. Nappa fomentum est quoddam ignis persicum, vel grana olivarum cum amurca arefacta, incendio apta. Sed redeamus ad litteram. Abstinentiam 5
quidem esculentioris cibi excepta infirmitate vel gravi labore virgini Christi persuadeo, ut virginitatis gloria eo magis
servetur in tuto, nec tamen corpori | necessaria condemno. | 278
Ventre supra modum onusto incentiva vitiorum pullulant,
sicque superiorum intemperantia ruina inferiorum est. Pal- 10
lida membra sacco trita cilicino pudicitiae signa quaedam
sunt et custodia. Sed dicis: „Media via, regia via", et in
communi lege vel vita positam non licet declinare ad dexteram vel sinistram. Fateor, omnino non licet in communi
ordine lege singulari quampiam vivere nec sic ad profectum 15
surgere, ut videaris commanentium regulam destruere. Sed
velis, quod aperte non poteris. Stulta enim insania est, iram
multitudinis in te provocare, ut tot tela suscipias quot
personas provocas. Perfectorum est corpore suo uti ad
opus, non ad onus, quorum alterum superflua abicit, alter- 20
um sola necessaria admittit. Ubi enim proficientibus discretio non suffragatur, nihil virtutis acquiritur. Abstinentia

T.: Das Öl meine ich, mit dem der Ofen selbst angezündet wird.

P.: Es wäre besser, dieses nicht zu wissen, als den Fortgang der Unterweisung durch Fragerei wieder zu unterbrechen. Das Öl ist irgendein persischer Zündstoff für das Feuer, insbesondere die Kerne der Oliven, die zusammen mit Ölschaum getrocknet werden und zum Entfachen des Feuers geeignet sind. Aber laß uns zur Schrift zurückkehren. Ich ermahne zwar die Jungfrau Christi, damit der Ruhm ihrer Keuschheit um so mehr in Sicherheit bewahrt werde, sich allzu reichlicher Speise zu enthalten, ausgenommen bei Krankheit und schwerer Arbeit, dennoch verdamme ich nicht die Dinge, die für den Körper notwendig sind. Wenn der Magen über Gebühr belastet ist, entwickelt sich der Anreiz zum Laster, und so ist Ungehorsam gegenüber den Oberen zugleich der Untergang der Untergebenen. Bleiche Glieder, rauh vom härenen Gewand, sind gewissermaßen Zeichen der Keuschheit, und sie bedeuten Wachsamkeit. Aber du sagst: „Der mittlere Weg ist der Königsweg" (vgl. Num 21,22; Dtn 17,20), und es ist der Jungfrau nicht erlaubt, vom Weg nach rechts oder links abzuweichen, wenn sie unter ein gemeinsames Gesetz und eine gemeinsame Lebensregel gestellt ist. Ich gebe zu, daß es überhaupt niemandem, der in der gemeinsamen Ordnung steht, erlaubt ist, nach einem individuellen Gesetz zu leben, und auch nicht sich so zum Fortschritt zu erheben, daß du den Anschein erweckst, als zerstörest du die Regel der Gemeinschaft. Doch magst du wollen, was du offen nicht wirst erreichen können. Denn es ist törichter Wahnsinn, den Zorn der Menge gegen dich herauszufordern, so daß du so viele Pfeile empfängst, wie du Leute provozierst. Die Vollkommenen gebrauchen ihren Körper zum Werk, nicht zur Last, von denen das eine Überflüssiges abstößt, das andere allein das Notwendige zuläßt. Wo nämlich kein Unterscheidungsvermögen die Voranschreitenden unterstützt, wird nichts an Tugend erworben. Enthaltsamkeit,

modum suum excedens et limitem causa fit peccati, non
occasio sancti meriti. Non hanc abstinentiam persuademus,
ut corpus divinae servituti dicatum mortifices. Nihil interest, an proprio gladio vel fame conducta moriaris, cum una
voluntas sit in reatu, licet indiscreta intentio sit in actu 5
perverso. Igitur mensura ponatur et modus abstinentiae
tuae et aderit fructus discretae disciplinae. Stulta anima,
quae in se steriles excitat passiones, scilicet ut ipsa eo melius
vivat, si cooperatorem suum, id est carnem occidat. Itaque
anima erigenda est, non deprimenda, corpus simplici victu 10
pascendum, non necandum. Eximius autem fructus est, ubi
servus et dominus bene conveniunt, id est caro et spiritus,
ut si non velit interdum servus, possit tamen, quod iubet
dominus. Si homo corpus fame debilitaverit, frustra labor
imperatur, cum defectus interitum et domino et servo mi- 15
netur. Timor et discretio sanctam de his omnibus instruunt
animam et veram Christi virgini dedicant disciplinam. Audi
filia, caelestium disciplinarum sequella. Numquam te
| noxia confidentia securitate seducat quasi iam hoc corpo- | 279
re, semper suspecta sit proprii sexus fragilitas, quae dum 20
creditur invicta perfecte vicisse, victorem saepe deludit ipsa
laus adeptae victoriae. Samson hostibus intolerabilis, immo
insuperabilis femineis dolis occubuit, David ex femina rex
et propheta corruit, Salomon, sancti spiritus organum ad

die ihr Maß und ihre Grenze überschreitet, wird zum Anlaß für Sünde, nicht Gelegenheit zu heiligem Verdienst. Wir
raten nicht zu einer Enthaltsamkeit, die den Leib tötet, der
göttlichem Dienst geweiht ist. Es macht keinen Unterschied, ob du durch das eigene Schwert stirbst oder durch
Hunger, da dem schuldhaften Verhalten ein einziger Wille
zugrunde liegt, auch wenn die Absicht bei dem verkehrten
Handeln nicht zu unterscheiden ist. Deshalb soll deiner
Enthaltsamkeit Maß und Ziel gesetzt sein, und die Frucht
strenger Zucht wird dir zuwachsen. Töricht die Seele, die
sich zu unfruchtbaren Leiden antreibt, natürlich damit sie
selbst um so besser lebe, wenn sie ihren eigenen Mitarbei-
ter, nämlich das Fleisch, tötet. Deshalb muß die Seele aufgerichtet, nicht niedergedrückt werden, der Leib mit ein-
facher Speise ernährt, nicht getötet werden. Die Frucht ist
aber dort um so köstlicher, wo Knecht und Herr gut
übereinstimmen, das heißt Fleisch und Geist, so daß der
Knecht, auch wenn er bisweilen keine Lust hat, doch das
tun kann, was der Herr befiehlt. Wenn der Mensch durch
Hunger seinen Körper geschwächt hat, dann ergeht die
Aufforderung zur Arbeit vergeblich, weil die Schwäche in
gleicher Weise dem Herrn und dem Knecht den Untergang
androht. Gottesfurcht und Urteilsvermögen unterweisen
die heilige Seele in all diesen Dingen und weihen die
Jungfrau Christi in die wahre Zucht ein. Höre, Tochter,
die du der himmlischen Zucht Folge leistest! Niemals soll
dich schuldhaftes Selbstvertrauen von der Sicherheit trennen wie jetzt schon von diesem Körper, immer sollst du
der Zerbrechlichkeit deines eigenen Geschlechts mißtrau-
en, wo man doch von dir als Unbesiegter bisweilen glaubt,
du habest schon vollkommen gesiegt; dabei verspottet
doch häufig gerade das Lob über den erreichten Sieg den
Sieger. Simson war für seine Feinde unerträglich, ja vollkommen unüberwindlich, und erlag den Listen einer Frau,
David, der König und Prophet, stürzte durch eine Frau,
Salomo, das Sprachrohr des heiligen Geistes, wurde durch

idola per amorem carnis devolvitur, Ammon, regis primo-
genitus illicito complexu damnatur, prothoplastus, licet
altera via, compare sua superatur.

Quid multa? Si viri tales et tanti virulentiis illectricibus
impocionantur ad casum, quanto magis sexus ad malum 5
proclivior, si suppetat peccandi materia, experitur conditionis incertum? Arida materies facile vicino consumitur
igne, sic fragilis animus accepta peccandi occasione cito
conteritur. Occasionem tolle utrisque et illaesum manebit
utrumque. Christi virgini quae familiaritas cum personis, 10
unde oritur scandalum mortis? „Quae societas luci ad tenebras?" Esto igitur munda sponso mundo, „uni viro virgo
casta Christo", quo praeferente „libellum repudii", tha-
lamo caelesti digna non eris, quae ad alterum declinasse
videris. Sicut enim aurifex et inclusor subtilis et sapiens 15
lapides quaerit pretiosos auro mundo includendos, non
vulgares nec ignobiles, sic aeterna dei sapientia animas in
castis requirit corporibus, ut fiat sibi de his corona gloriae
et regni diadema. Sponsalia tua, summi regis sponsa, fidelis anima considera, ut spiritui sancto te facias hospitium et 20
per castimoniam vitae custodiam angelorum, non per libidinem „porcorum volutabrum" vel per concupiscentiam
„speluncam la|tronum". Quid ait apostolus? „Pacem", in- | 280
quit, „sequimini cum omnibus et castimoniam, sine qua

fleischliche Liebe zur Verehrung von Götzenbildern getrieben, Amnon, des Königs Erstgeborener, wurde nach
der unerlaubten Umarmung verdammt, der erste Mensch
wurde, wenn auch auf anderem Weg, von seiner Gefährtin
überwunden (2 Sam 13, 1–22).

Was weiter? Wenn Männer von solcher Art und so be-
deutend durch die giftigen Einflüsterungen bis zum Fall
verzaubert wurden, um wieviel mehr erfährt dann das Geschlecht, das sowieso schon mehr zum Bösen neigt, die
Ungewißheit seiner Anlage, wenn sich die Möglichkeit zur
Sünde bietet. Trockener Stoff wird von einem Feuer in der
Nähe leicht aufgezehrt; so wird auch ein schwankendes
Herz, sobald die Gelegenheit zur Sünde gegeben ist,
schnell aufgerieben werden. Nimm beiden die Gelegenheit,
und beides wird unversehrt bleiben. Welche Vertrautheit
gibt es für die Jungfrau Christi mit Leuten, von denen das
Ärgernis des Todes ausgeht? „Welche Gemeinschaft haben
Licht und Finsternis?" (2 Kor 6, 14). Darum soll sie rein
sein für einen reinen Bräutigam, „eine reine Jungfrau für
einen einzigen Mann, Christus" (2 Kor 11, 2); wenn dieser
„den Scheidebrief" (Mt 5, 31) vorweist, dann wirst du des
himmlischen Brautgemachs nicht würdig sein, die du dich,
wie es scheint, einem anderen zugeneigt hast. Denn so wie
ein Goldschmied und Meister in der Kunst, Steine zu fassen, genau und verständig kostbare Steine aussucht, nicht
gewöhnliche und unedle, um sie in reinem Gold zu fassen,
so sucht die ewige Weisheit Gottes Seelen in reinen Körpern, damit aus diesen für ihn eine Krone der Herrlichkeit
und ein königlicher Kronreif werde. Betrachte deine Hochzeitsgaben, du Braut des höchsten Königs, du gläubige Seele, damit du in dir dem heiligen Geist eine Wohnung berei-
test und durch die Keuschheit deiner Lebensführung eine
Wachstation für die Engel, nicht durch Lust „einen Schweinepfuhl" (vgl. 2 Petr 2, 22) oder durch Begierde „eine Räu-
berhöhle" (Mt 21, 13). Was sagt der Apostel? „Strebt mit
allen nach Frieden und Keuschheit", sagt er, „ohne die

nemo videbit deum." Si casta non fueris, deum non videbis.
Audi filia. In montibus agis, non in vallibus, moraris utpote
sponsa domini inter angelos, non inter rusticos, eoque
subtilius ab omnibus notaberis, si cursus exorbitaverit professionis. Accipe per simile. Saccus sorde pollutus oculos 5
hominum non facile offendit, quia vilibus rebus accommo-
datus foeditatem squaloris et pulveris non evadit, byssus
vero vel purpura, si vel levem contraxerint maculam, eo
magis intuitum nostrum avertunt, quo immaculata servari
debuerunt vel quo proprio candore nitescunt, sic Christi 10
ancilla pro levi culpa notatur omnium digitis, cum taceatur
de magnis criminibus et sceleribus personae saecularis.

T.: Unde fit hoc, cum pro culpa non inpari par et certa
sit poena peccanti?

P.: Quia istam locus editior et altioris propositi culmen 15
omnibus ostendit, illum vero vilitas personalis et vita defor-
mis abscondit. Sed quod dixisti, paribus culpis poenam
deberi non dissimilem, non est ita. Dispar propositum personarum sicut differentiam culparum, sic facit et poenarum,
quia leve peccatum saecularis grave pondus est, si admiserit 20
spiritalis. Audi apostolum: „Peccatum", inquit, „non cognovi nisi per legem." Professio distinguit peccatum, nec in
personis disparis propositi sequitur par poena reatum. Virgo
domini si ceciderit, nullam casui dignam paenitentiam sub-

---

[185] Hier werden in dichter Folge drei Begriffe *(professio, propositum,
votum)* gebraucht, deren Bedeutungsfelder nicht präzise voneinander ab-
zugrenzen sind. *Professio* meint klösterliches Gelübde, *propositum* allge-
meinen Vorsatz/Absicht, *votum* Gelöbnis/Gelübde/Versprechen/Wunsch.
Alle drei zielen in der Regel im Kontext dieser Schrift über das monastische
Leben auf die in der Profeß gelobten Versprechen gegenüber Gott und der
klösterlichen Gemeinschaft.

niemand Gott sehen wird" (Hebr 12,14). Wenn du nicht
keusch bist, wirst du Gott nicht sehen. Höre, Tochter! Auf
den Bergen betreibst du deine Dinge, nicht im Tal, zumal
als Braut Christi hältst du dich unter Engeln auf, nicht
unter Bauern, und deshalb wirst du um so genauer von
allen beobachtet, wenn dein Lebenswandel von deinem
Gelübde abweicht.[185] Nimm ein Gleichnis zum Verständnis. Ein Sack, der von Schmutz besudelt ist, beleidigt nicht
leicht das menschliche Auge, weil er, an den Kontakt mit
minderwertigen Dingen gewöhnt, scheußlichen Dreck und
Staub sowieso nicht vermeiden kann, feines Leinen aber
und Purpur, wenn es auch nur einen kleinen Makel an sich
hat, stößt um so mehr unseren Blick ab, je mehr es eigentlich ohne Flecken bewahrt werden sollte oder je mehr es
von eigenem Glanze strahlt; so wird auch auf eine Magd
Christi schon wegen eines leichten Vergehens von allen
Seiten mit Fingern gewiesen, während über große Untaten
und Verbrechen einer weltlichen Person geschwiegen wird.

T.: Woher kommt das, wo doch dem Sünder für gleiche
Schuld gleiche und bestimmte Strafe zukommt?

P.: Weil der herausgehobene Platz und die Höhe eines
hervorragenderen Vorsatzes diese allen zeigt, jenen aber
seine persönliche Minderwertigkeit und sein schlechter
Lebenswandel verbirgt. Aber was du gesagt hast, daß für
gleiche Schuld auch gleiche Strafe geschuldet werde, das
ist nicht so. So wie ein ungleicher Vorsatz von Menschen
auch einen Unterschied in der Schuld bewirkt, so macht es
auch einen Unterschied in der Strafe, weil die leichte Sünde
einer weltlichen Person ein schweres Gewicht ist, wenn
eine geistliche Person sie zuläßt. Höre auf den Apostel:
„Die Sünde", sagt er, „habe ich nicht erkannt außer durch
das Gesetz" (Röm 7,7). Das Gelübde macht den Unterschied bei der Sünde, und darum folgt auch nicht bei Menschen unterschiedlichen Vorsatzes die gleiche Strafe für ihr
Vergehen. Wenn eine Jungfrau des Herrn gefallen ist, wird
sie sich keiner entsprechenden Sühne für ihren Sturz unter-

ire poterit, persona vero vulgaris facile veniam de culpa
consequitur, quia voto non obligatur. „Impossibile est", ait
apostolus, „eos, qui semel sunt illuminati, gustaverunt
etiam donum caeleste et participes facti sunt spiritus sancti,
gustaverunt nihilominus bonum dei verbum virtutesque 5
saeculi futuri et prolapsi sunt, renovari rursus ad paenitentiam, rursus crucifigentes sibimet ipsis filium dei et ostentui
habentes."

T.: O omni miseria dei virgo plangenda, quae subintrante 281
neglegentia sic, quod professa est, obliviscitur, ut nec in 10
saeculo voluptatem nuptiarum nec in cursu caelestis disciplinae virginitatis lauream consequatur. Praesentium
iocunditatem amittit nec bona futura consciscit. Sed nulli
animae post ruinam ad deum conversae ullomodo de misericordia domini desperandum est.   15

P.: Secundum deum numquam homo potest vivere nisi
pudicus sit. Omnis enim impudicitia mors virtutum est.
Qui sponte ruit in puteum, quis extrahet illum? Sic qui
scienter peccat et cum deliberatione, vivus descendit in
infernum. Claude quinque sensuum fenestras, ne mors in- 20
tret suis telis armata per eas. Humanae naturae est aut bona
vel mala corde movere, sed doctae animae est, quod non
expedit, amovere. Cogitatio sancta vel mala operis similitudo est, immo aut mortis aut vitae testimonium. Vanitas
igitur abiciatur, virtutibus templum dei adornetur. Num- 25

ziehen können, aber eine gewöhnliche Person wird leicht Verzeihung für ihre Schuld erreichen, weil sie durch kein Versprechen gebunden ist. „Es ist unmöglich", sagt der Apostel, „daß Menschen, die einmal erleuchtet wurden, die sogar das himmlische Geschenk gekostet haben und des heiligen Geistes teilhaftig geworden sind, die nichtsdestoweniger, daß sie das gute Wort Gottes erfahren haben und die Kräfte der zukünftigen Welt, dann doch abgefallen sind, daß diese wieder zurückgeführt werden zur Reue, weil sie für sich selbst den Sohn Gottes wieder kreuzigen und zur Schau ausstellen" (Hebr 6,4–6).

T.: Oh, mit allem Mitgefühl muß man die Jungfrau Gottes beklagen, wenn sich Nachlässigkeit heimlich einschleicht und sie so das vergißt, was sie im Gelübde versprochen hat, so daß sie weder in der Welt die Lust einer Hochzeit erlangt noch den Lorbeer der Jungfräulichkeit im Lauf himmlischer Zucht. Sie verliert das Vergnügen in der Gegenwart und erwirbt sich doch nicht die Güter für die Zukunft. Aber keine Seele, die sich nach ihrem Sturz zu Gott gewandt hat, darf in irgendeiner Weise am Erbarmen des Herrn verzweifeln.

P.: Ein Mensch kann niemals gottgemäß leben, wenn er nicht züchtig lebt. Denn jede Unzucht bedeutet den Tod der Tugenden. Wenn einer aus freiem Willen in die Grube stürzt, wer soll ihn dann wieder herausziehen? Wer darum wissentlich und mit Überlegung eine Sünde begeht, der steigt lebendig in die Hölle hinab. Schließe die Fenster deiner fünf Sinne, damit nicht der Tod, bewaffnet mit seinen Pfeilen, durch sie Eingang findet. Es entspricht der natürlichen Anlage des Menschen, Gutes wie Schlechtes im Herzen zu bewegen, aber es ist Sache des Herzens, das unterwiesen wurde, abzustoßen, was zu nichts nütze ist. Fromme oder böse Gedanken haben ihre Entsprechung im Werk, ja sie sind geradezu Zeugnis für Tod oder Leben. Darum soll man das nichtige Treiben ablegen, mit Tugenden soll der Tempel Gottes geschmückt werden. Niemals

quam delecteris in publico vel audiri vel videri, quia illum
habes in te possessorem, cuius amor omnem nisi pro se
excludit amorem. „Regnum dei intra te est." Quo igitur
habes exire, quae deum, qui est infra omnia et super omnia,
videris possidere? Quod si horrori fuerit locus, quem in 5
sancto elegisti proposito, vel ex cohabitantium devio vel
rerum necessariarum defectu aut dispendio, hoc solum attende, quod sine deo caelum ipsum zabulo, nec paradisus
profuit prothoplasto. Dei praesentiam cogita et omni mundo furente eris inmota. Sine ipso vero nec loci mutatio ulla 10
proderit nec boni quicquam placebit. Oculos averte ab
omni persona, unde non poteris aedificari, nec multum
mentes alienas vel scrutando iudica vel laudibus efferas, in
quorum altero malae suspiciones animae tuae | vermes qui- | 282
dam sunt, in altero temeritas, quia quem hodie laudas, cras 15
si offenderis, vituperas. Reprehendere laudabilem vel laudare reprehensibilem, vitiosum utrumque. In altero vera
malitia, in altero falsa gratia est.

T.: Levitati proximum est non iudicio, sed pro libitu
quemquam vel damnare vel laudare.　　　　　　　　　　20

P.: Alterius malitiam tua vince patientia, quia tolerabi-
lius est unum esse malum quam duo mala. Ipsa tamen
iniuria magis aliquando crescit ex sufferentia impatientis
quam ex malitia irrogantis. Si Christum diligis, patriae et

soll es dich ergötzen, in der Öffentlichkeit gehört oder
gesehen zu werden, weil du ja jenen in dir trägst, der dich
besitzt, dessen Liebe jede Liebe ausschließt außer der, die
ihm gilt. „Das Reich Gottes ist mitten in dir" (Lk 17,21).
Was hättest du also, wohin du gehen könntest, die du Gott
zu besitzen scheinst, der in allem und über allem ist? Wenn
dir aber der Ort zum Schrecken werden sollte, den du in
heiligem Gelübde ausgewählt hast, sei es wegen einer Ab-
weichung derer, die mit dir zusammenwohnen, sei es aus
Mangel an notwendigen Dingen oder aus überflüssigem
Aufwand, dann achte allein darauf, daß dir ohne Gott der
Himmel selbst zum Teufel wird und nicht einmal das Paradies dem ersten Menschen etwas nützte. Denke an die
Gegenwart Gottes, und du wirst unbewegt sein, auch wenn
die ganze Welt wütet. Ohne ihn wird dir in der Tat auch
irgendein Ortswechsel überhaupt nichts nützen, und nicht
einmal etwas Gutes wird dir gefallen. Wende deine Augen
ab von jeder Person, von der du nicht erbaut werden
kannst; weiter sollst du auch nicht ein Urteil fällen, indem
du dich entweder viel mit fremden Gemütern beschäftigst
oder sogar Lob austeilst; in dem einen von diesen liegen wie
Würmer schlimme Verdächtigungen für deine Seele, im
anderen Unbesonnenheit, weil du heute den lobst, den du
morgen, wenn er dich beleidigt, tadelst. Einen zu tadeln,
der Lob verdient, oder einen zu loben, der Tadel verdient,
beides ist gleich fehlerhaft. Im einen liegt wahre Bosheit,
im anderen falsche Freundlichkeit.

T.: Es grenzt an äußersten Leichtsinn, nicht nach be-
gründetem Urteil, sondern nach Belieben jemand zu verdammen oder zu loben.

P.: Besiege mit deiner Geduld die Bosheit des anderen,
weil es erträglicher ist, daß ein einzelner böse ist, als daß zwei
Übel bestehen. Dennoch wächst manchmal das Unrecht
selbst mehr durch das Ertragen eines Ungeduldigen als
durch die Bosheit dessen, der die Strafe verhängt. Wenn du
Christus liebst, dann sollst du für deine Heimat und deine

parentelae pro Christi amore moriaris nec vel mente requi-
ras, quod pro tuenda virginitate, pro aeternitatis flore
proieceras. Vana gloria si pulseris, non muteris, hanc enim
si admiseris, numquam requiescis. Vanam gloriam invidia,
invidiam sequitur mors. Inde infelix anima praecipitatur 5
sicut scriptum est: „Invidia diaboli mors introivit in mundum, sequuntur autem eum, qui ex parte eius sunt." Ambi-
tiosus animus duobus modis et morbis vastatur, inquie-
tudine et invidia. Quorum alterum cupido, alterum amor
sui suscitat. Haec rei quaesitae, illa personae est. Sed quia 10
de his superius satis dictum est, cum inter nos sermo de
decem virginibus volveretur, non opus est, ut praescripta
repetantur.

Verum hoc licet adicere, quod miserabiliores sumus omnibus hominibus ex hoc, quod in sacco cilicino gloriolis delec- 15
tamur et pro Christo mundo mortui vane gloriando mundana
repetimus. Altius aliquid dicam. Quia stulta mens extra
metas sui ordinis placendi cupidine currit, quid sit, quae sit,
oblita in aliorum aestimatione se quaerit. Magnae, filia,
imperitiae est, regem caelorum praesentem habere et solvere 20
frena disciplinae. Proficienti virgini in Christo fructus de-
betur centesimus, negligenti non dico | sexagesimus, sed nec | 283
tricesimus. Esto inter homines ipsa homo circumspecta.

Verwandtschaft um der Liebe zu Christus willen gestorben
sein, und du sollst nicht einmal mehr im Geiste das suchen,
was du zum Schutz deiner Keuschheit um der blühenden
Ewigkeit willen von dir geworfen hast. Wenn du dich von
Eitelkeit umtreiben läßt, wenn du dich nicht ändern willst,
wenn du diese an dich heranläßt, dann findest du niemals
Ruhe. Der Eitelkeit folgt Neid, dem Neid der Tod. Darum
wird die unglückliche Seele ins Verderben gestürzt, so wie
geschrieben steht: „Durch die Mißgunst des Teufels ist der
Tod in die Welt gekommen, es folgen ihm aber die nach, die
auf seiner Seite stehen" (Weish 2, 24 f). Ein ehrgeiziger Sinn
wird auf zwei Arten und von zwei Leiden heimgesucht,
von der Unruhe und vom Neid. Begierde stachelt das eine
von diesen beiden auf, Eigenliebe das andere. Jene richtet
ihre Begierde auf einen Gegenstand, diese hat es mit einer
Person zu tun. Aber weil über diese Dinge schon weiter
oben genug gesagt wurde, als unser Gespräch sich um die
zehn Jungfrauen drehte, ist es nicht nötig, das schon Beschriebene zu wiederholen.

Aber dennoch möge erlaubt sein, noch dieses hinzuzufügen, daß wir für alle Menschen darum besonders erbärm-
lich wirken, wenn wir uns im härenen Gewand an lächer-
lich winzigem Ruhm ergötzen und in eitler Ruhmsucht die
weltlichen Dinge zurückholen, obwohl wir doch um Christi willen für die Welt gestorben sind. Aber ich will noch
etwas anderes, wichtigeres sagen: Weil ein törichtes Herz
in der Sucht zu gefallen außerhalb der Zielsäulen seines
Standes läuft, vergißt es, was und wer es ist, und sucht sich
selbst in der Wertschätzung der anderen. Es zeugt von
großer Unerfahrenheit, Tochter, wenn man den Himmels-
könig gegenwärtig hat und doch die Zügel von Zucht und
Ordnung schleifen läßt. Einer Jungfrau, die in Christus
Fortschritte macht, ist hundertfacher Lohn verheißen, einer, die nachlässig ist, gestehe ich nicht nur nicht sechzig-
fachen Lohn, sondern nicht einmal dreißigfachen zu. Unter
den Menschen soll sie, selbst ein Mensch, umsichtig sein.

Impudici oculi non norunt considerare pulchritudinem animarum, sed corporum. His delectantur exterius, quibus interius illiciuntur. Sed unctio sancti spiritus de his omnibus docebit te. Si quid habes de scripturis interrogare, ab eo require, quem vita commendat et aetas, quem tu senem 5 noveris et timoratum, qui tecum unum in domino sentit et amat. Quem si non habueris, malis nescire, de quibus dubitas quam ab eo discere, de quo animae tuae scandalum sumas et infamiam incurras.

Non multum in gaudio effluas nec mortis tristitia ta- 10 bescas. Fructus sanctae animae maxime notatur in gaudio eius vel maerore. Est enim gaudium carnale, est et gaudium spirituale. Persona risu effluens et motibus intemperans patet contemptui. Sicut naturale est quibusdam floribus ad radium solis se expandere et accepto calore cirros suos 15 explicare rursusque vento flante vel imbre cadente contrahi, sic mens quasi in mundi prato pendula nec virtutum fructu solida, quantum inanibus gaudiis laetantur arriserit, tantum tristibus obortis contabescit. Si temptationis procella statum mentis tuae subverterit, ad medicum propera, 20 confessione vulnus detege. Mater innocentiae confessio, fructus confessionis indulgentia. Verumtamen sic confitere, ut absolvi merearis, sic ostende vulnera, ut saneris. Si

---

[186] Hier ist sicher der Verweis auf den greisen Simeon als Exempel beabsichtigt, der Lk 2,25 als gottesfürchtig *(timoratus)* bezeichnet wird.

Unkeusche Augen haben nicht gelernt, die Schönheit von
Seelen zu betrachten, sondern nur die von Körpern. Äußerlich werden sie von den Dingen ergötzt, von denen sie
innerlich verführt werden. Aber die Salbung durch den
heiligen Geist wird dich über alle diese Dinge belehren.
Wenn du irgendeine Frage bezüglich der heiligen Schrift
hast, so erfrage das von dem, den Lebensführung und
Lebensalter dafür empfehlen, den du als Greis und gottesfürchtig[186] kennengelernt hast, der zusammen mit dir nur
ein einziges im Herrn wahrnimmt und liebt. Wenn du einen
solchen nicht hast, dann verzichte lieber darauf, Gewißheit
zu erhalten über die Dinge, an denen du zweifelst, als von
einem zu lernen, von dem du Ärgernis für deine Seele
empfängst und deshalb in deine Schande hineinläufst.

Nicht allzu sehr sollst du in der Freude überströmen und
nicht zerfließen in der Traurigkeit des Todes. Denn die
Frucht einer heiligen Seele läßt sich vor allem an ihrer
Freude und ihrer Trauer erkennen. Denn es gibt eine Freude im Fleisch, es gibt aber auch eine Freude im Geist. Eine
Person, die sich vor Lachen ausschüttet und unbeherrscht
ist in ihren Gefühlen, gibt sich der Verachtung preis. So
wie es die natürliche Eigenschaft einiger Blumen ist, sich
nach dem Strahl der Sonne zu strecken und, sobald sie die
Wärme empfangen haben, ihre krausen Blätter zu entfal-
ten und, wenn der Wind weht oder der Regen fällt, sich
wieder zusammenzuziehen, so wird auch der Geist, der
gleichsam schwankend auf der Wiese der Welt steht und
keineswegs sicher in der Frucht seiner Tugenden, im gleichen Maß mitlachen über nichtige Freuden, wie er mitver-
geht, sobald ihm Trauriges begegnet. Wenn der Wind der
Versuchung den festen Stand deines Geistes ins Wanken
gebracht hat, dann eile zum Arzt und bedecke die Wunde
durch eine Beichte. Die Beichte ist die Mutter der Recht-
schaffenheit, die Frucht der Beichte ist die Verzeihung.
Aber beichte so, daß du verdienst, losgesprochen zu werden, zeige die Wunden so, daß du geheilt wirst. Wenn du

plagae partem ostendis, partem abscondis, absconsi putredo sanati tandem fit corruptio. Si pauca confiteris, multa
subtrahis, efficacia indulgentiae ad pauca confessa, numquam pervenit ad multa <non> confessa. Cum locum et
tempus benefaciendi requiris, totum intra est, quod quaeris 5
extra te. Ratissimus divinorum sacrificiorum locus cor
tuum est. „Thuribulum aureum" prunis plenum cor | mun- | 284
dum est, divini amoris igne repletum. In quod thus et
aromatha ponuntur et in „odorem suavitatis" offeruntur,
quando piae dilectionis affectus in sancta conscientia per 10
opinionem mundae vitae ad exemplum proximorum exten-
ditur. In flagello divino non murmures, quia severissima
crudelitas patris est, non clementia, quando filio peccanti
parcit nec peccantem corripit. Sive igitur in profectu virtutum stantes sive in vitiis deficientes, quotiens divino flagel- 15
lo atterimur, totiens in verbere dei gloriemur. „Beatus enim,
qui corripitur a domino."

Audi filia. Ante omnia concordiae stude. Chorus enim dei
multorum in bono concordantium una voluntas et cor unum
est, ubi quicquid offertur, „in odorem suavitatis" offertur. 20
„Implete", ait apostolus, „gaudium meum, ut idem sapiatis,
eandem caritatem habentes, unanimes idipsum sentientes,
nihil per contentionem neque per inanem gloriam, sed in
humilitate superiores sibi invicem arbitrantes, non quae sua
sunt singuli considerantes, sed ea quae aliorum." Itaque: 25
Concordia praefertur abstinentiae. Ubi enim mores discidit

---

[187] Nur die Berliner Hs aus dem 13. Jahrhundert überliefert das für das
Verständnis hier notwendige *non*.

nur einen Teil der Wunde zeigst, verbirgst du einen Teil,
und schließlich wird der Eiter unter dem verborgenen Teil
der Wunde die Fäulnis des schon geheilten Teils bewirken.
Wenn du nur Weniges bekennst und Vieles wegläßt, dann
bezieht sich die Wirkung der Vergebung auch nur auf das
Wenige, das du gestanden hast, und niemals auf das Viele,
das du nicht[187] zugegeben hast. Wenn du nach Zeit und Ort
fragst, um Gutes zu tun, so ist alles in dir, was du außerhalb
suchst. Der gültigste Ort für das Opfer an Gott ist dein
Herz. „Ein goldenes Räuchergefäß" (Offb 8,3), voll von
glühenden Kohlen, ist ein reines Herz, das ausgefüllt ist
vom Feuer göttlicher Liebe. In dieses Gefäß werden Weih-
rauch und Duftstoffe gelegt und zum „Duft der Süße"
(Gen 8,21 Vg.) geopfert, wenn sich die Leidenschaft frommer Liebe in heiligem Bewußtsein in der Entscheidung für
ein reines Leben zum Vorbild für die Nächsten ausbreitet.
Über die göttliche Geißel sollst du nicht murren, weil erst
das die äußerste Grausamkeit, nicht die Milde eines stren-
gen Vaters ist, wenn er den sündigen Sohn schont und den
Sünder nicht hart anfaßt. Sei es also, daß wir im Fortschritt
der Tugenden stehen, sei es, daß wir in Lastern versagen, so
oft wir von der göttlichen Geißel getroffen werden, so oft
werden wir in der Züchtigung Gottes verherrlicht. „Glücklich der, der von Gott zurechtgewiesen wird" (Ijob 5,17).

Höre, Tochter! Bemühe dich vor allem um die Eintracht. Denn die Schar Gottes ist der einige Wille und das
einige Herz der vielen, die im Guten übereinstimmen, wo
das, was geopfert wird, „zum Duft der Süße" (Gen 8,21
Vg.) geopfert wird. „Macht meine Freude vollkommen",
sagt der Apostel, „indem ihr dasselbe meint, die gleiche
Liebe habt, in einem Sinn fühlt, nichts aus Verachtung tut
und um eitlen Ruhmes willen, sondern in Demut schätze
einer den anderen höher als sich selbst und bedenke nicht
jeweils seine Angelegenheiten, sondern die der anderen"
(Phil 2,2–4). Deshalb wird die Einigkeit der Enthaltsamkeit vorgezogen. Wo nämlich Zwietracht die Sitten ausein-

discordia, ibi nihil prodest abstinentia, quippe cum haec
summa sit virtutis, abstinere a vitiis. At virtuti locus non
relinquitur, ubi vitia principantur. Nihil vero virtutis esse
potest, ubi dissidentia morum est. Igitur maior est concordia quam abstinentia. Cum peccare cogitas, primum atten- 5
de, quid merearis, si peccaveris. Tutius est ante vulnus
cogitare de vulneris dolore quam post vulnus de sanitate
disputare. Alterum salutis praesidium, alterum mortis periculum est. Numquam et nusquam peccare licet, quia deus
ubique est, qui sicut index sic peccati vindex est. Timor et 10
amor dei fortissima lora sunt mali desiderii. Timor castus
excitat dilectionem, dilectio servilem expellit timorem. Sic
igitur time, ut diligas, sic dilige, ne postea timeas. Vanitates
praesentium | rerum non nisi futurorum intuitu perviden- | 285
tur. Equidem ubi de luce cogitaveris, magis umbra officit. 15
Ea igitur quaerenda sunt, quae expediunt. Sensatum enim
cor non est, quod sibi magis optat evenire, quod vult, quam
quod expedit. Melius est enim male desideratum numquam
ad effectum voti mali pervenire nec adipisci quam effectu
mali desiderii interfici.   20

Attende Theodora. Tuo merito nulla sodalium tuarum
te contemnat vel oderit, sicut Paulus ait discipulo: „Nullus
contemnat adolescentiam tuam." Tres enim principales
gradus sunt adolescentiae, pulchritudo castitatis, oboedientiae devotio, maioribus reverentiae exhibitio. In pri- 25
mo gradu angelica dignitas in terris videtur, in secundo

andergerissen hat, da nützt auch Enthaltsamkeit nichts mehr, zumal dies ja der Gipfel der Tugend ist, sich der Laster zu enthalten. Aber für die Tugend bleibt kein Platz mehr, wo die Laster herrschen. In der Tat kann nichts an Tugend bestehen, wo Widerspruch in den Sitten herrscht. Darum ist Eintracht größer als Enthaltsamkeit. Wenn du an Sünde denkst, denke zuerst daran, welchen Lohn du verdienst, wenn du gesündigt hast. Denn es ist sicherer, vor der Verwundung an den Schmerz der Wunde zu denken, als nach der Verwundung über die Heilung zu reden. Im einen liegt Hilfe zur Rettung, im anderen die Gefahr des Todes. Niemals und nirgendwo ist es erlaubt zu sündigen, da Gott überall ist, der ebenso Ankläger wie Rächer der Sünde ist. Furcht vor Gott und Liebe zu Gott sind die stärksten Zügel für schlimme Sehnsüchte. Reine Gottesfurcht erneuert die Liebe, die Liebe aber vertreibt knechtische Furcht. Darum fürchte so, daß du liebst, und liebe so, daß du nicht hinterher fürchtest. Die Nichtigkeit der gegenwärtigen Dinge kann man nicht durchschauen außer in der Anschauung der zukünftigen. Sobald du allerdings über das Licht nachdenkst, wird auch mehr Schatten in deinen Weg treten. Darum muß man nach den Dingen fragen, die Nutzen bringen. Denn ein Herz ist nicht verständig, das sich lieber wünscht, ihm geschehe, was es will, als was ihm nützt. Deshalb ist es besser, daß eine schlechte Begierde niemals zur Erfüllung ihres schlechten Wunsches kommt oder ihr Ziel erreicht, als daß du durch Erfüllung des schlimmen Wunsches getötet wirst.

Merke auf, Theodora! Keine deiner Genossinnen soll dich nach deinem Verdienst verachten oder hassen, so wie Paulus zu seinem Schüler sagt: „Keiner soll deine Jugend verachten" (1 Tim 4, 12). Es gibt nämlich für die Jugend eine Rangordnung, die hauptsächlich aus drei Stufen besteht, die Schönheit in der Keuschheit, die Hingabe im Gehorsam und der Erweis von Ehrerbietung gegenüber Älteren. In der ersten Stufe zeigt sich die Würde der Engel schon auf Erden,

fructus aeternitatis est, in tertio ordo naturae servatur. Si
deum diligis, quid de patria tua vel parentela sollicitaris?
Extra te vis habere, quod intra te est. Deum posside et in
patria tua eris. „Qui manet in deo et ipse in eo", quo habet
exire? Qui absinthio delectatur, mellis saporem ignorat, sic 5
cui praesens patria sua dulcescit, de meliore vel non cogitat
vel non curat. Mortem, quam nosti certissimam, sic expec-
ta, sic praeveni, ut vitae exitus vitae fiat introitus. Equidem
mors veniens, quem vivum invenerit, potest immutare, non
occidere, quem vero mortuum reperit, magis occidit.   10

T.: Quem dicas vivum aut mortuum, non satis elucet,
cum necesse non sit, ut mors mortuos auferat, sed vivos.
Semel enim absumptum, cur mors repetet quasi alia lege
necandum?

P.: Vivum dixi per iustitiam, mortuum per vitam pessi- 15
mam. Sicut igitur in bonis praecedit vita per iustitiam, sic
in malis mors peccati praevenit mortem secundam.

T.: Mira prorsus infelicitas animae malae migrantis de 286
hoc corpore, quae tunc primum incipit exulare, quando
debuit exilium terminare, et tunc hosti perpetuo subiuga- 20
tur, quando libertas gloriae sperabatur.

P.: Non est mirum, filia, si humana ibi contingunt, ubi
homines sunt, sed illud magis mirandum et dolendum est,

in der zweiten liegt die Frucht der Ewigkeit, in der dritten
wird die von Natur gegebene Rangordnung bewahrt. Wenn
du Gott liebst, was beunruhigt dich dann eine Nachricht
von deinem Vaterland oder deiner Verwandtschaft? Außerhalb von dir willst du besitzen, was in dir liegt. Besitze
Gott, und du wirst in deinem Vaterland sein. „Wer in Gott
bleibt und Gott in ihm" (Joh 15,5), wohin sollte der gehen?
Wer sich am Wermut freut, der kann nicht mehr den süßen
Geschmack von Honig wahrnehmen, so denkt auch der
nicht an eine bessere Heimat und kümmert sich um sie, dem
sein augenblickliches Vaterland süß ist. Den Tod, von dem
du weißt, daß er ganz sicher kommt, erwarte so, komme
ihm so zuvor, daß der Ausgang aus dem Leben zum Eintritt
in das Leben wird. Wenn der Tod kommt, vermag er nun
allerdings den, den er lebend vorfindet, zu verändern, nicht
zu töten, den er aber tot auffindet, den tötet er noch mehr.

T.: Wen du da als lebendig und wen als tot bezeichnest,
das leuchtet nicht genügend ein, da es doch nicht nötig ist,
daß der Tod Tote wegschafft, sondern Lebendige. Denn
warum sollte der Tod wiederkommen, um gewissermaßen
unter anderem Gesetz den zu töten, den er schon einmal
hinweggenommen hat?

P.: Den einen habe ich lebendig genannt wegen der Gerechtigkeit, den anderen tot wegen seiner schlechten Lebensführung. So wie darum bei den Guten das Leben in
Gerechtigkeit vorangeht, so kommt bei den Schlechten der
Tod der Sünde dem zweiten Tod zuvor.

T.: Ganz seltsam ist das Unglück der schlechten Seele,
die diesen Körper verläßt und gerade dann beginnt, in der
Verbannung zu leben, wenn sie eigentlich der Verbannung
ein Ende setzen sollte, und die zu dem Zeitpunkt dem
ewigen Feind unterworfen wird, an dem sie die Herrlichkeit in der Freiheit erhoffte.

P.: Das ist nicht seltsam, Tochter, wenn menschliche
Dinge sich dort ereignen, wo Menschen sind, aber jenes
muß man viel mehr für seltsam und betrüblich halten, daß

quod miser homo vitae dulcedinem per iustitiam non repe-
tit, postquam semel mortem per peccatum gustaverit. Qui
igitur se regere aut nescit aut non curat, ab aliis regendus
est, quos consensus alieni peccati non maculat. „Nolite",
ait apostolus, „communicare operibus infructuosis tene- 5
brarum, magis autem redarguite. Omnia enim quae argu-
untur, a lumine manifestantur", et cetera. Nescit homo,
quanta sit dignitas sua, cuius ministerio non deest dignitas
angelica. Deum inter homines esse cognosce, cum vides
hominem „deo digne ambulare", nec poterit angelicum 10
ministerium ibi deesse, ubi deus conversatur in homine.
„Nonne omnes administratorii spiritus sunt, missi ad eos,
qui hereditatem capiunt salutis? Templum dei", inquit,
„sanctum est, quod estis vos." Christi corpus violat, qui in
se per incontinentiam Christi gratiam dissipat. Qui deum 15
perfecte amat, semper unde dei laus augeatur, excogitat.
Porro qui laude propria delectatur ex deliberato, praeponit
se quodammodo domino suo. „Et vere in arena aedificat"
et stipulam igni parat, cui adulator in opere bono dulcis est.
Fructus florem non sequitur, si flos inmature decerpatur. 20
Sic operi tuo merces non erit, si, quod bene factum est,
aliena lingua resolvit. Animus enim adulantis lingua solutus
sic est quasi navis rimosa in mediis fluctibus. Si vis quietem
habere, nulli detrahere stude, non damnare, non iudicare.
Malitiosae menti amor semper | inest iudicandi, et si desit 25 | 28
potestas puniendi. Bonus autem sicut non amat iudicare, sic
nec damnare.

der elende Mensch nicht auf das Leben in Süße und Gerechtigkeit zurückgreift, nachdem er einmal den Tod in der
Sünde gekostet hat. Wer es darum weder versteht noch sich
bemüht, sich selbst zu beherrschen, der muß von anderen
gelenkt werden, die kein Einverständnis mit fremder Sünde
befleckt. „Macht euch nicht gemein", sagt der Apostel, „mit
unfruchtbaren Werken der Finsternis, sondern straft sie
vielmehr Lügen" (Eph 5,11). „Denn alles, was aufgedeckt
wird, wird vom Licht erleuchtet" (Eph 5,13) und so weiter.
Der Mensch weiß nicht, wie groß seine Würde ist, seinem
Dienst fehlt nicht die Würde der Engel. Erkenne Gott unter
den Menschen, wenn du siehst, daß ein Mensch „Gott würdig auftritt" (Kol 1,10), denn der Dienst der Engel wird dort
nicht fehlen können, wo Gott sich im Menschen aufhält.
„Sind sie nicht alle Diener des Geistes, ausgesandt zu denen,
die das Erbe des Heils ergreifen?" (Hebr 1,14). „Der Tempel Gottes", sagt er, „ist heilig, und das seid ihr"(1 Kor
3,17). Wer in sich durch mangelnde Beherrschung die Gnade Christi verschleudert, der verletzt den Leib Christi. Wer
aber Gott vollkommen liebt, der wird immer darüber nachdenken, wie das Lob Gottes vermehrt werden könne. Wer
sich ferner, auch nach Überlegung, am Eigenlob ergötzt, der
setzt gewissermaßen sich selbst vor seinen Herrn. „Und er
baut wirklich auf Sand" (vgl. Mt 7,26) und nährt das Feuer
mit Stroh, wenn ihm der Schmeichler bei seinem guten Werk
willkommen ist. Keine Frucht folgt der Blüte, wenn die
Blüte vorzeitig abgerissen wird. So wird auch deinem Werk
kein Lohn zuteil werden, wenn eine fremde Zunge wieder
ungültig macht, was du Gutes getan hast. Denn das Herz
wird durch die Zunge des Schmeichlers so zügellos wie ein
Schiff, das leck ist mitten in den Fluten. Wenn du Ruhe
haben willst, so gib dir Mühe, keinen abzuwerten, nicht zu
verdammen, nicht zu urteilen. In einem argwöhnischen
Geist wohnt immer das Verlangen zu urteilen, auch wenn es
keine Möglichkeit gibt zu strafen. Der Gute dagegen liebt
es genausowenig zu urteilen wie zu verdammen.

T.: Supra nos esse videtur modis diversis nos impeti nec moveri.

P.: Haec est scala, quam ascendis, ut illum imiteris, de quo dicitur: „Sicut ovis ad occisionem ductus est", et cetera, quae sequuntur de mansuetudine regis nostri in eadem 5 prophetia. Vulnus vulnere velle vindicare nihil aliud est nisi simplex malum malo nequiore duplicare. Itaque contra malitiam alterius pietas tua sit semper invicta. In hoc duello melius est vinci quam vincere. Melior est sancta victoria per patientiam quam malitiae pessima relatio per vindictam. 10 Igitur magna et fortis eris, si laesa non laeseris. „Fidelis deus", ait apostolus, „qui non patietur vos temptari super id, quod potestis, sed faciet etiam proventum cum temptatione, ut possitis sustinere." Sic vive, ut post mortem tuam filiorum tuorum procreatio in loco succedat heredum, et te 15 vivam exhibeant, qui matrem virtutum te habuisse per exempla proclamant.

T.: Miror, quos filios heredes habere possit, quae virum non novit, et cognoscat se matrem, quae thorum nescit maritalem.   20

P.: Pudicae animae sponsus verbum dei est, ex quo verbo cum anima sacra conceperit, quanta soboles virtutum succrescat, quis stilus explicabit? Beatus qui habuerit semen in Israel, qui per exemplum sanctae conversationis lineam caelestis distendit propaginis. Mens sanctis floribunda sem- 25 per affectibus, quicquid habere videtur in deo, non quiescit, donec illud plantet in proximo et „det gratis, quod

T.: Es scheint auf uns zu liegen, daß wir auf verschiedene Art beschuldigt, aber nicht bewegt werden.

P.: Dies ist die Leiter, die du hinaufsteigst, um jenem nachzueifern, von dem gesagt ist: „So wie ein Schaf zum Schlachten geführt wird" (Apg 8, 32) und so weiter, was in derselben Verkündigung noch folgt über die Sanftmut unseres Königs. Wunde durch Wunde rächen zu wollen, ist nichts anderes als ein einfaches Übel durch ein noch schlimmeres Übel zu verdoppeln. Deshalb soll gegen die Bosheit eines anderen deine Frömmigkeit immer unerschütterlich sein. In diesem Zweikampf ist es besser, besiegt zu werden als zu siegen. Denn besser ist ein heiliger Sieg in Geduld als die schlimme Vergeltung von Bosheit durch Rache. Darum wirst du groß und stark sein, wenn du, obwohl verletzt, nicht verletzen wirst. „Gott ist treu", sagt der Apostel. „Er läßt nicht zu, daß ihr über das hinaus versucht werdet, was ihr erdulden könnt, sondern er wird auch den Fortgang mit der Versuchung so machen, daß ihr es ertragen könnt" (1 Kor 10, 13). Lebe so, daß nach deinem Tod die Geburt von Söhnen anstelle von Erben tritt und sie dich als lebend erweisen, indem sie erklären, sie hätten dich als Mutter der Tugenden gehabt aufgrund deines Vorbilds.

T.: Ich wundere mich, wie eine Jungfrau Söhne zu Erben haben kann, die keinen Mann erkannt hat, und wie sie sich selbst als Mutter verstehen soll, die nichts weiß vom ehelichen Schlafgemach.

P.: Der Bräutigam einer keuschen Seele ist das Wort Gottes. Sobald die heilige Seele aus diesem Wort empfangen hat, welche Feder wird da aufschreiben können, wie groß die Nachkommenschaft an Tugenden ist, die da heranwächst? Selig ist, wer Samen hat in Israel, wer durch das Beispiel heiligen Lebenswandels die Reihe himmlischer Nachkommenschaft ausdehnt. Ein Herz, das immer in heiligem Eifer blüht, ruht nicht, bis es das, was es in Gott zu haben scheint, auch im Nächsten einpflanzt und „umsonst weitergibt, was

gratis accepit. Unum" amat, quod „est necessarium", ac per
hoc non angustiatur in partitione munerum divinitus ac-
ceptorum.

T.: Cum sit omnium communis deus, iustum est, ut sint ₂₈₈
omnium communia, quae ab uno deo sunt omnibus com- 5
muniter concessa. Qui ergo in partiendis divinitus donis
acceptis manum retrahit, constat, quia in dato gloriam propriam quaesivit.

P.: Vigilantissime procedis. Paulus: „Quid habes", inquit, „quod non accepisti? Si autem accepisti, quid gloriaris 10
quasi non acceperis?" Insimulatus amor et affectus ad proximum maximum et singulare deo sacrificium est. A quo
quotiens te avertis, totiens sacrificium tuum effundis. Te
ipsam persequeris, cum hominem odis. Visne brevi clausula
attendere, quomodo debeas sine offensione in multitudine 15
commanentium vivere?

T.: Quanti emerem, si hoc vel scirem vel possem.

P.: Ea communitate in multitudine converseris, ut disci-
plinate vivendo praelatos non timeas, sed ames, coaequali-
bus humilitati studendo non invideas, inferiores non con- 20
temnas, exemplo disciplinae cunctos praecurre, et si non re,
sola tamen voluntate. Necdum enim quid et quis sit Christus, ille novit, qui se ab homine non diversae professionis
abscondit. Equidem vitia hominis fugienda sunt, non homo.
Si igitur bonus imitandus est, malus tolerandus, recte re- 25

es umsonst empfangen hat" (vgl. Mt 10,8). Es liebt „das Eine, das notwendig ist" (Lk 10,42), und darum wird es nicht in Angst versetzt bei der Verteilung der von Gott empfangenen Gaben.

T.: Wenn es einen gemeinsamen Gott aller gibt, dann ist es gerecht, daß auch gemeinsames Gut aller ist, was von dem einen Gott allen gemeinsam zugebilligt worden ist. Wer darum bei der Verteilung der von Gott empfangenen Gaben seine Hand zurückzieht, von dem steht fest, daß er in der Gabe eigenen Ruhm gesucht hat.

P.: Du gehst außerordentlich aufmerksam vor. Paulus sagt: „Was hast du, was du nicht empfangen hättest? Wenn du es aber empfangen hast, was rühmst du dich dann, als hättest du es nicht empfangen?" (1 Kor 4,7). Die ungeheuchelte Liebe und Hinwendung zum Nächsten ist das größte und einzigartige Opfer für Gott. So oft wie du dich von ihm abwendest, so oft verschüttest du dein eigenes Opfer. Du verfolgst dich selbst, wenn du den Menschen haßt. Willst du nicht in einer kurzen Zusammenfassung hören, wie du ohne Ärgernis in der Menge deiner Mitschwestern leben sollst?

T.: Eine große Summe würde ich geben, wenn ich dies wüßte oder könnte.

P.: In dieser Ordensgemeinschaft sollst du dich in einer Menge von vielen befinden; damit du in geordneter Lebensweise deine Vorgesetzten nicht fürchtest, sondern liebst, damit du im Bemühen um Demut auf deine Mitschwestern nicht eifersüchtig bist, damit du die niederen nicht verachtest, laufe als Vorbild an Disziplin allen voran, und wenn du es in der Sache nicht kannst, dann tu es wenigstens im Willen. Denn wer sich vor einem Menschen verbirgt, der das gleiche Gelübde abgelegt hat, der hat noch nicht verstanden, was und wer Christus ist. Vor den Lastern eines Menschen muß man allerdings fliehen, nicht vor dem Menschen. Wenn man also einem guten Menschen nacheifern, einen schlechten ertragen muß, so strebt der richtig nach

gnum caelorum quaerit, qui socios in via domini non ab-
horruerit. O sanctae pacis pulchritudo, quae mores diver-
sos hinc amando, illinc tolerando in unum sic constringit,
ut nec malus eiciatur, qui toleratur, nec bonus a malis pereat,
qui amatur.   5

Dic mihi, Theodora. Quid magnum quaerit deus ab homine, ut possit salvari, nisi ut homo salvetur, ipse deus vult
amari et desiderari? O thesaurus aeternae bonitatis, o fons
inexhaustae dulcedinis! Ad promerendum aeternitatis soli-
um solum quaerit deus ab homine sanctum desiderium, id 10
est si laborare pro aeternis digne non possu|mus, saltem per | 289
desiderium aeternorum iacentes curramus. Equidem iuxta
famis mensuram cibus quaeritur, iuxta lassitudinem requies, sic ex qualitate sancti desiderii Christus colitur et
quaeritur et Christus amatur.   15

T.: Florida serie rationum virginibus Christi facis hortum deliciarum, ubi sapor et color diversus in floribus
legentes ipsos flores oblectent praedulcius.

P.: Sanctae conscientiae flores et fructus convivia gratissima
sunt in studiis spiritalibus. Bonae conscientiae thesaurum quis 20
aestimat? Quis eius divitias dinumerat? Mens recti conscia
sacris semper deliciis pascitur, sine fastidio ferculis caelestibus nutritur, illo semper exultans hospite, cuius sola praesentia delicatae animae inexhaustae deliciae sunt. Sed huc
usque, Theodora, pratum dominici agri deflorasse sufficiat. 25
Ad finem suscepti operis iam tendimus, quia congruum non

dem Himmelreich, der seine Gefährten nicht vom Weg des
Herrn abschreckt. O Schönheit heiligen Friedens, der un-
terschiedliche Gewohnheiten hier in der Zuneigung, dort
im Ertragen so in eins zusammenbindet, daß weder der
Schlechte hinausgeworfen wird, den man erträgt, noch der
Gute an den Übeln zugrunde geht, den man liebt.

Sag mir, Theodora. Was verlangt Gott Großes vom
Menschen, damit er gerettet werden kann, außer daß Gott
selbst geliebt und ersehnt werden will, damit der Mensch
gerettet werde. O Schatz ewiger Güte, o Quell uner-
schöpflicher Süße! Um einen Sitz in der Ewigkeit zu erwerben, verlangt Gott vom Menschen allein heilige Sehnsucht, das heißt, wenn wir uns nicht würdig um die ewigen
Dinge bemühen können, dann wollen wir wenigstens in
der Sehnsucht nach den ewigen Dingen laufen, obwohl wir
daniederliegen. Man verlangt nach Speise ja in der Tat nach
dem Maß des Hungers, nach Ruhe entsprechend der Mü-
digkeit, und so verehrt und sucht man auch Christus nach
Beschaffenheit der heiligen Sehnsucht, und so wird Christus geliebt.

T.: Mit einem Blütenbeet von Gedanken hast du für die
Jungfrauen Christi einen Garten der Wonnen angelegt, wo
der unterschiedliche Duft und die unterschiedliche Farbe
bei den einzelnen Blumen diejenigen mit außerordentlicher
Freude erfüllt, die die Blumen selbst sammeln.

P.: Blumen und Früchte eines heiligen Gewissens sind die
anmutigste Gesellschaft bei geistlichen Studien. Wer aber
ermißt den Schatz eines guten Gewissens? Wer zählt seinen
Reichtum auf? Ein Herz, das sich des Rechten bewußt ist,
weidet sich immer an heiligen Wonnen, ohne Überdruß
nährt es sich am himmlischen Tisch, immer im Jubel über
jenen Gast, dessen Gegenwart allein die unerschöpfliche
Freude der zarten Seele ausmacht. Aber bis hierher soll es
genug sein, Theodora, die Blumen von der Wiese im Acker
des Herrn gepflückt zu haben. Schon eilen wir zum Ende
des begonnenen Werks, weil es nicht angemessen ist, daß der

est, ut sexum diversum, licet omnem maledicti gratia ipsa
cognatio tollat suspicionem, conferentem concludat solis
occasus, libet tamen quosdam gradus virginalis vitae quasi
fructus quosdam floribundi germinis praetaxatis affigere et
ad formam quinque prudentium virginum gradus ipsos 5
ordinare et in hac clausula summam totius collationis nostrae terminare.

T.: Nihil acceptius.

P.: Igitur primus virginalis gloriae titulus constat ex mentis et corporis integritate et oculis solius dei placendi cu- 10
pidine iuxta illud apostoli: „Virgo domini cogitat, quae
domini sunt, ut sit sancta et corpore et spiritu." Secundus
virginalis professionis gradus est omnibus pompis saecularibus, deliciis carnalibus, patriae, parentelae voluntaria mentis inclinatione renuntiare, sicque pari voto tam 15
se | mundo fieri contemptibilem quam mundum ipsa habet | 290
despicabilem, sicut ait apostolus: „Mihi autem absit glo-
riari nisi in cruce domini nostri Iesu Christi, per quem
mihi mundus crucifixus est et ego mundo. Qui enim in
carne sunt, deo placere non possunt, quia si quis spiritum 20
dei non habet, hic non est eius." Tertius ordo virginei
gradus est cor et corpus promptae oboedientiae pro Christi amore inclinare, commanentes affectu et obsequio prae-
venire, in humilitate sancta et castitate exemplo matris
domini constantissima fide perseverare iuxta quod ipsa 25
mater domini, postquam dominum concepit, seniori matronae statim obsequi coepit, et sicut monet apostolus:

Sonnenuntergang Personen unterschiedlichen Geschlechts im Gespräch beisammen findet, auch wenn die Verwandtschaft an sich jeden Verdacht übler Nachrede aufhebt; dennoch möchte ich gern einige Stufen im jungfräulichen Leben gleichsam wie Früchte am blühenden Zweig an dem früher schon Ermittelten festbinden und diese Stufen selbst dem Bild der fünf klugen Jungfrauen zuordnen und in dieser Zusammenfassung den Höhepunkt unserer gesamten Betrachtung festlegen und abschließen.

T.: Nichts ist mir angenehmer.

P.: Der erste Ehrentitel jungfräulicher Herrlichkeit besteht also in der Unberührtheit von Geist und Körper und in dem Begehren, allein den Augen Gottes zu gefallen, entsprechend jenem Wort des Apostels: „Eine Jungfrau des Herrn richtet ihre Gedanken auf die Dinge des Herrn, damit sie heilig sei am Körper und im Geist" (1 Kor 7,34). Die zweite Stufe im jungfräulichen Gelübde besteht darin, allem weltlichen Gepränge, den Freuden des Fleisches, dem Vaterland, der Verwandtschaft aus freiwilliger Neigung des Herzens zu entsagen und mit dem gleichen Gelöbnis für die Welt ebenso verächtlich zu werden, wie sie selbst die Welt für verachtenswert hält, so wie der Apostel sagt: „Aber von mir sei fern, mich zu rühmen außer im Kreuz unseres Herrn Jesus Christus, durch den mir die Welt gekreuzigt ist und ich der Welt" (Gal 6,14). „Die aber im Fleisch sind, können Gott nicht gefallen, denn wer nicht den Geist Gottes hat, der ist nicht sein" (Röm 8,8f). Der dritte Rang im Stand der Jungfrauen besteht darin, um der Liebe zu Christus willen Herz und Leib unter willigen Gehorsam zu beugen, den Mitschwestern in Hingabe und Gehorsam zuvorzukommen, in heiliger Demut und Keuschheit nach dem Beispiel der Mutter des Herrn standhaft im Glauben auszuharren entsprechend dem Beispiel, daß die Mutter des Herrn selbst, nachdem sie den Herrn empfangen hatte, sich sofort aufmachte, der älteren Frau die Ehre zu erweisen (vgl. Lk 1,39–45), und so wie auch der Apostel mahnt:

„Honore invicem praevenientes." Quartus virginalis gloriae decor est purgatissimo corde verbo divino vacare, quie-
ti mentis studere et cum matre domini conferendo in corde
suo verba vitae conservare et ad pedes domini cum altera
Maria collectis dominicis verbis arma fortissima contra 5
impetus hostilis nequitiae praeparare. Quintus est de peracto cursu longioris viae in stadio sanctae professionis non
tam securitate debere dissolvi quam ex incerto perseverantiae timere vel contrahi, quasi cui nihil prosit explicuisse,
quod ascenderit, nisi quod restat, consummaverit iuxta 10
illud apostoli: „Fratres, non arbitror me apprehendisse", et
cetera. Quaedam enim praesumentes de longa custodia ser-
vatae virginitatis appropinquante iam termino vitae, pudicitiam praeterita vita Christo consignatam negligenter per-
didere.   15

Quid profuit summitatem scalae supremo gradu evasisse, si contigerit relabi lapsu praecipiti? Quid proderit
ultra vires tuas cucurrisse, si cum ceteris non potueris
pervenire? | Suspecta sit mortalis vitae condicio his ani- | 291
mabus praecipue, quae quasi praegnantes feminae et iam 20
pariturae per clivosa quaedam et aspera gradientes ab-
orsum momentis singulis metuunt vel si navis oneraria

„Kommt einander zuvor, euch gegenseitig die Ehre zu
erweisen" (Röm 12,10). Die vierte Auszeichnung für die
jungfräuliche Herrlichkeit erweist sich in einem vollkommen reinen Herzen, das frei ist für Gottes Wort, das sich
bemüht um die Ruhe des Geistes und das in Zwiesprache
mit der Mutter des Herrn die Worte des Lebens im eigenen
Herzen bewahrt (vgl. Lk 2,19) und zusammen mit der
anderen Maria zu Füßen des Herrn (vgl. Lk 10,39) die
stärksten Waffen gegen den Angriff feindlicher Bosheit
vorbereitet, indem sie die Worte des Herrn empfängt und
bewahrt. Der fünfte Punkt ist, daß man sich nach dem
vollbrachten Lauf eines langen Lebens im Zustand heiligen
Gelübdes nicht so sehr in Sicherheit gehen lassen darf, wie
man sich aufgrund der Ungewißheit im Durchhalten fürchten oder bedrängt fühlen muß, gleichsam als nütze es
nichts, wenn man erklärt, welchen Aufstieg man schon
geleistet hat, wenn man nicht auch das noch vollendet, was
an Wegstrecke noch übriggeblieben ist, entsprechend jenem Wort des Apostels: „Meine Brüder, ich glaube nicht,
daß ich es schon ergriffen habe" (Phil 3,13), und so weiter.
Es gibt nämlich einige, die sich auf ihre über einen langen
Zeitraum bewahrte Jungfräulichkeit etwas zugute tun und
dann, wenn schon das Ende des Lebens heranrückt, nachlässig die Keuschheit verloren haben, die in ihrem vergangenen Leben für Christus besiegelt wurde.

Was hat es genützt, die höchste Spitze der Leiter auf der
letzten Stufe erreicht zu haben, wenn man gerade dann im
Fall kopfüber wieder herabstürzt? Was wird es nützen, über
die Grenzen deiner Kräfte hinaus den Lauf durchgestanden
zu haben, wenn du nicht mit den anderen zusammen ans
Ziel gelangen kannst? Die Bedingungen des sterblichen Da-
seins sollten besonders bei den Seelen mit Argwohn be-
trachtet werden, die schwangeren Frauen gleich sind, die
bald gebären werden und durch abschüssiges und wildes
Gelände laufen und jeden Augenblick den vorzeitigen Ab-
gang der Frucht befürchten, oder wenn ein Lastschiff,

mercibus magnis onusta procella crebra quatiatur, iactura
rerum et humanae vitae etiam propinquo litore periclitatur.
Profectus igitur sanctae virginis ex aliarum negligentia vel
levitate non est metiendus, sed illud attendendum, quod:
„Unusquisque propriam mercedem accipiet secundum 5
suum laborem."

Denique post virgines Christi, quibus primus ordo dica-
tus est, proximae sunt viduae spretis matrimoniis suis se
suaque deo offerentes quasi post Mariam Anna vidua, de
quibus apostolus: „Quae autem vere vidua est et desolata, 10
speret in domino et instet obsecrationibus nocte ac die.
Quae autem in deliciis est, vivens mortua est." Sunt et aliae,
quae quia curiosius cum Dina egerunt, quod professae sunt,
miserabiliter amiserunt. Stet igitur in gradu suo fortiter
Christi virgo pro singulari praemio recipiendo, auxilio sem- 15
per innixa divino, nihil umquam de se praesumendo, vidua
vero, quae vel pari consensu vel mortis condicione maritum
amisit, gaudeat humiliter, quod vel post carnis experientiam
ad verum sponsum venire promeruit, et exemplo vel verbo
decus integritatis, quod amisit, plantet in aliis, quas flos 20
virginitatis Christo dicavit. Sit mater virginum dissuadendo
omne virile consortium, sit quasi murus ad hortum balsami
et aromatum diversorum custodiendum, dicat eis, quod
apostolus dixit: „Peccatum non cognovi nisi per legem",

---

[188] Dina, eine Tochter Leas, verließ aus Neugierde das Lager ihrer Brüder
bei Sichem und wurde draußen vom Sohn des Fürsten von Sichem vergewaltigt. Die Jakobssöhne mußten schwere Kämpfe bestehen, als sie für
ihre Schwester Rache nahmen (Gen 34, 1–31).

schwer beladen mit vielen Handelsgütern, von ständigem
Sturm erschüttert wird, und der Verlust von Gütern und
Menschenleben droht, obwohl das Ufer schon nahe ist.
Darum kann das Vorankommen einer heiligen Jungfrau
nicht an der Nachlässigkeit oder dem Leichtsinn anderer
ermessen werden, sondern man muß jenes beachten, daß
„ein jeder seinen eigenen Lohn empfangen wird entsprechend seiner Anstrengung" (1 Kor 3,8).

Schließlich kommen nach den Jungfrauen Christi, denen
der erste Rang zugesprochen ist, als nächste die Witwen,
die sich und ihr Vermögen Gott darbringen, nachdem sie
ihre eigene Ehe für verächtlich angesehen haben, gleichsam
wie die Witwe Hanna nach Maria, von denen der Apostel
sagt: „Eine Frau, die in Wahrheit Witwe und einsam ist, die
soll auf Gott hoffen und an ihm hängen mit Gebeten bei
Nacht und bei Tag. Die aber in Freuden lebt, die ist schon
im Leben tot" (1 Tim 5,5f). Es gibt aber auch andere, die
im Elend verloren haben, was sie gelobten, weil sie mit
Dina allzu neugierig waren.[188] Darum soll die Jungfrau
Christi auf ihrer eigenen Stufe mit Mut und Festigkeit
stehenbleiben um der einzigartigen Belohnung willen, die
sie empfangen soll, immer gestützt auf göttliche Hilfe,
wobei sie nichts jemals von sich vorwegnehmen soll; die
Witwe aber, die ihren Mann entweder nach gegenseitiger
Übereinkunft oder durch das Schicksal des Todes verloren
hat, soll sich in Demut freuen, daß sie es sogar noch nach
der fleischlichen Erfahrung verdient hat, zum wahren
Bräutigam zu gelangen, und in Beispiel und Wort soll sie
die Würde der Unversehrtheit, die sie verloren hat, in
anderen einpflanzen, die die Blume der Jungfräulichkeit
Christus geweiht haben. Sie sei den Jungfrauen eine Mutter,
indem sie ihnen von jedem Umgang mit Männern abrät, sie
sei gleichsam eine Mauer zum Schutz des Gartens mit
seinem Balsam und seinen verschiedenen Gewürzen, und
sie soll ihnen sagen, was der Apostel gesagt hat: „Ich habe
die Sünde nicht kennengelernt außer durch das Gesetz"

quia quod lege prohibetur, hostis suasu mediante dulcius
appetitur. „Lex enim spiritalis est, homo autem carnalis
venundatus sub peccato", ut per hanc diligentiam amissa
iuxta aliquid recuperent et gloriae futurae communicent;
lapsae vero, quas ultimus gradus ceteris postposuit, quae 5
oblitae gloriam | virginitatis praesentiam divini timoris, | 292
totius religionis et honestatis, florem sanctae pudicitiae
sponte proiecerunt, quia nulla paenitentia tantum crimen
exaequat, ad pedes omnium prostratae, gemendo, suspirando, lacrimando et certe, si sapiunt, locum superiorem 10
mutando per ultimum iaceant, ut vel solam inferni poenam
evadant, dum aliae sponso caelesti fide firmissima adhae-
rentes lauream aeterni fructus pro flore virginitatis bene
conservato reportant.

T.: Gravis condicio lapsae virginis, quae et saeculi vo- 15
luptatem amisit nec ad coronam stantium pertingit.

P.: Quid de lapsis virginibus dicam? Quod lego, quod
sentio, proferre non audeo. Sed dicam. Omnibus peccatis
criminalibus, id est homicidiis, furtis, adulteriis et ceteris
huiusmodi certa remedia paenitentiae sunt determinata, 20
solis virginibus velatis, anulo pontificis Christo consigna-
tis, sponsis domini in custodia angelorum collocatis, si
ceciderint, nihil a sanctis patribus in satisfactione definitum
est.

T.: Cur hoc?   25

(Röm 7,7), weil unter der Einflüsterung des Feindes das süße Verlangen besonders auf das gelenkt wird, was durch das Gesetz verboten ist. „Denn das Gesetz ist geistlich, der Mensch aber ist fleischlich, verkauft unter der Sünde" (Röm 7,14), so daß sie durch diese Sorgfalt neben anderem das Verlorene wiedergewinnen und teilhaben an der zukünftigen Herrlichkeit. Die Gestrauchelten aber, die in der Rangordnung als letzte noch hinter alle übrigen gestellt sind, haben, weil sie die Herrlichkeit der Jungfräulichkeit vergessen haben, den Schutz der Gottesfurcht und der ganzen Gottesverehrung und Würde, die Blüte der Keuschheit freiwillig von sich geworfen. Weil keine Reue ein so großes Verbrechen sühnt, sollen sich diese, zu Boden hingestreckt, allen zu Füßen werfen, und sie sollen auch sicherlich, wenn sie verständig sind, unter Seufzen, Stöhnen und Schluchzen ihren oberen Platz mit dem letzten unten tauschen, damit sie nur wenigstens der Strafe der Hölle entgehen, während die anderen, die mit unverbrüchlicher Treue an ihrem himmlischen Bräutigam hingen, den Lorbeer ewiger Frucht für die wohlbewahrte Blüte der Keuschheit heimtragen.

T.: Schlimm ist die Lage einer gefallenen Jungfrau, die sowohl die Lust in der Welt verloren hat als auch dann nicht zur Krone der Standhaften gelangt.

P.: Was soll ich über die gefallenen Jungfrauen sagen? Was ich lese und was ich fühle, wage ich nicht vorzubringen. Aber ich will sprechen. Für alle verbrecherischen Sünden, das heißt für Mord, Diebstahl, Ehebruch und weitere Vergehen dieser Art, sind bestimmte Sühnemittel festgelegt, allein für die Jungfrauen, die den Schleier genommen haben, die durch den Ring des Bischofs Christus versprochen sind, die als Bräute des Herrn in die Obhut der Engel gegeben sind, für sie ist von den heiligen Vätern nichts zur Sühne bestimmt worden, wenn sie gefallen sind.

T.: Warum das?

P.: Quia sicut dignitate gradus huius nihil sublimius, sic casu eius nihil profundius. Statu eius nihil felicius, ruina nihil infelicius.

T.: Quid ergo? Desperandum est?

P.: Minime. Surgat viriliter, stet de cetero fortiter, fontem 5 vitae pulset fiducialiter, et tanta sit ei vigilantia de optinenda venia quanta prius negligentia de ruina.

T.: Quid si verecundia obtrita, quod unicum lapsis est remedium, ad vomitum redierit praecepsque et impudorata pristino volutabro insederit, quid erit? 10

P.: „Erunt novissima illius peiora prioribus." Et de qua-libet conversa hoc intellige: Si „primam fidem irritam fece-rit", quod melius fuerit | ei viam veritatis non cognoscere | 293 quam post cognitam pessimo respectu deviare. Sicut igitur praedictum est, virgines in monasterio matrem domini imi- 15 tentur, quae servivit Elysabet praeventa spiritu sancto, ita matribus vitae maturioris serviant, illae autem filias nutri-ant, doceant, custodiant, lapsis compatiantur omnes, si vere paeniteant iuxta illud apostoli: „Debemus nos firmiores imbecillitates infirmorum sustinere et non nobis placere, et 20 unusquisque nostrum placeat proximo suo in bonum ad aedificationem", et illud: „Sufficit illi, quae huiusmodi est, obiurgatio, quae fit a pluribus, ita ut e contrario magis

P.: Weil ebenso wie nichts erhabener ist als die Würde dieses Standes, so ist auch nichts tiefer als sein Fall. Nichts ist seliger als sein Zustand, nichts ist unseliger als sein Sturz.

T.: Was also? Muß man verzweifeln?

P.: Keineswegs. Mutig soll sie sich erheben, tapfer soll sie fortan stehen, vertrauensvoll soll sie an die Tür der Quelle des Lebens klopfen, und ihr wachsamer Eifer zum Erlangen von Verzeihung sei ebenso groß wie vorher ihre Sorglosigkeit beim Sturz.

T.: Aber was wird sein, wenn die Zerknirschung, das einzige Heilmittel für die Gefallenen, aufgebraucht ist und sie zum Auswurf zurückkehrt und sich schamlos eiligst wieder im alten Schweinepfuhl niederläßt?

P.: „Die neuen Übel werden für jenen Menschen schlimmer sein als die früheren" (Mt 12,45). Und das folgende Wort verstehe für jede beliebige Jungfrau, die sich zu einem Gelübde bekannt hat, daß es für sie besser gewesen wäre, wenn „sie ihr erstes Versprechen nicht gehalten hat" (1 Tim 5,12), daß sie den Weg der Wahrheit nicht gekannt hätte, als daß sie in frevelhaftem Zurückblicken von ihm abgewichen ist, nachdem sie ihn kennengelernt hat. So wie nämlich vorgeschrieben ist, daß die Jungfrauen im Kloster der Mutter des Herrn nacheifern, die sich Elisabet untergeordnet hat, als sie vom heiligen Geist schwanger war (vgl. Lk 1,39–56), so sollen sich die Jungfrauen auch den Müttern von reiferem Lebensalter unterordnen. Jene aber sollen die Töchter nähren, lehren und behüten, und alle sollen mit den Gefallenen gemeinsam leiden, wenn sie wirklich bereuen entsprechend jenem Wort des Apostels: „Wir sollen, da wir stärker sind, die Gebrechlichkeit der Schwachen ertragen, und wir sollen nicht nur uns selbst gefallen; ein jeder von uns soll seinem Nächsten gefallen in Güte zur Erbauung" (Röm 15,1 f), und jenes Wort: „Es genügt aber für jenen die Strafe, welcher Art sie auch ist, die von der Mehrheit kommt, so daß ihr im Gegenteil mehr

donetis et consolemini, ne forte abundantiori tristitia absorbeatur, et confirmate in illis caritatem." Quae vero spernit post casum sororem paenitentem, spernit deum peccatores iustificantem et dicentem: „Numquid, qui cadit, non resurget et qui aversus est, non revertetur? Qui dicunt 5 ,recede a me, quia immundus es, ne appropinques mihi', isti fumus erunt in furore meo, ignis ardens tota die. Ad quem autem respiciam nisi ad pauperculum et contritum spiritu et trementem sermones meos?" Et illud: „Ne despicias hominem avertentem se a peccato neque inproperes ei. 10 Memento quoniam omnes sumus in corruptione", et illud: „Quam magna misericordia domini et propitiatio illius convertentibus ad se." Mutuis exhortationibus omnes proficiant, „in omni sapientia docentes et commonentes vosmetipsos psalmis, ymnis, canticis spiritalibus, in gratia 15 cantantes et psallentes in cordibus vestris domino. Omne quodcumque facitis in verbo aut in | opere, omnia in nomi- | 294 ne Iesu domini nostri gratias agentes deo et patri per ipsum", ut ad sponsum aeternum vocantem, adiuvantem, coronantem perveniant. „Sive manducatis sive bibitis sive 20 aliud, quid facitis, omnia in gloriam dei facite. Sine offensione estote ecclesiae dei, non quaerentes, quod vobis utile est, sed quod multis, ut salvi fiant. Omnia honeste inter vos et secundum ordinem fiant." Sed „finem loquendi audiamus. Deum time et mandata eius observa, hoc est omnis 25 homo. Finis enim praecepti caritas de corde puro et conscientia bona et fide non ficta".

Verzeihung geben sollt und trösten, damit er nicht von
allzu großer Traurigkeit verzehrt wird, und stärkt in jenen
die Liebe" (2 Kor 2, 6–8). Wer darum eine Schwester verachtet, die nach ihrem Fall Reue empfindet, der verachtet Gott,
der die Sünder rechtfertigt und sagt: „Wird der der etwa nicht
wieder aufstehen, der fällt, und der nicht wieder zurückkehren, der sich abgewendet hat?" (Jer 8, 4). „Die sagen ‚Weiche
von mir, weil du unrein bist, komm mir nicht nahe‘, die sind
Rauch in meinem Zorn, ein Feuer, das den ganzen Tag brennt"
(Jes 65, 5). „Aber auf wem sollen meine Blicke ruhen, wenn
nicht auf dem Armen und dem Betrübten im Geist und dem,
der vor meiner Rede zittert?" (Jes 66, 2). Und jenes Wort:
„Verachte nicht einen Menschen, der sich von der Sünde
abgewandt hat, und mach ihm keine Vorwürfe. Denke daran, daß wir ja alle in der Verderbnis stehen" (Sir 8, 5), und
jenes: „Wie groß ist das Erbarmen des Herrn und seine
Vergebung gegenüber denen, die sich zu ihm bekehren!"
(Sir 17, 29). Durch gegenseitige Ermahnung sollen alle Fortschritte machen, „indem ihr in Weisheit lehrt und euch
selbst ermahnt mit Psalmen und Gesängen und geistlichen
Liedern, die ihr in Dankbarkeit singt, und den Herrn preist
in euren Herzen. Und alles, was ihr tut im Wort und im
Werk, das tut alles im Namen unseres Herrn Jesus Christus,
indem ihr Gott, dem Vater, Dank sagt durch ihn" (vgl. Kol
3, 16 f), damit sie schließlich zum ewigen Bräutigam gelangen, der ruft, der hilft und der die Krone verleiht. „Ihr mögt
essen, ihr mögt trinken, ihr mögt irgendetwas anderes tun,
alles tut zur Ehre Gottes. Seid ohne Ärgernis für die Kirche
Gottes, fragt nicht, was für euch nützlich ist, sondern was
für die vielen, damit sie gerettet werden" (1 Kor 10, 31–33).
„Alles unter euch soll ehrenhaft und nach der Ordnung
geschehen" (1 Kor 14, 40). Aber „laß uns das Ende von
allem Reden hören: Fürchte Gott, und halte seine Gebote,
das gilt für jeden Menschen" (Koh 12, 13). „Aber der Schluß
der Lehre ist Liebe aus reinem Herzen und gutem Gewissen und Glauben, der nicht geheuchelt ist" (1 Tim 1, 5).

Ecce habes, Theodora, quantum gratia divina annuit, quod quaesisti. Flosculos aliquos in hoc labore nostro collige, mundum fuge, Christum quaere, „in odore unguentorum eius" ne tardes pedem movere. Nulla mora currentis est, ubi timor urget, gratia trahit, amor invitat, praemium 5 provocat. Cum autem perveneris, stimulus iste cessabit, amoris dulcedo manebit, perventio tollit timorem, gaudium sanctum dilatat amorem. Post fluctus tuos et labores litus erit et requies, post viam patria, post umbram lucis gratia, nec pigebit multo sudore cucurrisse, quae tanta in- 10 venis in perventione. Et hic finis dialogi nostri et totius operis nostri, expleta tamen gratiarum actione cum oratione, nisi forte aliqua praetermissa revoces ad memoriam, unde rursum aedificeris, quae divinis verbis satiari nec vis nec poteris. Gratias igitur deo sursum immola, cuius dono 15 creata sponsa eius fieri meruisti et amica.

Explicit VIIII.

Siehe, Theodora, da hast du nun, soweit die göttliche Gnade es gewährte, wonach du gefragt hast. Sammle nun in diesem unserem Werk einige kleine Blumen, fliehe die Welt, suche Christus, damit du nicht zögerst, „im Duft seiner Salben" (Hld 1,3) deinen Fuß zu setzen. Keinen Aufenthalt gibt es im Lauf, wo die Gottesfurcht drängt, die Gnade zieht, die Liebe einlädt, die Belohnung winkt. Wenn du aber ans Ziel gelangt bist, dann wird dieser Stachel weichen, die süße Liebe wird bleiben, das Ankommen hebt die Furcht auf, die Freude erweitert die heilige Liebe. Nach den Wogen deines Ungemachs und deiner Mühen wird das Ufer und die Ruhe da sein, nach dem Weg die Heimat, nach dem Schatten die Gnade des Lichts, und es wird dich nicht mehr ärgern, unter viel Schweiß den Lauf bestanden zu haben, da du so große Dinge bei deiner Ankunft vorfindest. Und hier ist nun das Ende unseres Zwiegesprächs und unseres gesamten Werks gekommen, allerdings erst nachdem wir der Danksagung mit einem Gebet genügt haben, außer du rufst etwa noch irgendeine vergessene Frage in unser Gedächtnis zurück, von der du wieder erbaut wirst, da du ja vom Wort Gottes weder satt werden willst noch kannst. Sag aber nun dem Himmel Dank, Gott zum Opfer, durch dessen Geschenk du geschaffen und gewürdigt wurdest, seine Braut und Freundin zu werden.

Es endet das neunte Buch.